岩 波 文 庫

33-643-3

デカルト的省察

フッサール著
浜渦辰二訳

岩 波 書 店

Edmund Husserl

CARTESIANISCHE MEDITATIONEN

Eine Einleitung in die Phänomenologie

Compiled by Elisabeth Ströker

Grateful acknowledgement is made to

Felix Meiner, Hamburg.

目　次

凡　例

デカルト的省察

序　論

第一節　デカルトの省察は哲学的な自己反省の原型である……一七

第二節　哲学を根本的に新しく始めることが必要である……二二

第一省察　超越論的な我への道

第三節　学問のデカルト的な転覆と、それを導いている絶対的な基礎づけという目的の理念……二六

第四節　ノエマ的な現象としての学問のなかに入り込むことによって、学問の目標がもつ意味を開示する……二九
第五節　明証と、真正な学問という理念……三三
第六節　さまざまな明証の区別。哲学はそれ自体で最初の、疑いの余地がない明証を要求する……三八
第七節　世界が現にあることの明証は、疑いの余地がないものではない。それは、デカルト的な転覆のなかに投げ込まれる……四三
第八節　超越論的な主観性としての我思う……四五
第九節　「我あり」がもつ、疑いの余地がない明証がどこまで及ぶか、その射程……五〇
第一〇節　付論　デカルトは超越論的な転換に失敗した……五三
第一一節　心理学的な自我と超越論的な自我。世界の超越性……五五
第二省察　超越論的な経験の場を、その普遍的構造にしたがって開示する

第一二節　認識の超越論的な基礎づけという理念……五九
第一三節　超越論的な認識の及ぶ範囲という問題を、さしあたり遮断しておくことが必要である……六三
第一四節　思うことがもつ流れ。思うことと思われたこと……六六
第一五節　自然的な反省と超越論的な反省……六九
第一六節　付論　超越論的な反省も純粋心理学的な反省も、我思うから始める必要がある……七七
第一七節　意識の研究がもつ二面性は、相関的な問題圏をなす。記述の二つの方向。綜合は意識の原形式である……七九
第一八節　同じものとして捉えることは綜合の根本形式である。超越論的時間が行う普遍的な綜合……八三
第一九節　志向的な生がもつ顕在性と潜在性……八七
第二〇節　志向的分析の特徴……九〇
第二一節　超越論的な手引きとしての志向的対象……九七

第二二節　あらゆる対象の普遍的統一という理念と、その構成を解明するという課題……………………一〇一

第三省察　構成に関わる問題圏。真理と現実

第二三節　「理性」と「非理性」という標題のもとで、超越論的構成という考え方は精確なものとなる……………一〇五
第二四節　それ自身が与えられることとしての明証とその様相的変化……………………………一〇七
第二五節　現実と疑似現実………………………………一〇九
第二六節　現実は、明証的な確認の相関者である………一一一
第二七節　習慣的で潜在的な明証が、「存在する対象」という意味にとって構成的に機能している………………一一三
第二八節　世界の経験がもつ想定的な明証。世界とは、完全な経験的明証に相関的な理念である……………………一一四
第二九節　質料的存在論と形式的存在論のそれぞれの領域が、明証の超越論的体系を解明するための指標となる…………一一六

第四省察　超越論的な我自身の構成という問題の展開

第三〇節　超越論的な我は、その体験から不可分である……一二〇
第三一節　自我は、体験が集まる同一の極である……一二一
第三二節　自我は、習慣の基体である……一二二
第三三節　モナドという豊かな具体性をもった自我と、その自己構成の問題……一二五
第三四節　現象学的方法の原理的形成。形相的分析としての超越論的分析……一二七
第三五節　形相的な内部心理学のための付論……一三三
第三六節　超越論的な我は、可能な体験の諸形式からなる全体である。共存や継起という形で体験が共にある可能性についての本質的な法則……一三五
第三七節　時間は、あらゆる自我論的な発生がもつ普遍的形式である……一三七
第三八節　能動的な発生と受動的な発生……一四一

第三九節　連合は受動的発生の原理である……………………一四六
第四〇節　超越論的観念論という問題への移行………………一四八
第四一節　我思うを真に現象学的に自己解明すると、「超越論的観念論」となる………………一五一
第五省察　超越論的な存在の場をモナドの間主観性としてあらわにする
第四二節　独我論という非難に対抗して、他者経験の問題を呈示する………………一六一
第四三節　他者のノエマ的―存在的な与えられ方が、他者経験の構成に関する理論にとって超越論的な手引きとなる………………一六四
第四四節　超越論的経験を自分固有の領分へと還元する………………一六七
第四五節　超越論的な我と、自分固有のものへ還元されたなかで自己を心理物理的な人間として捉えること………………一七八
第四六節　自分固有のものは、体験の流れの顕在性と潜在性の領分からなっている………………一八一

第四七節　自分固有のものの豊かなモナド的な具体性には、志向的対象もまた属している。内在的超越と原初的な世界……一八六
第四八節　客観的世界の超越は、原初的な超越に対して言えば、高次の超越である……一八九
第四九節　他者経験を志向的に解明する歩みを粗描する……一九二
第五〇節　他者経験は、「共現前」(類比による統覚)として、間接的な志向性をもつ……一九五
第五一節　他者経験には、連合によって構成するものとして、「対になる」という契機が含まれている……二〇一
第五二節　共現前は、独自の確認する様式をもった経験である……二〇四
第五三節　原初的領分がもつ潜在性と、それが他者の統覚において果たす構成的な機能……二〇八
第五四節　他者経験において共現前がもつ意味を解明する……二一〇
第五五節　モナドの共同化と、客観性の最初の形式となる間主観的な自然……二一五

第五六節　モナド間の共同性は、高次の段階の構成による……………………二三〇
第五七節　内部心理的な解明と自我論的―超越論的な解明との平行性を明らかにする…………………………………二三四
第五八節　より高次の間主観的な共同性を志向的に分析する際の問題区分。自我と周囲世界…………………………二三五
第五九節　存在論的説明と、それが構成に関わる超越論的な現象学の全体のなかで占める位置…………………………二四三
第六〇節　他者経験についての私たちの解明がもたらす形而上学的な成果…………………………………………二四八
第六一節　「心理学的起源」という伝統的問題と、その現象学的解明…………………………………………………二五三

結　論
第六二節　他者経験の志向的解明を概観的に特徴づける……………二六三
第六三節　超越論的な経験と認識とを批判的に吟味するという課題………………………………………………………二七〇

第六四節　結　語……二七三
訳　注……二八一
解　説……三四五
索　引

凡例

一、本書は、Edmund Husserl, *Cartesianische Meditationen. Eine Einleitung in die Phänomenologie* の翻訳である。底本としたのは、哲学文庫版(Philosophische Bibliothek Bd. 291, Herausgegeben, eingeleitet, und mit Registern versehen von Elisabeth Ströker, 1977)である。

一、原文のイタリック体のうち、著書の標題は『 』で示し、ギリシア語・ラテン語は振り仮名で示し、強調の箇所には傍点を付した。節の見出しは強調なしとし、また見やすさのため、見出しには振り仮名を付けていない。

一、その他にも、適宜振り仮名で原語等を示した。

一、原文のゲシュペルト(隔字)体による強調箇所には、傍点を付した。

一、引用符〝 〟は「 」で示した。

一、原文で補足説明として使われている括弧( )は、そのまま( )で示した。

一、原文でダッシュを使って補足説明が挿入されている箇所は、そのままダッシュ

（――）を使った場合と、（　）に入れた場合とがある。

一、原文で一語となっている複合語を、〈　〉で括った場合がある。

一、〔　〕内は訳者による補足説明である。

デカルト的省察

序　論

第一節　デカルトの省察は哲学的な自己反省の原型である

ここフランスの地の学問にもっとも由緒あるこの場所で[1]、超越論的現象学（と私が呼ぶ哲学）について語ることができるのを、私はたいへん嬉しく思うが、それには特別な理由がある。と言うのも、フランスの偉大な思想家ルネ・デカルトは、その省察[2]によって超越論的現象学に新たな刺激を与え、すでに生まれつつあった現象学が超越論哲学という新しい形態へと変革を遂げるよう、直接働きかけたからである。したがって、たとえ超越論的現象学が、まさにデカルト的な動機を徹底して展開するために、デカルト哲学のよく知られている学説全体をほとんど拒否せざるをえないことになろうとも、この超越論的現象学を、新デカルト主義[3]と呼ぶことができる。

このような事情なので、デカルトの『第一哲学についての省察』に潜む動機がなぜ永遠の価値を持つと考えるか、について話すことから始めて、どのような変革と改造のなかで超越論的現象学の方法と問題設定が生まれてきたか、を特徴づけることへと話を続けていっても、おそらく皆さんの関心を得られるものと思う。

さて、哲学を学びたての人にも、デカルトの『省察』が奇妙な思考を辿ることは、知られている。その思考の道筋を、ここで一緒に思い出してみよう。『省察』の目標は、哲学を絶対的に基礎づけられた学問へと、全面的に改革することだった。このことはデカルトにとって、それに応じてあらゆる学問を改革することも含んでいた。というのも、デカルトによればこれらの学問は、唯一の普遍的な学問である哲学の、非自立的な構成要素にすぎないからだ。それらは、体系的に統一されて初めて、真正の学問となることができるのだ。ところが、歴史的に形成されてきたあらゆる学問には、この真正さが欠けていた。その背後に遡ることができないような絶対的な洞察に基づいて、一貫した究極的な基礎づけを行うことが持っている真正さ、が欠けていたのだ。したがって、そのような、絶対的に理性的な基礎づけによって諸学を普遍的に統一する、という哲学の理念を満たすように、根本的に建て直すことが必要だった。このような建て直しの要求は、デカルトにおいては、主観に向けられた哲学という形をとった。そして、この主観への転向は、二つの段階において行われた。

第一に、真剣に哲学者になろうとする人は誰でも、「一生に一度は」[4]自分自身へと立ち帰り、自分にとってこれまでは正しいと思われて来たすべての学問を転覆させ、それを新たに建て直すよう試みるのでなければならない。哲学ないし知恵とは、哲学する者の一人一人に関わる重大事である。それは自分の知恵とならねばならず、普遍的に探究されるものでありながら自ら獲得した知として、初めからそしてその歩みの一歩一歩において、自らの絶対的な洞察に基づいて責任を持てるような知、とならねばならない。このような目標に向かって生きる決心によってのみ、私は哲学者となるのだが、もしこのような決心をしたなら、それによって私は、まったくの無知から始める道を選んだことになる。そこでは明らかに、真正な知に導いてくれる前進の方法をどうしたら見出すことができるか、について考えることが第一である。したがって、デカルトの行った省察は、デカルトという哲学者の単に個人的な事柄を目指したものではなく、ましてや、ただ印象深い文学的形態をもって最初の哲学的基礎づけの叙述を目指したものでもない。それはむしろ、哲学を始める者それぞれに必要な省察の原型を表しており、そこからのみ哲学は根源的に誕生することができるのだ。(原注＝このような解釈の裏付けとして、デカルトの『哲学原理』の「訳者への手紙」を参照せよ。)(5)

さて、今日の私たちにとっては奇妙なものになっている省察の内容に目を向けると、そこでは、第二のより深い意味での、哲学する自我へ立ち帰ること、つまり、純粋な思うことをする《コギタチオ》(6)我《エゴ》(7)へと立ち帰ること、が行われる。省察する者がこのように立ち帰るのは、有名ではあるが、とても奇妙な懐疑の方法(8)によってである。彼は、徹底した一貫性をもって絶対的な認識という目標に向かいつつ、やがて疑わしくなる可能性が考えられるようなものは、存在するものとして通用させない。

それゆえ彼は、経験と思考のうちに自然に生きている時には確かなものも、それが疑う可能性がある限り方法的な批判を向け、疑いの可能性を持つものをすべて排除することによって、おそらく後に残るはずの絶対に明証なものを得ようとする。

私たちが自然に生きている時、世界は感覚的な経験の確信をもって与えられているが、前述の方法的な批判に、この確信は持ちこたえられない。それゆえ、世界の存在は、この始まりの段階では通用させてはならない。省察する者は、ただ自らの思うこと《コギタチオ》をする純粋な我《エゴ》としての自分自身のみを絶対に疑いえないものとして、たとえこの世界が存在しないとしても廃棄できないものとして、保持している。このように還元された我《エゴ》が、いまや一種独我論的に哲学し始めるのだ。この我《エゴ》は、自分自身の純粋な内部から客観的な外部を導き出すことができるような、疑いの余地がなく確実な道を探し求める。このことは、よく知られた仕方で行われる。まず神の存在と誠実とが導き出され、それからそれを介して、客観的な自然、有限な実体の二元論が導き出される。要するに、形而上学と実証的な諸学の客観的な基盤、そしてこれら諸学そのもの、が導き出されるのである。すべての推論の過程は必然的に、純粋な我《エゴ》に内在的で「生まれつき備わっている」原理を手引きにして行われることになる。

第二節　哲学を根本的に新しく始めることが必要である

これまで述べたのは、デカルトのことである。いまや、次のように問うことにしよう。この思想の永遠の意義を追い求めることは、本当にやりがいのあることなのか。また、それは私たちの時代にも、生き生きとした力をそそぎ込んでくれるだろうか。

いずれにせよ考えてみる必要があるのは、デカルトの省察によって絶対的な基礎づけを得たはずだった実証的な諸学自身が、彼の省察をあまり気にとめて来なかった、ということである。なるほど今日、これら諸学は、過去三世紀の間に輝かしい発展をとげながらも、自らの基礎の不明瞭さによって進歩を阻まれていると感じている。しかし、これら諸学はその基礎を新しく築くにあたって、デカルトの省察にまで遡って考える、などということを思いつきはしない。ところが他方で重要なのは、このまったく比類ない意味での省察が、哲学において時代を画するものであり、しかもまさに純粋な我思う《エゴ・コギト》へ立ち帰ることによって、時代を画するものとなったことである。実際デカルトは、まったく新しい哲学を創設した。それは、哲学のスタイル全体を変更することで、素朴な客観主義から超越論的な主観主義へという、根本的な転換を行った。この超越論的主観主義は、いつも新たに始めながらも、いつも不十分に終わる試みを繰り返しつつ、或る必然的な最終形態を目指しているように思われる。それゆえ、この絶えず前進する傾向は、或る永遠の意味をもち、私たちにとっては、歴史そのものによって私たちに課せられた課題をもっており、私たち誰もが、それに従事するよう呼び掛けられているのではないだろうか。

現代の哲学は分裂状態にあり、途方に暮れてせかせか動き回っているということについて、考えてみなければならない。前世紀の半ばから、それ以前の時代に比べると、哲学の衰退は紛れもない事実である(9)。近代の初頭、宗教的な信仰がますます活気のない慣習という皮相なものになってしまった時、知識人達は、自律的な哲学と科学に対する新たな大きな信頼によって、意気揚々としていた。人間の文化全体が科学的な洞察によって導かれ照らし出され、それによって新たな自律的な文化へと改革されるはずだった。

しかしそのうちに、この新たな信頼もまたにせものとなり、衰えていった。それも理由のないことではなかった。今日私たちが持っているのは、統一をもった生き生きした哲学ではなく、際限なく広がり、ほとんど連関のなくなってしまった哲学文献の山である。私たちが目にしているのは、相反する理論が真剣に対決しながら、それでもこの対立においてそれらの内的な連関が示され、根本的確信のうちに共通性が示され、真の哲学への惑わされることのない信頼が現れる、という事態ではない。真剣にともに哲学し、互いのために哲学するのではなく、見せかけの報告と見せかけの批判の応酬でしかない。そこには、真剣な協働作業と客観的に通用する成果を目指すという精神をもった、責任感のある相互的な研究というものがまったく見られない。客観的に通用するとは、相互批判によって精錬され、どんな批判にも耐えられるような成果のことにほかならない。しかしながら、このように哲学者の数だけ多くの哲学があるなかで、本当の研究、本当の協働作業はどのようにして可能であろうか。なるほど、今でも多くの哲学の会議が開催されている。そこには哲学者達は集まるが、残念ながら哲学は集まらない[10]。彼らには、それぞれが互いのためにあり、互いに働きかけあうことができるような、精神的な空間の統一が欠けている。個々の「学派」や「潮流」の内部では、事態はまだましなのかも知れないが、彼らの孤立したあり方や、哲学の全体的状況に関しては、本質的には、私がいま特徴づけたような状態にとどまっているのだ。

　このような現状のなかで私たちは、かつてデカルトが青年時代に出会ったのと同じような状況にいるのではないか。いまや、彼が哲学を始める者として持っていた根本から変革する姿勢を甦らせ、それゆえ、偉大な伝統と真剣な開始と流行の文学的活気(これは印象に訴えるとしても、それ以上に研究することは期待できないものだ)とが入り交じって氾濫している哲学の文献をすべて、デカルト的な転覆の中に投げ込み、新たな「第一哲学についての省察《メディタチオーネス・デー・プリマ・フィロソフィア》」[11]を始める時ではないか。結局のところ、現代の哲学の絶望的な状況は、あの省察から発した原動力が、そのもともと持っていた活気を失ってしまい、しかも、哲学的な自己責任という、根本から始める姿勢のもつ精神が失われたがために活気を失ってしまったことに、その原因を帰すべきではないか。究極的で考えられる限りの無前提性を目指す哲学、あるいは、自ずから生み出される究極的な明証から本当の自律のうちで形成され、それに基づいて絶対に自己責任をもつ哲学、という法外なものと考えられがちな要求はむしろ、真の哲学の根本的な意味に属しているのではないか。

活気に満ちた哲学への憧れは、近年、さまざまな復興《ルネサンス》[12]をもたらした。しかし、唯一実りのある復興《ルネサンス》は、デカルトの省察を甦らせるものではないだろうか。と言っても、単にそれを引き継ぐのではなく、我思う《エゴ・コギト》へと立ち帰ることによって根本から始める、という姿勢がもつ深い意味をまずは明らかにし、さらに、そこから生じてくる永遠の価値を明らかにする必要がある。

ともかく以上で、超越論的現象学へ導かれてきた道筋が示された。いまや私たちは、この道を一緒に歩んでいきたいと思う。いまから、デカルトのように根本から哲学を始める者として省察を行おうと思うが、もちろんきわめて批判的な慎重さをもって、古いデカルトの省察を、必要ならいつでも改造する心構えをもっている。[13] デカルトとその後継者達が陥った、誘惑的な過ちを明らかにし、それを避けなければならない。

第一省察　超越論的な我への道

第三節　学問のデカルト的な転覆と、それを導いている絶対的な基礎づけという目的の理念

こうして、私たちそれぞれが独自に、自ら根本から哲学を始める者となる決意をもって、これまで通用してきたすべての確信と、とりわけすべての学問とを働かせないことから、新たに始めることにしよう。

私たちの省察を導くのは、デカルトの場合と同様、根本的な真正さにおいて基礎づけられるべき学問、そして、最終的には一つの普遍的な学問(1)、という理念《イデー》である。

しかし、あらかじめ与えられた学問のいずれをも、そうした真正な学問のサンプルとして利用できないとなると、つまり、いかなる学問も私たちにとってもはや通用しないとなると、右のような理念そのものの疑いのなさ、絶対的に基礎づけられるべき学問という理念そのもの、はどうなるのだろうか。それは、正しい目的の理念、実現可能な目

標なのだろうか。

もちろん、私たちはこの目標すら前提としてはならない。ましてや、そうした可能性のための何らかの規範とか、真正な学問にふさわしいことが自明のように見える論理形式とか、をすでに決まったものとしてはならない。というのも、それは論理学の全体と学問論とを前提とすることになるが、これらはあらゆる学問の転覆に投げ込まれるはずだからだ。ところが、デカルト自身は初めから、学問について一つの理想を持っていた。それは幾何学あるいは数学的自然科学という理想だった。この理想は、宿命的な先入観として幾世紀ものあいだ人々を支配しつづけ、批判的な考察が加えられないまま、デカルトの省察をも規定していた[2]。普遍的な学問は演繹体系という形態をとらねばならず、そこでは全体の構造は幾何学の秩序《オルディネ・ゲオメトリコ》にしたがって[3]、演繹を絶対的に基礎づける公理論的な土台の上に立てられねばならない、ということはデカルトにとって、初めから当然のことだった。彼にとって、幾何学において幾何学的な公理が果たしたのと同様の役割を普遍学において果たしたのは、生まれつき公理的な原理を持っている我《エゴ》の絶対的な自己確実性、という公理だった。ただ、この公理的な基礎は、幾何学の公理的な基礎よりももっと深くにあり、幾何学の究極的な基礎づけにも関与する、という使命をもっていた。

しかし、こうしたデカルトの考えを、すべて引き継ぐ必要はない。私たちは新たに始める者として、学問について規範となるような理想を何も通用させない。ただ、自ら新たに理想を作り上げる時にのみ、それを持つことができるのだ。

だからと言って、学問を絶対的に基礎づけるという、普遍的な目標を放棄するのではない。むしろ、この目標は、デカルトの省察の場合と同様に、私たちの省察の歩みを絶えず動機づけており、そのうちで一歩一歩具体的に規定されていくはずである。ただ私たちは、それを目標として立てる仕方については慎重でなければならず、初めからその可能性を予断してはならない。しかし、この目標を設定する仕方は、どのようにして明らかにされ、保証されるのだろうか。

学問の普遍的な理念を私たちが引き出すのは、もちろん、事実として与えられている諸学からである。私たちの徹底的で批判的な態度においては、それら諸学は、単に学問と想定されたに過ぎないものとなるので、その普遍的な目標となる理念も、同様の意味で単にそう想定されただけのものにならざるをえない。それゆえ、その理念がおよそ実現可能なものかどうかということすら、私たちはまだ知らない。それでも、この想定されただけで、まだ規定されていない流動的な普遍性においてだとしても、私たちはやはり目標となる理念を持っている。それがそもそも実現可能なのか、またいかにしてそれは実現可能なのか、ということが分からないまま、一つの哲学という理念を持っているわけだ。私たちはこの理念を暫定的な仮定として受け入れ、試しにそれに身を委ね、私たちの省察のなかで試しにそこから出発していくことにしよう。そして、まず、その理念が可能性としてどのように考えられるかを考察し、次に、それがどのように実現されるかを考察しよう。もちろん、最初は奇妙で面倒な事態に陥ることになるが、新たに根本から始めるという私たちの姿勢が、空虚なジェスチャーにとどまることなく実行されるべきだとすれば、そうした事態を避けることはできない。ここから忍耐強く歩を進めることにしよう。

第四節　ノエマ的[4]な現象としての学問のなかに入り込むことによって、学問の目標がもつ意味を開示する

いま、第一になすべきことは、言うまでもなく、初めは曖昧な一般性のなかで念頭に浮かんでいただけの指導的理念を、明瞭にすることだろう。もちろんそこでは、事実上の諸学をたよりに、比較し抽象することで学問という概念を形成することが問題なのではない。私たちの考察全体の意味には、次のことが含まれている。それは、文化の事実としての学問と真実かつ真正な意味での学問とは同じものではないということ[5]、あるいは、前者の意味での学問もまたその事実性を越えて自らのうちに過大な要求を持ってい

て、それは単なる事実性のうちではすでに満たされた要求として認められることはないということ、これらのことである。そして、まさにこの過大な要求のうちに、理念としての学問、真正な学問という理念が隠されているのだ。

この理念はどのようにして開示され、把握されうるのだろうか。事実として存在する諸学の(それらが要求している)有効性について、それゆえ、それらの理論の真正さ、および、それと相関的にそれら理論を作り上げる方法の実効力については、態度を決定することが禁止されるとしても、その学問の営みと活動のうちに「入り込み」、それによって、そこで本来目指されているのが何であるかを明晰判明にすることが妨げられるわけではない。こうして、学問の営みがもつ意図のなかへ一歩一歩掘り進んで行くとき、真正な学問という、一般的な目標となる理念を構成している諸契機が、まず最初に区別されて開示されることになる。

ここに属するのは、何よりもまず、判断する働きと(下された)判断そのものとを最初に解明することだが、後者は、直接的判断と間接的判断という区別を伴っており、間接的な判断には、ほかの判断へ意味的に関係していることが含まれている。例えば、或る判断のもつ信念が別の判断の信念を「前提している」、つまり、或る信念がすでにある信念のために生じるという仕方で「前提している」、という関係である。さらにまた、基礎づけられた判断を求めようとすることや、基礎づける働きの解明も、ここに属している。この基礎づける働きのうちで、判断の正当性や真理が――あるいは失敗した場合には、不当性や虚偽が――証明されるからだ。間接的な判断の場合は、この証明そのものが間接的なものとなり、判断の意味のうちに含まれている直接的な判断の証明に依拠しつつ、具体的にその基礎づけを包括するものとなる。一度行われた基礎づけや、そこで証明された真理に、私たちは任意に「繰り返し立ち帰る」ことができる。そこで同一のものとして意識された真理を、自由に繰り返し実現することで、それらの真理は持続的な獲得物ないし所有物となり、それが一つの認識と呼ばれることになる。

このような仕方で進んでいくと(ここではもちろんまだ示唆に止まっているが)、やがて、基礎づけや認識というものの意味をもっと詳しく調べていくなかで、明証[6]という理念に至る。真正な基礎づけの場合、判断は「正しい」とか「一致している」ということが示される。それは、判断が判断の内容(事象ないし事態)「そのもの」と合致することである。もっと正確に言えば、判断することは思念することであり、一般的に言えば、かくかくしかじかとただ思うことである。それに対し、判断(判断されたこと)は、ただ思われた判断や思われた事態、あるいは、思念された事象や思念された事態である。場合によってこれに対立するのが、卓越した仕方で判断しながら思念すること(判断しながらかくかくしかじかと意識していること）であり、これが明証と呼ばれる。明証においては、単に事象から離れて思念するのではなく、事象が「それ自身」として、事態が「それ自身」として現前し、判断する者はそのことを自覚している。それに対し、ただ思念しながら判断することは、それに対応する明証へ意識において移行することを通じて、事象や事態そのものへ向かっている。この移行はそれ自身、単なる思念を充足するという性格、〔思念と事態の〕合致という仕方での綜合という性格を持っており、それは、以前は事象から離れていた思念の正当性を明証的に自覚することである。[7]

このようにしていくと、あらゆる学問の営みを支配している、目標となる理念の主要部分が、直ちに浮かびあがって来る。例えば、学者は単に判断するだけでなく、自分の判断を基礎づけようとする。正確に言えば、彼は、基礎づけが完全ではないような判断は、それゆえ、繰り返し基礎づけへ自由に立ち帰ることによって、いつでも究極的なものに至るまで正当化できるというのではないような判断は、自分に対しても他人に対しても、学問的な認識として有効なものとはしない。このことは、事実上《デ・ファクト》は単なる過大な要求にとどまるかもしれないが、いずれにしても、そこには理念的《イデアール》[8]な〔理想としての〕目標が含まれている。

しかしながら、ここでもう一つのことが、補足的に強調されなければならない。私たちは、判断(広い意味での、存在の思念)と明証を、前述定的な判断と前述定的な明証から、区別しなければならない。述定的な明証は、前述定的な明証をうちに含んでいる。思念されたものや明証的に見て取られたものが、表現されることになる。そして、およそ学問は表現をもって判断しようとし、判断や真理を表現されたものとして、固定して保持しようとする。しかし、表現そのものは、思念されたものやそれ自体が与えられたものに、よりよく適合する場合とそうでない場合とがあり、それゆえ、述定にもたらされるのが、明証である場合とそうでない場合とがある。しかし、それゆえにまた表現は、究極的に基礎づけられ、また基礎づけられるべき述定的な事態としての学問的な真理、という理念をともに規定するものとなっている。(9)

第五節　明証と、真正な学問という理念

このような仕方と方向で省察を続けていく時、新たに哲学を始める者である私たちは、一つの学問というデカルト的な理念が、あらゆる諸学とその普遍性を目指す営みのうちで、絶えず私たちを導いている理念となっている——たとえその事実上の実現においてはどのようであろうとも——ことに気付く。そして、その理念は最終的には、絶対的な基礎づけと正当化による一つの普遍学(10)、という理念となる。

明証というのは、もっとも広い意味において、存在するものとその様態とについての経験であり、まさにそれ自身を精神によって見ることである。(11) 明証や経験が示すものと矛盾するとき、明証の否定(あるいは否定的な明証)が生まれ、その内容として明証的な誤謬が生まれる。実際に、通常の狭い意味でのすべての経験が明証に属しているので、明証は完全であったり不完全であったりする。完全な明証とその相関者である純粋で真正な真理は、認識を目指す、つまり、思念する志向の充足を目指す営みに内在している理念、あるいはそのような営みのうちに入り込むことによって取り出されるような理念、として与えられている。真と偽、批判的に吟味することとそれによって明証的に与えられるものに合致すること、これらは日常ありふれた主題であり、これらは学問以前の生活のうちでも絶えず役割を果たしている。いつも移り変わる相対的な目的をもつに過ぎない日常生活にとっては、相対的な明証と相対的な真理で十分である。(12) それに対し学問は、決定的に万人に通用し、また通用し続けるような真理を求め、したがって、まったく新しい種類の、最後まで遂行された確認を求める。たとえ学問が、最終的には自ら洞察せざるをえないように、「絶対的」な真理の体系の実現に事実上《デ・ファクト》至ることがなく、その真理を繰り返し変更するよう強いられるとしても、学問はやはり絶対的な真理または学問的に真正な真理という理念を追いかけ、それゆえ、この理念に近似的に接近して行こうとする、無限の営みの地平のなかへ入り込んでいくことになる。学問は、この近似的な接近とともに、日常的な認識と自分自身とを無限に《イン・インフィニトゥム》乗り越えていくことができる、と考えている。また、学問が認識の体系的な普遍性——たとえそれが、それぞれ閉じられた学問分野に関わるものであれ、また、一つの哲学の可能性が問題になっている場合に、およそ存在するものの、前提された全体的統一に関わるものであれ——を目指すことによって、そのように考えている。したがって、その意図からすれば、学問と哲学の理念[13]には、それ自体として先なる認識からそれ自体として後なる認識[14]へ、という認識の秩序が属している。それゆえ、結局のところ、任意に選ばれたのではなく、事象そのものの本性に基づくような、始まりと進行がそこにはあるのだ。

　このようにして、学問的な営みが持つ普遍的なものに反省的に入り込むことによって、真正な学問という、それをさしあたりは曖昧に支配している、目標となる理念の主要部分が開示された。そのとき、私たちは、だからと言ってあらかじめ、その可能性や自明なものと想定された学問の理想について、予断を持つことはなかった。ここでこう尋ねてはならない。何のためにこんな研究と確認の作業に煩わされているのだろうか。これらは言うまでもなく、いつでも自明なものとして利用されている、普遍的な学問論ないし論理学に属しているではないか、と。しかし、まさにそのような自明性にこそ、用心しなければならないのだ。すでにデカルトに対して述べたことを、ここでも強調しよう。あらかじめ与えられたあらゆる諸学と同様に、論理学もまた普遍的な転覆によって通用しなくなっているのだ、と。私たちは、哲学を始めることを可能にするものすべてを、最初に自分で獲得しなければならないのだ。後になって伝統的な論理学のような種類の、真正な学問が生じて来ることになるのかどうか、それについていまは、何も知ることができない。これまでの予備作業――それは明確に遂行されたというより、あらましが予告されただけだが――によって明らかにすることができたのは、これからの進行の全体に対して第一の方法的原理を確定できる、ということまでである。それは言うまでもなく、哲学を新たに始める者としての私は、真正な学問という想定された目標に向かって一貫して努力するなかで、自分で明証から汲み上げたのではないもの、問題の事象や事態が「そのもの自身」として現前するような「経験」から汲み上げたのではないものについては、いかなる判断も下さず、通用させてはならない、ということだ。もちろん、私はいつもそのあとで、それぞれの明証を反省し、その射程を吟味し、それがどこまで及ぶか、その完全性と事象そのものを現実に与えることがどこまで及ぶか、を明らかにしなければならない。そういうものが欠けているときには、いかなる最終的な有効性も要求することはできず、せいぜいそこに至る途上での可能な中間段階として、判断を考慮に入れるだけである。

学問は、前述定的に見て取られたものを、完全にそして明証的な適合性において表現する述定を目指しているのだから、学問の明証がもつこの〔表現という〕側面もまた、考慮されなければならないのは当然である。日常の言語は流動的で多義的で、表現の完全性という点からすると余りに不十分なものだから、その表現手段が使われるとしても、その意味を学問的に生じてきた洞察に根源的に方向づけることで、新たに基礎づけ、この意味でその表現手段を確定することが必要となる。このことも、これからの研究において一貫して規範となる、明証という方法的原理のなかに加えて考えることにしよう。

しかしながら、この原理とこれまでの省察全体は、それが本当に始めるためのきっかけとならないならば、すなわち、真正の学問という理念を実現するためのきっかけとならないならば、何の役に立つのだろうか。真正の学問という理念には認識（真正の認識）の体系的秩序という形式が含まれているのだから、最初の問いとして、普遍的認識の段階的構造の全体を支えるべき、そして支えることのできる、それ自体で最初の認識への問いが生じて来る。学問的な認識をまったく持たない状態で省察を始める私たちにとって、もし私たちの想定する目標が実現可能なものであるとすれば、そのような使命の刻印をそれ自体ですでに持っているような明証が、手に入るのでなければならない。それは、その他の考えられるあらゆる明証に先行するものとして、認識可能なはずだからである。しかし、そのような明証は、もし、そこから出発して一つの最終的な認識体系という理念のもとに——この理念に含まれていると想定される無限性をもって——一つの学問を進行させ建設することに意味があるとすれば、その明証が他の明証に対して先行するという明証についても、或る種の完全性と絶対的な確実性を備えているのでなければならない。

第六節　さまざまな明証の区別。哲学はそれ自体で最初の、疑いの余地がない明証を要求する

この最初の決定的な地点において、私たちの省察は、もっと深く突き進まなければならない。絶対的な確実性、あるいは同じことであるが、絶対的な不可疑性という言い方は明確にする必要がある。明証の理念的《イデアール》に要求された完全性は、詳しく調べていくといくつかに区別されるということを、その解明が気づかせてくれる。哲学的省察のいまのような始まりの段階では、私たちは果てしない無限の、学問以前の経験と明証をもっており、それらは、完全なものもあれば不完全なものもある。そこで不完全と言うのは、ふつう、事象ないし事態のそのものが与えられる際の不十分さ、一面性、相対的な不明

確さ、不明瞭さを意味しており、それゆえ、経験が、充足されていない予備的思念や付帯的思念といった要素を帯びていることを意味している。他方、それが完全になることは、調和的な経験が綜合的に進行し、これら付帯的思念が実際にそれを充足する経験へと至ること、である。完全性に対応する理念は「十全《アデクヴァート》(15)な明証」という理念であるが、その際、それが原理的に無限の彼方にあるのかどうか、はまだ分からない。

　このような理念が学者の意図をいつも導いているにもかかわらず、彼にとっては（私たちが彼の意図に「入り込む」ことによって捉えるように）、明証のもう一つ別種の完全性がより高い権威をもっている。すなわち、疑いの余地がない《アポディクティシュ》と呼ばれる完全性である。それは場合によっては、十全ではない明証においても、現れることがある。疑いの余地がないというのは、まったく特定の独特な意味において絶対に疑うことができない、という性格のことだ。学者は、あらゆる原理に対して、この性格を期待する。また、それ自体ですでに明証的な基礎づけを、もう一度原理に立ち帰ることによって、より高次の段階において基礎づけて、それらに疑いの余地がないという、最高の権威を与えようとする。彼のこのような営みのうちに、この性格の優れた価値が現れている。疑いの余地がないという、この根本性格は、次のように特徴づけることができる。

　明証とはすべて、存在するものあるいは或る様態で存在するものを、「それ自身」という様相において、それゆえ、どのような疑いも排除するような完全な確実性において、そのもの自身を捉えることである。だからと言ってそれは、明証的なものが後になって疑わしいものとなる、あるいは、感覚的な経験の例で分かるように、存在すると思われていたものが仮象と判明することになる、といった可能性を排除するものではない。このように、明証をもっていたにもかかわらず、疑わしいものになるとか存在しないかも知れないとか、そうした事態になる可能性が開かれていることは、明証の働きへの批判的な反省によって、いつでもあらかじめ認識することができる。それに対して、疑いの余地がない明証というのは、次のような際立った特徴をもっている。それは、単におよそそのうちで明証的な事象や事態が存在することの確実性であるだけでなく、批判的な反省によって、同時に存在しない可能性が端的に考えられないようなものとして露呈される、という特徴である。それゆえまた、想像できるあらゆる疑いをいわれのないものとして初めから排除する、という特徴である。その際、この批判的反省がもつ明証、それゆえまた、明証的に確実とされたものが存在しないことは考えられないような存在についての明証は、疑いの余地がないという、この権威を再びもっており、より高次のどのような批判的反省においてもそうである。

ここで、絶対に疑うことができないという、デカルトの原理[16]のことを思い出す。それは真正な学問を建設するにあたっての原理であり、それによってあらゆる考えられる疑いが排除され、事実上《デ・ファクト》根拠のない疑いですら、すべて排除されるはずだった。もし、私たちの省察によってこの原理が明確なかたちで私たちのものとなったとすれば、いまや、それが実際の出発点において役に立つのかどうか、またどれだけ役に立つのか、が問われねばならない。すでに以前に述べたことによると、哲学を始めるにあたって最初の特別な問いとして、次のような問いが立てられることになる。それは、或る種の明証が指摘できるかどうか、それが――いまやこう言わねばならないが――それ自体で最初のものとしてあらゆる考えられる明証に先行する、という洞察を疑いの余地なく伴っていて、しかも同時にそれ自身疑いの余地がないことが洞察されるような、そういう明証であるかどうか、という問いである。そういう明証は、たとえ十全《アデクヴァート》ではないとしても、少なくとも認識可能で疑いの余地がない内容を、すなわち、疑いの余地がないがゆえに断固として絶対的に確実な存在内容を、持っているはずである。もちろん、哲学を疑いの余地がない確実な仕方でさらに建設していくことは、いかにして可能か、またそれがそもそも可能なのか、ということは、後の課題《クーラ・ポステリオル》として残らざるをえない。

第七節　世界が現にあることの明証は、疑いの余地がないものではない。それは、デカルト的な転覆のなかに投げ込まれる

それ自体で最初の明証への問いは、たやすく答えられるかのように見える。そのようなものとして直ちに、世界が現にあること《エクシステンツ》、が挙げられるのではないだろうか。日常の実践的な生活は、この世界に関係するものだし、すべての学問もまた、この世界に関係するものだ。事実に関わる学が直接的に関係しているだけでなく、方法的手段であるアプリオリな学もまた間接的に関係している。すべてに先立って世界が存在することは自明であって、誰もそれをとりたてて一つの命題で表現しようなどと考えついたりしない。何しろ、私たちはこの世界が常に疑いなく存在するものとして眼前にあるような、持続的な経験を持っているのだから。しかしながら、この明証が、世界に向けられた生活とあらゆる世界に関わる学問とがもつ、どのような明証よりも、それ自体として先にあるものだとしても——その明証は常にこれらの学問を支えている根拠なのだから——、それでも私たちはまもなく、この明証がその機能において、疑いの余地がないという性質をどれだけ要求することができるのか、については疑いを抱くことになる。そして、こ

の疑いを辿って行くとき、その明証もまた絶対に最初の明証という優先権を要求することができない、ということが分かってくる。この点に関して言えば、確かに、普遍的な感性的経験のもつ明証において、世界は絶えず眼前に与えられている。しかし、言うまでもなく、この感性的経験を直ちに、疑いの余地がない明証として要求することはできない。それゆえ、世界が本当にあるのかと疑わしくなる可能性や、世界が存在しないという可能性を、絶対に排除するような、疑いの余地がない明証として要求することはできないのである。単に個々に経験されたものが感覚的仮象として価値を失うことがありうるだけでなく、そのつどの全体的な、統一的に見渡すことができる経験の連関もまた、脈絡のある夢[17]という名のもとに、仮象であることが判明することもありうる。明証の転覆がありうることや生じることの指摘を、すでに明証に対する十分な批判として要求する必要はないし、その指摘に、世界が絶えず経験されているにもかかわらず、世界が存在しないと考える可能性に対する十分な証明を見る必要もない。私たちはここでは、次のことだけを保持しておく。それは、世界経験のもつ明証は、学問を根本から基礎づけるという目的からすれば、いずれにせよまず、それが通用するかどうか、またどこまで通用するか、についての批判的吟味を必要とするということ、私たちはそれを初めから直接的に疑いの余地がないものとして要求してはならないということ、である。したがって、あらかじめ与えられているどのような学問も有効とせず、それらを私たちにとって禁じられた予断として扱う、というだけでは十分ではない。それら学問の普遍的な基盤、経験世界という基盤からも、素朴な効力を奪わなければならない。自然的な経験の明証に基づく世界の存在は、もはや私たちにとって自明な事実ではなく、それ自身一つの効力をもった現象に過ぎないのだ。

私たちがこのような状態にあるとすれば、何らかの判断のために、なお存在の基盤が残されているだろうか。ましてや、そのうえに、しかも疑いの余地なく、一つの普遍的な哲学を基礎づけることができるように、明証のために存在の基盤が残されているだろうか。というのも、世界というのは、およそ存在するものの全体《ウニヴェルスム》をあらわす名称ではなかったか。それゆえ、世界の経験の批判的吟味についてさきほどは暗示されただけであったが、この批判的吟味に、いまや詳細《イン・エクステンソー》に、最初の課題として取り掛かることが避けられるだろうか。もしそこで、批判のあらかじめ予想されていた結果が確認されたなら、私たちの哲学的な意図の全体が挫折することになるのだろうか。ところが、もし世界が、結局のところ端的に最初の判断の基盤であるのではなく、世界が現にあることとともにすでに、それ自体で先なる或る存在基盤が前提されているとしたら、どうだろうか。

第八節　超越論的な主観性としての我思う

ここでいまや、デカルトにしたがって大きな転換を、すなわち、正しい仕方で行われれば超越論的[18]な主観性に導くはずの、大きな転換を行おうと思う。それは、疑いの余地がないほど確実で、究極的な判断の基盤としての、我思う《エゴ・コギト》へ向かう転換であり、根本から始める哲学はいずれも、そのうえに基礎づけられることになる。

よく考えてみよう。根本から省察する哲学者として私たちはいまでは、私たちにとって通用している学問も、私たちにとって存在する世界も持っていない。世界は端的に存在するのではなく、すなわち、経験がもつ存在の信念のうちで自然に通用しているのではなく、それは単なる存在の要求に過ぎなくなる。このことはまた、あらゆる他の我〔他者〕が周りに存在することについても当てはまるので、私たちは本来もはや、コミュニケーションで使うような〔私たちという〕複数で語ってはならない。ほかの人間達や動物達は、物理的な身体の感性的な経験によって与えられたものに過ぎず、それが通用するかどうかはともに問われているものとして、利用してはならない。もちろん、他者を失うとともに、私は社会と文化の形成物の全体を失うことになる。要するに、物理的な自然のみならず、具体的な生活の周囲世界[19]の全体が、もはや私にとっては存在ではなく、単なる存在という現象に過ぎなくなる。

しかし、こうした現象が現実に存在するという要求がどのようなものであれ、また、私がいつか、存在なのかそれとも仮象なのかを批判的吟味に基づいて決定することになろうとも、それは私がもつ現象として、やはり無ではない。それこそが、私にとってそのような批判的な決定をいつでも可能にしているものであり、それゆえ、私にとって場合によっては真なる存在として――最終的に決定されるもの、または、決定されうるものとして――存在と効力を持つことになるのを可能にするものでもある。そしてまた、私が自由にそうすることができ、またそうしてきたように、あらゆる感性的な経験のもつ信念、および、感覚に基づく経験のもつ信念を差し控えて、私にとって経験世界の存在が通用しないようにしたとしても、この私が差し控えているということ自身は何ものかであり、それは経験する生の流れ全体とともにある。しかも、それは私にとっていつもそこにあり、いつも現在という場から見てもっとも根源的な原本的《オリジナル》性格をもって、知覚において意識されており、しかもそれ自身として意識されている。また、同じものについて、或る時はこの過去、また或る時は別の過去が想起によって再び意識されることになり、しかもそこでは、それが過ぎ去ったもの自身として意識されることになる。そして、私はいつでも、反省によって特別に注意する眼差しをこの根源的な生に向けて、現在のものを現在のものとして、過ぎ去ったものを過ぎ去ったものとして、それがそれ自身あるがままに捉えることができる。こうしていまや私は、哲学する自我、前述のように信念を差し控えている自我として、このことを行うことになる。

その際、この反省する生において経験されている世界は、或る仕方では私にとってあり続けるし、それにそのつど属している内容とともに、以前と同じように経験されている。その世界は以前と同様に現出し続けるが、ただ、私は哲学的に反省する者として、もはや世界の経験において自然に存在を信じることをせず、たとえ、その存在の信念があいかわらずそこにあり、注意の眼差しによって捉えられているとしても、それを通用させせない。そのほか私たちがもつ思念のうちには、世界の経験における信念を越えて、私の生の流れに属するようなものもあるが、これらすべての思念についても、また、私の非直観的な表象、判断、価値づけ、決心、目的と手段の設定等々についても、さらにとりわけ、自然に生きている時の、非反省的で非哲学的な態度で必然的にとっている立場についても、それらがこの世界をいたるところで前提しており、それゆえ、世界に関する存在の信念を内に含んでいる限り、同じように通用させせない。ここでも、哲学的に反省する自我の側でとる態度を差し控え、通用させないことは、それが経験という場から消えてしまうことを意味してはいない。上述の具体的な体験は、繰り返して言うように、注意の眼差しが向けられているものだが、ただ、注意を向ける自我は哲学する自我として、直観されたものに対して態度決定を差し控えるだけである。その体験において思念されたものとして通用していたもの、すなわち、上述の判断、理論、価値、目的などはすべて、まったく保持されたままであり、ただ「単なる現象」という様態で通用しているだけとなる。

眼前に与えられている客観的な世界についてどんな態度決定をすることも、したがってさしあたり(存在、仮象、可能的存在、推定的存在、蓋然的存在、等々といった)存在について態度決定をすることも、このようにすべて差し控えること(「禁止すること」、「働かせないこと」)——あるいは、よく言われて来たように、客観的世界の「現象学的な判断停止《エポケー》[20]」あるいは「括弧入れ」——は、私たちを無の前に立たせるわけではない。私たちにとって、あるいはもっと正確に言えば、省察する者である私にとって、むしろまさにそのことによって、あらゆる純粋な体験とあらゆる純粋な思念されたものを含めた、私の純粋な生が、つまり、現象学の特別な広い意味における現象の全体《ウニヴェルスム》が、自分のものとなる。判断停止《エポケー》とは、言わば根本的で普遍的な方法であり、これによって私は自分を自我として、しかも、自分の純粋な意識の生をもった自我として純粋に捉えることになる。客観的世界の全体は私にとって存在し、まさにそれが私にとってあるがままに存在するようになるのは、この意識の生においてであり、この意識の生を通じてなのである。世界内部のすべてのもの、すべての時空的な存在が私にとって存在するとは、私にとって通用している、ということを意味している。しかもそれは、私がそれらを経験し、知覚し、想起し、何らかの仕方で思考し、判断し、価値づけをし、欲求し、等々をすることによってなのである。これらすべてをデカルトは、周知のように、我思う《コギト》という名称で呼んだ[21]。世界とは、私にとって、そもそものような我思う《コギト》において意識され、私にとって通用しているような世界以外のなにものでもない。世界は、その普遍的および特殊的な意味と存在の効力の全体を、もっぱらそのような、思うこと《コギタチオーネス》から得ている。この働きのうちで世界に関わる私の生の全体が経過し、学問的に研究したり基礎づけしたりしている私の生もまた、この働きに属している。私は、私のうちでまた私自身から意味と効力をえている世界とは別の世界に住み込み、そのなかで経験をし、思考し、価値づけをし、行為をする、ということはできない。私がこの生の全体を眺め渡す地点に立ち、直進的[22]に世界を存在するものと捉える存在信念の遂行をすべて差し控え、眼差しをもっぱらこの生そのもの、世界についての意識へと向けるとき、私は自分を思うこと《コギタチオーネス》の純粋な流れを伴った純粋な我《エゴ》として捉えることになる。

こうして実際に、世界――私がいま語っている世界――の自然的な存在には、それ自体で先なる存在として、純粋な我《エゴ》とその思うこと《コギタチオーネス》の存在が先行している。自然的な存在の基盤は、その存在の効力においては二次的であり、それは絶えず超越論的な存在の基盤を前提している。超越論的な判断停止《エポケー》という現象学の基礎的な方法は、それがこの超越論的な存在の基盤へと遡らせる限り、超越論的な現象学的還元[23]と呼ばれるのである。

第九節　「我あり」がもつ、疑いの余地がない明証がどこまで及ぶか、その射程

次に問われねばならないのは、この還元が超越論的主観性の存在についての、疑いの余地がない明証を可能にするかどうか、ということである。超越論的な自己経験が疑いの余地がないものであるときにのみ、それは疑いの余地がない判断のための、基底として役立つことができる。それゆえその時にのみ、哲学というものについて、すなわち、それ自体で最初の経験と判断の場から出発して、疑いの余地がない認識を体系的に築き上げることについて、見通しも出て来る。我あり《エゴ・スム》、あるいは、思うところの我あり《スム・コギタンス》ということが疑いの余地なく語られうること、それゆえ、私たちが最初の疑いの余地がない存在の基盤を足元に持っていること、このことを周知のようにデカルトはすでに見通していた。彼はそれら命題の不可疑性を強調し、「我疑う」ですらすでに「我あり」を前

提している、ということを強調している。その際、彼にとって問題になっているのも、経験の世界をことによると疑いうるものとして通用しないようにした後で、自分自身のことに気付くような自我である。私たちが詳しく述べてきたことによれば、この我《エゴ》が超越論的還元によって与えられる際にもつ不可疑性の意味は、実際、私たちが以前に解明した、疑いの余地がないという概念に、明らかに対応している。

もちろん、以上のことで、疑いの余地がないということのもつ問題や、それとともに、哲学のための最初の根拠や基盤についての問題が、解決されたわけではない。ここには直ちに、いくつかの疑念が湧いてくる。例えば、この超越論的主観性には、ただ想起によってのみ近づくことのできるような、それぞれの過去も不可分に属しているのだろうか。だとするとしかし、この過去についても、疑いの余地がない明証を要求することができるだろうか。なるほど、だからと言って「我あり」の疑いの余地がないことを否定しようとするのは、間違っているだろう。というのも、そういうことが起きるのは、外面的な議論をして、この疑いの余地がないことについて語りそこない、それについて見そこなう時のみだからだ。しかし、いまやそういうことではなく、私たちの疑いの余地がない明証がどこまで及ぶか、その射程が、緊急の問題にならねばならない。

ここで、明証が十全であることとそれが疑いの余地がないこととは、必ずしも一致する必要はない、と先に述べた注意を思い起こしてほしい。この注意は、おそらく、まさに超越論的な自己経験の場合に向けられたものだった。自己経験においては、我《エゴ》が自分自身にとって根源的に近づくことができるものとなる。しかし、この経験がそのつど提供するのは、本来十全的に経験されるものの核の部分のみである。すなわち、我思う《エゴ・コギト》という命題の文法的意味が表現している、生き生きとした自己の現在のみであって、それを越えると、無規定の一般的で推定的な地平、本来的には経験されないが必然的にともに思念されているものの地平[24]が広がっているだけとなる。この地平には、たいていはまったく暗い自分の過去や、自我に含まれる超越論的な能力や、習慣によって固有なさまざまなもの、が属している。外的な知覚(それはもちろん、疑いの余地がないわけではないが)といえども、なるほど、事物それ自身の――それ自身がそこにあるという――経験ではある。しかし、このそれ自身がそこにあるという場面においても、それは経験する者にとっては、本来的にはそれ自身が知覚されないものからなる、開かれた無限で無規定で普遍的な地平を持っており、しかも、可能な経験によって開示されるべきものとしての地平を持っている。それゆえ、同様に、超越論的な経験の疑いの余地がない確実性は、私の超越論的な「我あり」にも当てはまるが、それには開かれた地平の無規定的な一般性がつきまとっている。それ自体で最初の認識の基盤が現実にあることは、それゆえ、なるほど絶対に確かであるが、その存在を詳しく規定するものや、「我あり」の生き生きした明証が続いている間も、まだそれ自身が開示されず、ただ推定されているだけのもの、については直ちに確かというわけではない。それゆえ、疑いの余地がない明証のうちにともに含まれている推定は、それが充足される可能性に関して、その射程が批判的に吟味され、場合によっては疑いの余地なく限界づけられることになろう。超越論的な自我は、どこまで自分自身について誤ることがあるのだろうか。また、このようなありうる誤謬にもかかわらず、絶対的に疑いのない内容は、どこまで及ぶのだろうか。

超越論的な我《エゴ》を設定することによって、私たちは、たとえ疑いの余地がないことに関する厄介な問いをさしあたり脇においておくとしても、そもそも、或る危険な地点に立つことになる。

第一〇節　付論　デカルトは超越論的な転換に失敗した

デカルトにしたがうと、純粋な自我とその思うこと《コギタチオーネス》を捉えるのは、容易であるかに見える。しかし、私たちは切り立った岩の角にいるようなもので、その上を冷静に着実に歩むことが、哲学における生死を決定することになる。デカルトは真剣な意志をもって、徹底的に先入観から免れようとした。しかし私たちは、最新の研究、特にジルソン(25)やコイレ(26)らの深く掘り下げられた素晴らしい研究から、デカルトの省察のうちに、いかに多くのスコラ哲学が隠されたまま明らかにされていない先入観として潜んでいたか、を知っている。それだけではない。まず、すでに先程言及した、数学的自然科学への驚嘆から由来し、古き遺産として私たち自身をも規定している先入観から、私たちは身を守らねばならない。それは、あたかも、我思う《エゴ・コギト》で問題になっているのは疑いの余地がない「公理」であり、それが他の証明されるべき仮説や、また場合によっては、帰納的に基礎づけられる仮説と一体になって、世界について演繹的に説明する学問のための基礎を提供しなければならず、こうしてこの学問は、ちょうど数学的自然科学のように規範に関わる学問、幾何学の秩序《オルディネ・ゲオメトリコ》にしたがった学問となるかのように、こう考える先入観である。それと関連してまた、あたかも、私たちの疑いの余地がない純粋な我《エゴ》のうちに、世界の小さな末端(27)を、哲学する自我にとって唯一疑いえない、世界の部分として救い出したかのように、そしていまや、我《エゴ》に生まれつき備わった原理にしたがって正しく導かれた推論により、残りの世界を導き出していくことが問題になっているかのように、こんな考えを決して自明のこととしてはならない。

しかし、残念ながらデカルトの場合は、我《エゴ》を思うところの実体《スブスタンティア・コギターンス》とみなし、それと不可分に、人間の魂《メーンス》または霊魂《アニムス》とみなし[28]、因果律による推論のための出発点とするという、目立たないが致命的な転換によって、まさにそんなふうに考えてしまった。そして、この転換によって彼は、不合理な超越論的実在論(ここではまだ明らかにできないが)の父となってしまった。すべてこれらのことは、もし、私たちが自己省察を新たに根本から始める姿勢に忠実にしたがい、また、純粋な直観ないし明証の原理に忠実にしたがうならば、それゆえ、私たちが判断停止《エポケー》によって開かれた我思う《エゴ・コギト》の場で、実際にさしあたりまったく直接的に与えられるもの以外は何も通用させず、自分で「見る」もの以外を何も表現にもたらさないようにすれば、生じることはない。そこでデカルトは過ちを犯してしまい、あらゆる発見のなかでももっとも偉大な発見の前に立ち、或る程度はそれをすでに発見していたにもかかわらず、その本来的な意味を、それゆえ超越論的主観性のもつ意味を捉えそこない、真の超越論哲学へ導くはずの入口の門を、くぐることがなかった。

第一一節　心理学的な自我と超越論的な自我。世界の超越性

経験世界[29]の存在に対して自由に行う判断停止《エポケー》によって、省察する者である私の眼差し

に現れるものを純粋に捉えるならば、世界が存在しようと存在しまいと、また、私がそれについてどのような決定を下そうとも、私と私の生は存在の効力をもったまま影響を受けることなくとどまっている。これは重要なことである。そのような判断停止《エポケー》によっても私にとって必然的に存続する、自我とその生は、もはや世界の一部ではない。そして、「我あり、我思う《エゴ・コギト》」と言っても、それはもはや、「この人間としての我がある」[30]ということを意味してはいない。私はもはや、自然な自己経験において、自らを人間として見出す者ではない。また、内的で[31]純粋に心理学的な自己経験の純粋な内容へ、抽象的に制限することによって、自分固有の純粋な魂《メーンス》や霊魂《アニムス》や知性《インテレクトウス》を見出す人間、あるいは、それだけで取り出された心そのもの、でもない。このように「自然な」仕方で理解される時には、私もあらゆる他の人間達も、生物学、人間学、またそのうちに含まれる心理学といった、通常の意味での客観的あるいは実証的な学問の主題となる。心理学が語る心的生活とはいつも、世界内部の心的生活として考えられてきたし、またそう考えられている。このことは明らかにまた、純粋に内的な経験において捉えられ考察される、自分の心的生活についても当てはまる。それに対して、純化されたデカルト的省察の歩みが哲学する者に対して要求する、〔これまで述べてきた〕現象学的な判断停止《エポケー》は、客観的世界の存在の効力を停止し、したがって、まったく判断の場から遮断するとともに、あらゆる客観的に捉えられた事実と同様に、内的経験の事実についても、存在の効力を停止し遮断する。省察する自我である私は、判断停止《エポケー》のうちに立ち、そこにとどまりつつ、もっぱら自らを、あらゆる客観的な効力とさまざまな根拠を支える効力の根拠として捉えており、それゆえその私にとっては、いかなる心理学的な自我も存在せず、心理学の意味でのいかなる心的現象も存在しない。これは、心理物理的[32]〔心と物からなる〕人間の構成要素と考えられたものだから[33]。

　現象学的な判断停止《エポケー》によって、私は、私の自然な人間的自我と私の心的生活――私の心理学的自己経験の領土――を、私の超越論的現象学的な自我と超越論的現象学的な自己経験の領土へと、還元する〔遡らせる〕。私にとってあらゆる客観とともに存在し、かつて存在したし、これからも存在するであろう、客観的な世界は、私がすでに述べたように、その意味の全体とそれがそのつど私にとって持っている存在の効力とを、私自身から、超越論的な自我としての私から、超越論的な判断停止《エポケー》とともに初めて現れてくる私から、汲んでいるのだ。

　超越論的なものという概念と、その相関者である、超越的なものという概念[34]は、その意味をもっぱら私たちの哲学的に省察する状況のなかから、汲まれなければならない。その際、次のことに注意すべきである。還元された自我が世界の一部ではないように、逆に、世界と世界内部のいかなる客観も私の自我の部分ではないし、また、私の意識の生のうちにその実質的《レエル》(35)な構成部分として、感覚与件(36)や作用の組み合わせとして、実質的に見出されるわけではない。世界内部のすべてのものの固有の意味には、このような超越性が属している。しかも、この超越は、それを規定する意味の全体とその存在の効力を、私が経験すること、私がそのつど表象すること、思考すること、価値づけすること、行為すること(すなわち、私がそのつど表象すること)からのみ得ており、また得ることができるにもかかわらず、超越的である。また、場合によって明証的に通用する、或る存在の意味を得るのも、私に固有の明証からであり、私の基礎づける作用からであるにもかかわらず、超越的である。世界の固有な意味には、この実質的《レエル》に含まれてはいないという超越性(37)が属しているとすると、それに対して、自我は世界を、効力をもった意味として自らのうちに担っており、この意味によって必然的に前提されているのだから、この自我自身は、現象学的な意味において超越論的、と呼ばれることになる。そして、このような相関関係(38)から生まれてくる哲学的な問題は、超越論的現象学的な問題と呼ばれることになる。

第二省察　超越論的な経験の場を、その普遍的構造にしたがって開示する

第一二節　認識の超越論的な基礎づけという理念

いまや私たちは省察をさらに進めなければならない。そのなかで、これまで明らかになってきたことが、初めて正当な成果を見出すことになろう。さて、（デカルト的に省察する者である）私は、超越論的な我《エゴ》によって、哲学的に何を始めることができるのか。確かに、我《エゴ》の存在は、私にとって認識上、あらゆる客観的な存在に先立つ。或る意味でそれは、すべての客観的な認識がその上で行われる根拠であり、土台である。しかし、この「先立つ」というのは、普通の意味で、すべての客観的な認識の認識根拠となることを意味しているのだろうか。あらゆる学問と客観的な世界の存在そのものの、もっとも深い基礎づけを超越論的主観性のうちに求めるという、偉大なデカルトの思想を放棄しようとするかのようになってはならない。さもないと私たちは、批判的な変更のもとにおいてであれ、彼の省察にしたがう道を辿ることにはならない。しかしおそらく、デ

カルトが超越論的な我《エゴ》を発見した時、それとともに、認識を基礎づける新しい理念、すなわち、超越論的基礎づけという理念も開かれたのだ。実際私たちは、〔超越論的ではなく〕超越的な主観(1)性に導くはずの推論のために、疑いの余地がない前提として、我思う《エゴ・コギト》を利用しようとしているのではない〔デカルトがしたのは、それであったが〕。そうではなく、現象学的な判断停止《エポケー》が〔省察する哲学者としての私に〕、まったく新しい無限の存在の場を、まったく新しい超越論的経験(2)の場として開示する、ということに注意を向けるのだ。あらゆる種類の現実の経験と、知覚、過去把持(3)、想起、等々といった、その一般的な変化の様態には、それぞれに応じた純粋な想像や、それぞれ平行する様態をもった「かのように経験」(かのように知覚、かのように過去把持、かのように想起(4)、等々)が属していることを考慮するなら、純粋な可能性の領土にとどまるアプリオリな学問が存在することも期待できる。それは、超越論的な存在の現実性についてではなく、むしろアプリオリな可能性について判断し、したがって同時に、現実性に対してアプリオリな規則を粗描するような学問である。

しかしながら、もしこのように思考を急がせて、やがて哲学となるはずの現象学的な学の構想へ突き進もうとするようなら、疑いの余地がない明証という方法論的な根本要求とともに、すでに先に触れた諸困難に陥ることだろう。というのも、すでに見てきたように、この我《エゴ》の存在についての明証が、自分自身にとってどれほど絶対的なものであろうとも、これが直ちに、超越論的経験に与えられる多様なものの存在についての明証であるわけではないからだ。超越論的還元の態度において知覚されたもの、想起されたもの、等々として与えられる思うこと《コギタチオーネス》ですら、すでに絶対的に疑いなく存在するもの、存在したもの、等々であるとは、決して主張できない。しかしそれでも、我あり《エゴ・スム》がもつ絶対的明証は、我《エゴ》がもつ超越論的な生と習慣的な固有性についての、多様な自己経験にも及んでいるということが、おそらく示されることになろう。たとえ、そのような明証(想起や過去把持などの明証)の及ぶ範囲を限定する、或る限界内においてに過ぎないにせよ。もっと詳しく言えば、おそらく、次のことが示されるであろう。それは、「我あり」の空虚な同一性が、超越論的な自己経験の絶対に疑いのない内容となるのではなく、自我のもつ、普遍的で疑いの余地がない、経験の構造(たとえば、体験の流れの内在的な時間形式といった)が、現実的および可能的な自己経験において個々に与えられるもののすべてを貫いて広がっている――それらが個々には絶対に疑いえないものではないにもかかわらず――ということ、これである。また、次のことが、この経験の構造と連関しており、また、この経験の構造そのものに属している。それは、自我が自分自身にとっては、体験や能力や素質の個々の内容を伴って具体的に存在するものとして、疑いの余地なく粗描されていること、しかも、経験の対象として地平において粗描されていること、そして、これが可能な自己経験によって近づくことのできるようになり、この自己経験は無限《イン・インフィニトゥム》に完成され、場合によっては豊富にされるということ、これらのことである。

第一三節　超越論的な認識の及ぶ範囲という問題を、さしあたり遮断しておくことが必要である

前述のことを実際に明らかにするのは、超越論的な自己経験を、それがもつ互いに絡み合った個々の形態と、普遍的な絡み合いによって遂行される全体的働きとについて、批判的に吟味するという大きな課題となろう。それは言うまでもなく、より高次の段階に属する課題であろう。というのもそれは、調和的に進行している超越論的な経験がもつ、或る仕方で素朴に機能している明証を初めは追いかけながらも、それのもつさまざまな所与をすでに見て回り、その普遍性において明確に規定してしまったことを前提しているからである。

さきほど行ったデカルト的省察の拡張は、（先に記述されたデカルト的な意味での）哲学を目指す私たちのこれからの歩みを、しかるべく動機づけることになろう。全体の名

称として超越論的現象学と呼ばれる学問的作業は、私たちの予想するところによれば、次の二つの段階において行われなければならない。

まず第一に、まもなく示されるように、超越論的な自己経験の広大な領土が遍歴されなければならない。しかも、さしあたり、調和的な流れに内在する明証にただ身を任せて。明証が及ぶ範囲を決めるにあたって、疑いの余地がない原理に対して考えられる、究極的な批判的吟味という問いは、留保しておく。それゆえ、十分な意味ではまだ哲学的ではないこの段階では、自然科学者が自然な経験の明証に身を委ねているのと同じように振る舞うことになる。と言うのも、自然科学者である彼にとって、原理的な経験の批判的吟味という問いは、そもそも主題とならないからだ。

続いて、現象学的研究の第二の段階では、超越論的な経験を批判的に吟味すること、およびそれにもとづいて、超越論的な認識一般を批判的に吟味することに従事する。

こうして、一つのこれまでにない独特な学問が、私たちの視界に現れてくる。それは、現実的および可能的な超越論的経験において与えられる具体的な超越論的主観性についての学問であり、それは、これまでの意味での学問、客観的な学問に対してまったく対立するような学問である。この客観的な学問には、なるほど、主観性についての学も含まれるが、と言っても、それは客観的で動物的な主観性、世界に属している主観性についての学にすぎない。ところが、いまここで問題になるのは、言わば絶対に主観的な学問であり、この学問の対象は、世界が存在するか存在しないかについての決定と関わりなく、存在している。いや、それだけではない。その学問の最初で唯一の対象は、哲学する者としての私の超越論的な我《エゴ》であり、また、それのみでありうるかのように思われる。確かに、超越論的還元の意味には、それが初めは、我《エゴ》とそのうちに含まれているもの、ただし無規定的な規定可能性の地平を伴ったもの、これらのほかは何も存在するものとしない、ということが含まれている。確かに、それゆえ、この学問は純粋な自我論《エゴロギー》として始まり、そして、この学問は私たちを、超越論的であるとはいえ、一種の独我論と宣告するかのように見える。(5)何しろ、還元がもたらす態度においては、――単に世界内の現象としてではなく、他の超越論的我《エゴ》としての――他の我《エゴ》が存在するものとされることができるかどうか、そしてそれゆえ、現象学的自我論の正当な主題となるかどうか、これらについてはいまのところ、まったく見極めることができないのだから。

私たちは、新たに始める哲学者として、このような疑念に驚いてはならない。おそらく、超越論的な我《エゴ》への還元は、一見すると独我論的にとどまる学問という印象を伴っているかも知れないが、(6)それがその固有の意味にしたがって一貫して遂行されると、それは超越論的な間主観性の現象学へと導かれ、これを介してさらに、超越論哲学一般へと展開されることになろう。実際に、超越論的な独我論は、哲学的には低次の段階にすぎず、それに対し、超越論的な間主観性の問題圏はより高次の基づけられた段階にあり、この問題圏を正しい仕方で持ち出すことができるためには、超越論的な独我論がそのようなものとして、方法的な意図から限界づけられねばならない。このことがやがて示されることになろう。しかしこれ以上には、私たちの省察の現時点においては、いま述べたような予備的説明が、その展開においてそもそもどれだけ十分な意義を証明できるかどうかについては、何もはっきりしたことを決められない。

いずれにせよ、デカルトの辿った歩みからの一つの本質的な逸脱は、すでにはっきりと描かれており、それは今後の私たちの省察の歩み全体にとって、決定的なものとなろう。つまり、デカルトとは違って、超越論的な経験の無限の場を開示する、という課題へと掘り下げていく。デカルトの言う明証、つまり、「我思う《エゴ・コギト》、我あり《エゴ・スム》」(7)という命題のもつ明証は、実りのないものにとどまるだろうが、それは、彼が超越論的な判断停止《エポケー》の純粋な方法的意味を明らかにすることを怠ったばかりでなく、次のことにも注意を向けることを怠ったからである。それは、我《エゴ》自身が無限に、そして超越論的経験を通じて体系的に解明されることができ、したがって、研究可能な場として用意されているということ、しかも、それはまったく固有で切り離された研究の場であるということ、というのも、それがなるほどすべての世界とすべての客観的な学問にともに関係しているにもかかわらず、それらの存在の効力を前提しておらず、また、それが同時に、あらゆるこれらの学問から区別されるにもかかわらず、決してそれらと境を接しているわけではないからということ、こうしたことである。

第一四節　思うことがもつ流れ。思うことと思われたこと

我思う《エゴ・コギト》(この用語はデカルトの広い意味で使っている)の超越論的な明証の重心を、いまや、同一の我《エゴ》から多様な思うこと《コギタチオーネス》へと、それゆえ、(省察する者である私の)同一の我《エゴ》――この表現をより詳しくはどう規定するにしても――がそのうちに生きている、流れる、意識の生へと、移すことにしよう(この明証の疑いの余地がないことがどこまで及ぶか、その範囲の問いは保留したままで)。この生へ、例えば、その感性的に知覚したり表象したり、または言表したり価値づけしたり意欲したりする生へ、反省の眼差しを向け、それを観察し、その内容に即して解明し、記述することができる。

ここでひょっとすると、次のように言われるかも知れない。このような研究方向に向かうことは、純粋に内的な経験または自分に固有の意識の生の経験に基づいて、心理学的な記述を行うことにほかならず、そこでは、そうした記述の純粋性は、もちろん、心

理物理的なことすべてが考慮されないことを要求している、と。にもかかわらず、この純粋に記述的な、意識の心理学は、その真に方法的な意味が新しい現象学によって初めて開示されたとしても、それ自身、私たちが超越論的現象学的還元によって規定したような意味での、超越論的現象学なのではない。確かに、意識についての純粋心理学は、意識についての超越論的現象学にちょうど平行するものではあるが、にもかかわらず、両者は厳密に区別されねばならない[8]。両者を混同することは、超越論的な心理学主義[9]〔と呼ぶべき考え方〕の特徴であり、それは真の哲学を不可能にするものなのだ。ここで問題になっているのは、一見すると取るに足らないことのように見えるが、実は、哲学の正しい道と間違った道とを決定的に分ける、微妙な差異の一つである。常に注意を払う必要があるのは、超越論的現象学的な研究の全体が、超越論的還元を断固として維持することと結びついており、この還元は、人間学的な研究を単なる心的生活へ抽象的に制限することと混同されてはならない、ということである。したがって、意識の心理学的な研究と意識の超越論的現象学的な研究とは、両者の記述される内容が重なることがありうるとしても、その意味は深淵を隔てるほど異なっている。一方では、存在するものとして前提された世界での所与をもっており、それらは人間の心的内容として捉えられるが、他方では、それと内容的には同じだが平行する所与について、そうした言い方はできない。というのも、世界はそもそも、現象学的態度においては現実としてではなく、ただ現実の現象としてのみ効力をもっているからである。

こうした心理学主義的な混同が避けられたとしても、なお別の点が、決定的な重要性をもっている(この点は因みに、対応する態度の変更を行えば、自然的な経験の基盤の上でも、すなわち、意識についての真正の心理学にとってもまた、重要性をもっている)。ここで、次の点が見逃されてはならない。あらゆる世界内部の存在に関して判断停止《エポケー》をしたとしても、世界内部のものに関わる多様な思うこと《コギタチオーネス》が、それ自身のうちにこの関わりを含んでいること、例えば、この机の知覚は、判断停止《エポケー》の後も、その前と同様に、まさにその机の知覚であるということ、このことに何ら変わりはない、という点である。こうして、およそいかなる意識体験も、それ自身で何ものかについての意識[10]である。この対象となるものの正当な現実性の効力がどのような状態であれ、また、超越論的な態度をとっている者としての私が、自然的な態度[11]でもっていた効力のあれこれを差し控えているとしても、その点では変わりない。それゆえ、我思う《エゴ・コギト》という超越論的な言い方には、もう一つの項が追加されねばならない。すべての思うこと《コギト》、すべての意識体験は何らかのものを思念しており、この思念という仕方でそれ自身のうちにそのつどの思われたもの《コギタートゥム》[12]を伴っており、すべての意識体験がそれぞれの仕方でそうだとも言える。例えば、家の知覚は家を、正確には、この個別の家としての家を思念しており、それを知覚という仕方で思念している。家の想起は想起という仕方で、家の想像は想像という仕方で、それぞれ同じ家を思念している。また、知覚において「そこにある」その家についての述定的な判断は、その家をまさに判断という仕方で思念しているし、それに加わる価値づけはまた新しい仕方において、等々と、それぞれ思念している。意識体験を私たちが志向的とも呼ぶ時、この志向性という言葉[13]は、何かについての意識であること、すなわち思う《コギト》こととしてその思われたもの《コギタートゥム》を自らのうちに伴っていること、ほかならぬまさにこのことを意味している。

第一五節　自然的な反省と超越論的な反省

しかし、さらに詳しい解明のためには、「直進的に」行われる、把捉しながら知覚すること、想起すること、述語づけること、価値づけること、目的を立てること等々、これらを反省から区別する必要がある、ということが付け加えられねばならない。新しい段階の把捉する作用であるこの反省によって、まさにその直進的な作用が初めて開示される。直進的に知覚している時、私たちは例えば家を把捉しているが、知覚することそのものを把捉してはいない。反省において初めて、知覚することそのものへ、そして、その家に知覚において向かっているというそのことへと「向かう」ことになる。日常生活の自然的な反省のみならず、心理学的な学問の反省においても（それゆえ、自分の心的体験についての心理学的経験においても）、私たちは、存在するものとしてすでに与えられた世界という基盤のうえに立っている。ちょうど、私たちが日常生活のなかで、「私はそこに家を見ている」とか「私はこのメロディを聞いたのを覚えている」などと言う時がそうである。それに対し、超越論的現象学的な反省においては、世界が存在するか存在しないかについて、普遍的に判断停止《エポケー》することによって、この基盤を言わば解任する（働かせなくする）。このように変様された超越論的経験の本質は、そのつど超越論的に還元された思うこと《コギト》を観察し記述するが、反省する主観として、自然的な存在の定立を一緒に遂行することはない、というところにあると言えよう。この存在の定立とは、もともと直進的に遂行された知覚、あるいはそのほかの思うこと《コギト》、が自らのうちに含んでいたものであり、また、直進的に世界に入り込んで生きている自我が、実際に遂行していたものである。ところが反省とともに、もとの体験の代わりに、或る本質的に異なる体験が現れる。その限りでは、反省はもとの体験を変えるものと言うこともできる。なるほど、これだけならすべての反省に、したがって自然的な反省にも当てはまる。ところが、いま問題にしている反省は、以前の素朴な体験をまったく本質的に変えてしまい、まさに直進的にというもともとの様態を失うことになる——しかも、まさに、以前は体験であって対象的ではなかったものを対象とする、ということによって。それゆえ、反省の課題は、もとの体験を反復することではなく、それを観察し、そのうちに見出されるものを解明することにある。もちろん、この観察への移行は、新しい志向的体験をもたらし、それによって、「以前の体験へ遡って関係する」という志向的な特性において、ほかでもないまさにこの以前の体験が意識され、場合によっては、明証的に意識される。志向的な生についての、あらゆる考えられる知識や認識を、私たちは或る経験の知に負っているのであるが、まさに上述の反省によって、このような経験の知、さしあたりは、記述的な経験の知も可能になるのだ。それゆえ、このことは、超越論的現象学的な反省についても、当てはまる。反省する自我の側で、例えば家の直進的な知覚がもっている、存在に対する態度を共有しないからといって、自我の反省する経験が、以前それに属していて、いまもなお属している、すべての契機とともに、まさに家の知覚という経験であること、このことに何ら変更を加えるものではない。そしてこれらの契機には、私たちの例で言えば、流れる体験としての知覚そのものという契機とともに、純粋にそれ自身としての知覚された家という契機が含まれている。そこには、一方で(通常の)知覚に固有な存在の定立(特定の知覚の信念)が欠けてはいないと同様、現出する家の側でも、端的に現にあるという性格が欠けてはいない。現象学的な態度にある自我が、ともに行わず差し控えるということは、自我の側の出来事であって、自我によって反省的に観察された、知覚することの側の問題ではない。さらに、そのこと自身が、対応する反省によって近づきうるものであり、この反省によってのみ、私たちはそれについて何かを知ることになる。

ここで問題になっていることは、次のように記述することもできよう。世界のうちに自然に入り込んで経験し、何らかの仕方で生きている自我を、世界に「関心をもっている」と呼ぶとすれば、現象学的に変更され、変更が維持されている態度の本質は、この素朴に関心をもっている自我のうえに、現象学的な自我が、「無関心な傍観者」として立てられることによって、一種の自我分裂が行われる、ということにある。このことが生じるということ自体は、新たな反省によって近づくことができるが、この新たな反省は、超越論的な反省として、さらに「無関心な」――とは言いながらも、観察し十全に記述するという、それだけが彼に残されているような関心をもった――傍観者という態度をとることを要求する。

このようにして、世界に向かう生のあらゆる出来事は、その端的な存在の定立、基づけられた存在の定立、および、それに相関的な存在の様相――確信をもって存在する、可能的ないし蓋然的に存在する、さらに、美しくまたは良く存在する、役立つよう存在する、等々といった存在の様相——のすべてを含めて、観察者のいかなる付帯的思念や予備的思念からも〔汚染されることなく〕純粋に、記述可能となる。このような純粋性においてはじめて、それらは、一つの哲学へ向かう私たちの狙いが要求するように、意識の普遍的な批判的吟味の主題となることができる。ここで私たちは、究極に至るまで疑いの余地なく基礎づけられた、普遍的な学問としての哲学という、デカルトの理念がもっていた徹底主義を思い出す。そのような理念は、絶対的で普遍的な批判的吟味を要求するが、このような批判はさしあたり、何らかの存在者をあらかじめ与えるような態度をすべて差し控えることによって、絶対に先入観から免れているような世界《ウニヴェルスム》を、つくり出さねばならない。これを可能にするのは、超越論的な経験とその記述がもつ普遍性である。しかもそれは、世界の経験がもつ普遍的な「先入観」が気づかれないままあらゆる自然さを貫いている(それゆえ、世界信憑《しんぴょう》が絶えず貫いている)にもかかわらず、この「先入観」を禁止し、自我論的な存在の場が、先入観から純粋に免れていることへ還元された思念の場として、いまや絶対的で無傷のまま残っているなかで、普遍的な記述に努めることによって可能となる。いまや、このような記述が、徹底的で普遍的な批判的吟味の基礎となる資格をもつことになる。もちろん、この記述の絶対に「先入観から免れていること」を厳密に維持し、純粋な明証としてあらかじめ立てられた原理を満足させることに、すべては掛かっている。それは、超越論的な反省が純粋に与えられたものに結びついていることを意味している。それゆえ、これら与えられたものは、端的な明証において純粋「直観的」に与えられるがままに受け取られ、また、純粋に見られたものを越えるような、あらゆる付加的な解釈から自由になっているのでなければならない[14]。

このように、思うこと《コギト》と思われたもの《コギタートゥム》(思われたものとしての《クア・コギタートゥム》)という二つの方向をもった方法的原理に従っていくとき、個々のそのような思うこと《コギタチオーネス》について相関的な方向において行われる普遍的な記述がまず開かれてくる。それゆえ、一方では、志向的な対象それ自身について、しかも、それぞれの意識され方において、その対象に属すると思われる諸規定について、また、それらへ眼差しを向けることにおいて現れてくる、それらに属する諸様態(それゆえ、確実に存在する、可能的ないし推測的に存在する、等々の存在の様態、あるいは現在に過去に未来に存在するといった主観的な時間の様態)について、記述することである。こうした記述の方向は、「ノエマ的」と呼ばれる。これに対立するのは、「ノエシス的」な記述の方向で、それは、知覚、想起、過去把持のような、思うこと《コギト》そのもののあり方、意識のあり方、しかも、明晰性や判明性のように、それらに内在する様相的区別をともなった仕方に関わる。

世界が存在するか存在しないか、について普遍的に判断停止《エポケー》することによって、実際、この世界が現象学にとって単純に失われてしまったわけではない。(15) このことがいまや分かってくる。私たちはあいかわらず、世界を思われたもの《クア・コギタートゥム》として保持している。そして、このことは、意識のそれぞれの特殊な作用において思念されたがままの、あるいは、もっとはっきり言えば、取り出されて思念されたがままの、そのつど個々の実在に関してのみ言われるのではない。というのは、そうした孤立状態は、統一的な世界の内部でのことであり、この世界自身は、私たちが個々のものを把捉するよう向かっているときでも、常に統一的に現出しているからである。言い換えれば、この世界は、一つの意識の統一において絶えずともに意識されており、この意識そのものが把捉するものとなりうるし、しばしば十分にそうなりもする。その際、世界全体は、空間時間的無限性という、それに固有な形式において意識されている。意識がどれほど変化しようとも、個々のものが経験され、他の仕方で取り出されて思念されるなかで、変化はしても唯一のものである世界《ウニヴェルスム》が、自然的な生の全体の背景に存在するものとして、存続している。それゆえ、現象学的還元を一貫して遂行する際にも、ノエシス的には、無限に開かれた純粋な意識の生が存続しており、そのノエマ的相関者の側では、思念された世界そのものが存続している。こうして、現象学的に省察する自我は、単に個々のものにおいてのみならず、普遍的にも、自分自身を無関心に観察する者となることができ、また、そこには、彼にとってあり、彼にとってあるがままの、あらゆる客観が含まれている。ここで、明らかに、次のように言うことができる。自然的な態度にある自我としての私は、同時にそして常に、超越論的な自我でもあるが[16]、私がこのことを知るのは、現象学的還元を行うことによってのみである、と。この新しい態度によって初めて、次のことが分かる。それは、世界全体とおよそすべての自然的に存在するものとが、私にとってあるのは、そのつどの意味をもって、私にとって効力をもつものとしてであり、変化し変化のなかで互いに結びついている、私の思うこと《コギタチオーネス》がもつ思われたもの《コギタートゥム》としてであること、また、そのようなものとしてのみ、私はそれらに効力を与えているということ、こうしたことである。したがって、超越論的な現象学者としての私が、普遍的で記述的な確認作業の主題として持っているのは、それが個々のものであれ普遍的なつながりにおいてであれ、もっぱら、それぞれの意識の仕方の志向的相関者としての対象のみなのである。

第一六節　付論　超越論的な反省も純粋心理学的な反省も、我思うから始める必要がある

超越論的な我思う《エゴ・コギト》とは、それを生の普遍性においてこれまで詳述してきたことからすれば、開かれた無限の多様性をもった、個々の具体的な体験を表している。そして、この多様な体験を、その変化する構造にしたがって解明し記述的に捉えることは、最初の大きな課題部門をなしている。他方で、それらの多様な体験が具体的な我《エゴ》そのものの統一へと結合される仕方についても、同様である。それが具体的であるのは、もちろん、この結合して統一された志向的な生と、そのうちに思われたもの《コギタータ》として含まれ、全体的な普遍性へと統一される相関者とが、開かれた無限の普遍性のうちにある限りにおいてである。そして、この相関者には、現出する世界そのものが含まれる。こうして、具体的な我《エゴ》そのものが、記述の普遍的な主題となる。あるいは、もっとはっきり言えば、省察する現象学者としての私は、自分自身を超越論的な我《エゴ》として、その十分な具体性において、それゆえ、そのうちに含まれた志向的相関者とともにあらわにする、という普遍的な課題を立てることになる。すでに触れたように〔第一四節参照〕、この自己を超越論的にあらわにすることと平行するのが自己を心理学的にあらわにすることであり、後者

は、私の純粋に心的な存在を、私の心的生活においてあらわにしようとするものである。しかしその際、この心的生活は、私の心理物理的(動物的)実在の構成部分として、それゆえ、私にとって自然に通用している世界の構成要素として捉えられている。

超越論的で記述的な自我論にとってと同様、「純粋内部心理学」(これは、心理学的基礎学科として完成される必要があるが)にとっても、記述的に(そして実際にもっぱら)内的経験から汲み取りつつ、我思う《エゴ・コギト》から始めるほかない。このことは明らかである。心理学的な意識理論と哲学的な意識理論とを区別しようとする、近代の試みがすべて挫折した状況のなかで、この注意は大きな重要性をもっている。もし、現在でも支配的な感覚主義(17)の伝統のために誤った方向に導かれて、感覚理論から始めようとすると、二つの意識理論への通路を閉ざすことになる。そこでは、意識の生を、初めから想定された自明性のために、「外的な感覚」および(うまく行けば)「内的な感覚」の所与の複合と解釈してしまい、これら所与を全体へと結合するために、形態質と呼ばれるもの(18)を考え出すことになる。「要素主義《アトミスムス》(19)」を退けるために、これらの所与のうちでは形態《ゲシュタルト》が必然的に基礎になっており、それゆえ、全体は部分に対してそれ自体で先立つものだ、という理論を付け加えることになる。しかし、根本から新たに始めようとする記述的な意識理論は、そうした所与や全体を、先入観としか見なさない。初めにあるのは、純粋な言わばまだ無言の経験であり、それがまず、その固有の意味をもった純粋な表現へともたらされねばならない。しかし、現に最初の表現は、我思う《エゴ・コギト》というデカルト的な表現である。それは例えば、私は知覚する、この家を知覚する、私は思い出す、或る通りの雑踏を思い出す、といったものだ(20)。そして、記述の最初の普遍的特徴は、思う《コギト》ことと思われたもの《コギタートゥム》・としての思われたもの《クア・コギタートゥム》との間の区別にある。どのような場合に、またどのような異なる意味において、場合によっては感覚与件というものが、正当に構成要素として示されることになるのか、このことは、解明し記述する作業によってのみ得られる成果である。ところが、このような作業をまったく欠いていたことが伝統的な意識理論の欠陥となった。それは方法の原理的なことについて不明瞭だったために、思われたものとしての《コギタータ・クア・》思われたもの《コギタータ》を記述するという、膨大な主題群をまったく見失い、さらにまた、意識され方としての思うこと《コギタチオーネス》とそのものに固有の意味と特別な課題をも見失ったのである。

第一七節　意識の研究がもつ二面性は、相関的な問題圏をなす。記述の二つの方向。綜合は意識の原形式である

しかし、研究の端緒と課題の方向とが初めから明らかになれば、しかも、私たちが超越論的な態度を維持する限り、これから先の問題圏にとって重要な指導的思想が、自ず

から明らかとなる。意識の研究がもつ二面性(ここでは同一の自我についての問いをまだ考慮していない)は、記述的には、不可分に結びつき、ともに一つの全体を成していること、として特徴づけられる。それは、意識を意識と結び付ける結合の仕方であり、綜合[21]という、意識の領域にもっぱら固有な結合の仕方である。例えば、このサイコロを知覚する場合を、記述の主題として採り上げよう。そのとき、私は純粋な反省において、このサイコロが、特定の現出の仕方の、さまざまに形成され変化する多様なもののなかにありながら、対象的に一つのものとして与えられていることに気付く。これらの現出は、その流れのなかで、体験が関連のないまま並列していることではない。それらはむしろ、綜合の統一のうちで流れており、したがって、それらのなかで、同一のものが現出するものとして意識されている。このサイコロという同一のものが、(ともに現出する自己の身体のうちで)気付かれないままにいつもともに意識されている、絶対的なここ[22]との対比において、こことかそこといった変化する様態のなかで、或る時は近くに、また或る時は遠くに現出する。例えば、「ここの近くにあるサイコロ」というような様態をもって捉えられた現出の仕方はすべて、それ自身また、関係する多様な現出の仕方の綜合的統一として現れる。すなわち、近くの物は同一のものとして、或る時はこちら「側」から、また或る時はあちら「側」から現出し、「視覚的なパースペクティヴ[23]」を変化させるだけでなく、それぞれの注意の方向に応じて観察できるように、「触覚的」「聴覚的」およびその他の現出の仕方をも変化させる。したがって、私たちが、サイコロの知覚において示されるサイコロの何らかの特徴に、例えばサイコロの形や色合いに、あるいはサイコロの平面そのものや、その正方形の形やその色それ自身に、特に注意するときにも、同じことが繰り返される。私たちはいつも、それぞれの特徴を、流れゆく多様なものの統一として見出す。私たちが直進的に見ている時は、例えば、変化せずにとどまる形や色を見出すのに対して、反省的な態度においては、それぞれに属する現出の仕方、つまり、連続的な継起において互いに繋がっている方位づけやパースペクティヴなどの現出の仕方を見出す。その際、そうした現出の仕方のおのおのは、それ自身で、例えば形や色の濃淡はそれ自身で、それぞれがもつ形や色などの現れである。それゆえ、そのつどの思う《コギト》ことがその思われたもの《コギタートゥム》を意識するのは、区別のない空虚のなかにではなく、或る記述的な多様性の構造をもって、つまり、まさにこの同一の思われたもの《コギタートゥム》に本質的に属する、特定のノエシス—ノエマ的な構造をもって、なのである。

　感性的な知覚についてと同様に、それと(後に詳しく述べるように、至るところで広範に)平行する記述を、あらゆる直観について行うことができ、それゆえ、(後から直観化する想起や、あらかじめ直観化する予期といった)ほかの直観の様態についても行うことができる。例えば、想起された物も、変化する側面やパースペクティヴなどにおいて現出する。しかし、直観の様態の差異、例えば、何が想起の所与を知覚の所与から区別するかを明らかにするには、新しい記述の次元が問題になるだろう。にもかかわらず、どんな種類の意識についても、何かについての意識であるという、普遍的な性格が残っている。この何かという、そのつどの意識がもつ「志向的対象そのもの」は、ノエシス―ノエマ的に変化する意識され方(それが直観的であれ、非直観的であれ)がもつ、同一の一つのものとして意識されている。

いったん具体的な意識の記述という現象学的な課題を引き受けると、現象学以前には研究されることのなかった、真に無限の事実が、私たちに開けてくる。これらの事実はすべて、(具体的な綜合的全体としての)個々の思うこと《コギタチオーネス》に対して、また他の思うこと《コギタチオーネス》に関しても、ノエシス―ノエマ的な統一を与えるような、綜合的構造の事実とも呼ぶことができる。この綜合の固有性を明らかにすることは、志向的体験としての思うこと《コギト》を、何かについての意識として示すことになり、それゆえ、志向性は「心的現象」の記述的特徴であるという、フランツ・ブレンターノ[24]の有意義な発見を実り豊かなものとし、また、記述的な――超越論哲学的であるのと同様に、もちろんまた心理学的な――意識の理論を切り開くことになる。

第一八節　同じものとして捉えることは綜合の根本形式である。超越論的時間が行う普遍的な綜合

ここで、綜合の根本形式、すなわち、同じものとして捉える(＝同定)という綜合に目を向けることにしよう。それがまず、受動的に流れる綜合として、しかも、すべてを支配している綜合として現れるのは、連続的な内的時間意識(25)という形式においてである。すべての体験は、それぞれ体験の時間性を持っている。(例えば、サイコロの知覚の場合のように)意識の体験において思われたもの《コギタートゥム》として現出するのが、世界内部の客観である場合、(例えば、このサイコロがもつ)現出する客観的時間性を、(サイコロの知覚がもつ)現出そのものの内的時間性から、区別しなければならない。この現出そのものは、時間の広がりと位相をもって流れ行くが、これら広がりと位相は、同一のサイコロのもつ、連続的に変化していく多様な現出である。それらの統一は綜合による統一であり、それは、思うこと《コギタチオーネス》が連続的に結合されること(或る程度、外的に互いに張り合わされること)なのではなく、一つの意識へと結合されることである。そこでは、志向的対象の統一が、多様な現出の仕方をもつ同一のものとして、構成される。世界の現実存在、ここではサイコロの現実存在は、判断停止《エポケー》によって「括弧に入れられて」いるにもかか

わらず、同一の現出するサイコロそのものが、流れる意識にとって連続的に「内在的」にあり、記述的にその「うちに」あり、たとえ記述的にではあれ、そのうちで「同一のもの」なのである。この「意識のうち」にあるとは、まったく固有な意味での「そのうちにあること」である。すなわち、実質的《レエル》な構成要素としてうちにあることではなく、志向的な構成要素として、観念的《イデエル》〔志向対象的〕[26]に現出するものとしてうちにあること、あるいは同じことであるが、その内在的な「対象的意味」としてうちにあること、なのである。意識の対象は、体験が流れるあいだもそれ自身の同一性をもつが、この対象は、外からこの意識のうちに流れ込んで来るのではなく、意識そのもののうちに意味として含まれている。それは、意識の綜合による志向的な成果としてあるのだ。

こうして、同一の——意識において同一の、ということだが——サイコロが、同時にあるいは継起的に、非常に異なる、ばらばらの、意識の仕方のうちで現れることがありうる。例えば、それぞれの知覚、想起、予期、価値づけ、などのうちで。ここでも、これらばらばらの諸体験を包括する統一的意識として、同一性の意識を作り出し、したがって同一性についてのすべての知を可能にしているのは、一つの綜合なのである。

しかし結局のところ、多数を意識することや関係を意識することなどのように、同一でないものが統一的に意識されるような意識はすべて、この意味では一つの綜合である。

それは、たとえこの綜合的な働きが自我の純粋な受動性として特徴づけられようと、あるいは自我の能動性として特徴づけられようと、それがもつ思われたもの《コギタートゥム》(多数や関係など)を綜合的に、あるいはこう言ってもよいが、統語論的《シンタックス》に構成するものである。矛盾や不整合ですら、もちろん別の種類ではあるが、やはり綜合によって形成されるものなのである。

しかし、綜合は、あらゆる個々の意識の体験のうちにあるだけではないし、時によって個々のものを個々のものと結び付けるというだけでもない。むしろ、意識の生の全体が、私たちがすでに述べたように、綜合的に統一されている。意識の生はそれゆえ、その普遍的な思われたもの《コギタートゥム》をもった、普遍的な思うこと《コギト》であるが、それは、そのつど際立ってくる個々の意識の体験の全体を綜合的に自らのうちに捉えており、様々な段階において多様な個々の思われたもの《コギタータ》に基づけられている。しかしながら、この基づけ[27]というのは、発生という時間的に継起する仕方で組み立てられることを意味してはいない。というのも、考えられる個々の体験はすべて、むしろ、常にすでに統一的に前提された全体の意識から際立たせられたものにすぎないからだ。普遍的な思われたもの《コギタートゥム》とは、開かれた無限の統一と全体のうちにある、普遍的な生そのものである。それが全体的統一として、いつもすでに現出しているからこそ、それは注目して捉える作用という、特別な仕方で考察され、普遍的な認識の主題とされることができるのだ。あらゆるその他の意識の綜合を可能にする、この普遍的な綜合の根本形式は、すべてを包括する内的時間意識である。その相関者は、内在的な時間性そのものであり、我《エゴ》のうちにそのつど反省的に見出される体験はすべて、この時間性によって時間的に秩序づけられ、時間的に初めと終わりをもち、同時的あるいは継起的なものとして現出することになる――しかも、内在的時間の一定の無限な地平の内部において。時間意識と時間そのものとの区別は、時間内部の体験あるいはそれがもつ時間形式と、対応する多様なものとしての時間的《テンポラル》な現出の仕方とのあいだの区別、としても表現される。内的時間意識の、このような現出の仕方は、それ自身が志向的体験であり、反省において、ふたたび必然的に時間的なものとして与えられねばならないのであるから、ここで意識の生の逆説的な根本特性に出会うことになる。というのも、意識の生は、こうしてまた、無限後退と結びつくことになるように見えるからだ。こうした事実を理解しながら解明することは、法外な困難を引き起こす。しかし、それがどれほど困難であれ、この解明は明証的なもの、しかも疑いの余地がなく明証的なものであり、「我《エゴ》が不思議なことにそれだけで存在する」という側面を表している。すなわち、ここでは、意識の生が「自分自身に志向的に遡って関わっている」という形式で存在する、という側面を表しているのだ。

第一九節　志向的な生がもつ顕在性と潜在性

それぞれの我思《コギト》うには、多様な志向性が属している。それが世界内部のものを意識するのみならず、自らを我思《コギト》うとして内的時間意識において意識することによってすでに、世界に関わっているそれぞれの我思《コギト》うには、多様な志向性が属している。志向性がもつこの多様性は、顕在的な体験として思われたもの《コギタータ》を考察するだけでは、主題として尽くされていない。むしろ、すべての顕在性はそれぞれ潜在性を含んでいる(28)。潜在性とは、空虚な可能性ではなく、内容的に、しかもそのつどの顕在的な体験そのもののうちで、志向的に粗描された可能性、そのうえ、自我によって実現されうる可能性という性格を備えている。

以上によって、志向性がもつ、もう一つの根本的な特徴が示唆されている。つまり、体験はすべて「地平」をもっており、これは、その意識の連関が変化し、自分に固有な流れの位相が変化するなかで移り変わる。それは、志向的な地平であって、意識の自分自身に属する潜在性への指示を伴っている。例えば、すべての外的な知覚には、次のような指示が属している。知覚対象の本来的に知覚された側面は、別の側面を、つまり、ともに思念されてはいるが、まだ知覚されてはおらず、ただ予期において、さしあたりは、非直観的な空虚をもって予想された側面を――まもなく知覚において「やって来る」、あらゆる知覚の位相で新たな意味をもつ、絶えざる未来予持として――指示している、というような指示である。そのうえ、知覚は次のような地平ももっている。それは、知覚の流れを別の方向に向け、眼を例えばこうではなく別の方向に動かしたり、あるいは、前進したり横に移動したりしたらもつことになるであろう、別の知覚の可能性からなる地平である。知覚に対応する想起の場合にも、姿を変えてではあるが、同じようなことが生じる。例えば、私が知覚の活動を別の方向に向けていたなら、そのとき実際に見えていた側面の代わりに、別の側面を知覚していたことだろう、といった意識の場合である。繰り返して言えば、すべての知覚には、呼び起こされるべき想起の潜在性として、過去の地平がいつも属しており、すべての想起には、顕在的な知覚の今に至るまでの、可能的な(私によって実現されるべき)想起の、連続的で間接的な志向性が、地平として属している。いずれの場合にも、この可能性のうちには、「私はできる」と「私がする」、あるいは、「私が現にするのとは別様にすることができる」ということが、――他の点では、あれこれの具体的な自由が絶えず妨害の可能性に開かれているとしても――入り込んでいる。

地平とは、あらかじめ描かれた潜在性のことである。それぞれの地平のうちにあるものを問い、それを解明し、意識の生のそのつどの潜在性を露呈することができる、と言ってもよい。しかし、まさにそれとともに、顕在的な我思《コギト》うのうちでいつも単に暗示ほどで含蓄的に思念されているだけの、対象的意味を露呈することになる。この対象的意味、つまり、思われたもの《コギタートゥム》としての《・クァ・》思われたもの《コギタートゥム》は、出来上がって与えられたものとして現前することは決してない。それは、そのときの地平と、さらに絶えず新たに呼び起こされる地平との、このような解明によって初めて明らかとなる。粗描そのものは確かにいつも不完全であるが、その無規定性のなかで、やはり或る規定性の構造をもっている。例えばサイコロは、見えない側面についてはなおさまざまに未決定のままでも、それはすでにサイコロとしてあり、さらに詳しくは、色がついていて、ざらついていて、等々と、あらかじめ「把握されて」いる。その際、これらの規定のそれぞれは、常になお細かい点については未決定のままだとしても。この未決定のままになっていることは、現実に詳細に規定される（それはおそらく生じることはないであろうが）以前に、そのつどの意識そのもののうちに含まれている契機であり、まさにそれが地平をなしているのだ。現実に進行する知覚――それは、単に予想的に「表象する〔思い浮かべる〕こと」による解明に対立するものだが――によって、〔志向を〕充足しながら詳しく規定していくことや、場合によっては別の仕方で規定していくこと、が生じる。しかし、それでもやはり、開け〔開放性〕という新たな地平をいつも伴っているのだ。

こうして、何かについての意識と特徴づけられた、すべての意識には、次のような本質的固有性が属している。すなわち、単に同一の対象(それは、綜合の統一[29]において、同一の対象的意味として、これらの意識の仕方に志向的に内在しているのだが)についての意識として、絶えず新たな意識の仕方へと移行することができるというだけでなく、それをまさにあの地平志向性という仕方でのみすることができるという本質的固有性である。対象というのは、言わば同一性の極であり、あらかじめ思念され、やがて実現されるべき意味をいつも伴って意識され、それぞれの意識の契機のうちで、その対象に意味によって属するノエシス的な志向性のための指標となる。そして、このような志向性が問われ、解明されることができる。これらはすべて、これからの研究によって具体的に明らかとなるだろう。

第二〇節　志向的分析の特徴

意識の志向的な分析が、通常の自然な意味での分析〔分解〕[30]とはまったく異なるものであることは、明らかである。すでに述べたように〔第一六節参照〕、意識の生は、単なる意識の「与件〔データ〕」を寄せ集めた全体ではなく、したがって、自立的であれ非自立的であれ、その構成要素に「分析可能」——広い意味で分解可能——なものではない。もし、そのように「分析〔分解〕」できるとしたら、〔分解したものを〕統一する形〔いわゆる「形態質」なるもの〕が非自立的な構成要素に数えられることになろう。志向的分析は、確かに、何かに主題的に眼を向けるときには、分割に導かれることもあり、その限りでは、この言葉が役に立つこともある。しかし、それが常に行っている本来的な仕事は、意識の顕在性のうちに含まれている潜在性を露呈することである。これによって、意識において思念されているもの、つまり、対象的な意味を解釈し、明瞭化し、解明することが、ノエマ的な観点から行われる。志向的分析は、次のような根本的認識によって導かれている。それは、意識としての思うこと《コギト》はすべて、広い意味で思念されたものについての思念ではあるが、それぞれの瞬間に思念されたものは、それぞれの瞬間に顕在的に思念されたものとして現前しているものより以上のもの〔より多くのものをもって思念されたもの〕だ、という認識である。先に挙げた例で言えば、知覚のそれぞれの位相は、知覚において思念されたものとしての対象がもつ側面に過ぎなかった。それぞれの意識に含まれている、この「自らを越えて思念する」ということは、意識の本質的契機と見なされねばならない。しかし、意識が同一のものについて「より多く思念すること」であり、またそう呼ばれねばならないことは、明瞭化の可能な明証によって初めて示される。そして究極的には、私から発動する現実的および可能的な「知覚の進行」あるいは可能的な想起という形で、直観的に露呈することがもつ明証によって初めて示されることになる。

しかし、現象学者の研究は、純粋に志向的対象そのものへとただ素朴に没頭することによって行われるのではない。志向的対象をただ直進的に観察したり、その思念された特徴ないし思念された部分や性質の解明をしたりするわけでもない。というのも、もしそうであれば、直観的ないし非直観的に意識することや、解明しながら観察することそのものを形成している志向性は、「匿名的《アノニム》」(31)に留まってしまうからである。言い換えれば、その時には、意識のノエマ的な多様とその綜合的統一が、隠されたままになってしまう。ところが、それらによってしかもその本質的な統一の働きによってこそ、私たちはおよそ一つの志向的対象を、しかもそのつどこの特定の対象を連続的に思念し、それをこれこれに思念されたものとして、言わば眼前に持つことになるのだ。その時、隠れて構成的に働いている機能もまた隠されたままになる。ところが、それによって私たちは(もし考察がすぐに解明として継続されるなら)「特徴」とか「性質」とかいったもの、思念されたものの解明されるべきものとしての部分を直進的に眼前に見出し、漠然と思念したり、さらには直観的に際立たせたりすることができるのだ。現象学者は、あらゆる対象的なものやそのうちに見出されるものを、もっぱら意識の相関者として研究することによって、それらを単に直進的に考察し記述するだけではないし、また、それに対応する自我や、相関者として思われたもの《コギタートゥム》をもつ我思う《エゴ・コギト》へと、遡るだけでもない。むしろ、匿名的に思っている生《コギティーレント》のうちへ、反省的な眼差しをもって露呈しつつ入り込み、多様な意識の仕方が辿る特定の綜合的な経過と自我的な態度のさらに背後に隠れている諸様態を露呈する。これらの諸様態がさらに、「自我にとって端的に思念された存在」や「対象的なものの直観的ないし非直観的な存在」を理解できるものにしてくれる。言い換えれば、意識のうちでこのような存在と様相をもった客観が意識され、そうした意味として現れるということを、意識がそれ自身で、またそのつどの志向的構造によって、どのようにして必然的なものにしているか、ということを理解できるものにしてくれる。こうして現象学者は、例えば空間物の知覚の場合には（さしあたりここでは、意味を表すあらゆる述語は捨象して、純粋に延長物《レース・エクステンサ》[32]に留まるが）、さまざまに変化する「見える物」やその他の「感覚的な物」がいかにして、この同一の延長物《レース・エクステンサ》「の」さまざまな現出という性格をもつのか、を研究する。すなわち、それらの物それぞれについて、そのさまざまに変化するパースペクティヴを研究し、さらに、その時間的な与えられ方については、それらが過去把持的に沈み込みながらまだ意識されているという変化のあり方や、自我に関わる点では、注意の様態などを研究する。その際、次のことに気をつけなければならない。つまり、知覚されたものそのものの現象学的解明は、知覚されたものを知覚の進行において知覚に即してその特徴にしたがって展開することと結びついているわけではなく、それは、潜在的な知覚をありありと思い浮かべることによって、思われたもの《コギタートゥム》の意味のうちに含まれているものや、(背面のように)単に非直観的にともに思念されただけのものを明らかにし、それによって、見えないものを見えるようにすることだということ、これである。このことは、すべての志向的分析に当てはまる。そのようなものとして志向的分析は、分析されるべき個々の体験を越えて行く。それは個々の体験に相関的な地平を解明することによって、それぞれの思われたもの《コギタートゥム》がもつ対象的な意味に対して「構成的」に機能している諸体験の主題的な領域のなかに、非常に多様な諸体験を加えることになる。それゆえ、顕在的な体験のみならず、潜在的な体験をも加えることになる。というのは、潜在的な体験は、顕在的な体験の意味を形成している志向性のなかで暗黙のうちに「粗描されて」おり、それが取り出されれば、暗黙の意味を解明するという明証的な性格をもつことになるからである。このようにして初めて、現象学は次のことを理解できるようにすることができる。それは、存立し持続する対象的な統一体のようなものが、意識の生の内在において意識されるのはどのようにしてであるか、また、この絶えることのない意識の流れの、どのような性質をもつ意識の様態において意識されることができるのか、そして特に、同一の対象の構成というこの驚嘆すべき機能が、それぞれの対象の範疇《カテゴリー》[33]についてどのようにして生じるのか、要するに、それぞれの対象の範疇に対して構成的に働く、意識の生は、同一の対象についての、相関するノエシス的およびノエマ的な変化に応じてどのように見え、またどのように見えなければならないか、これらのことである。それゆえ、あらゆる志向性がもつ地平的性格は、現象学的分析と現象学的記述にまったく新しい方法論を指示することになる。この方法論は、意識と対象、思念と意味、実在的《レアール》な現実と理念的《イデアール》な現実、可能性、必然性、仮象、真理、さらには、経験、判断、明証、等々が超越論的な問題の標題として現れ、主観的な「起源」[34]の真の問題として引き受けられるべきところでは、いつでも働くことになる。

　適宜変更《ムターティス・ムタンディス》を加えれば、同じことが自然的な実証性の基盤に立つ純粋な「内部心理学」あるいは「純粋志向的」心理学についても当てはまることは、言うまでもない。こうした心理学は、構成的で同時に超越論的な現象学と平行するものであることを、暗示的にではあれすでに示しておいた。心理学の唯一根本的な改革は、志向的心理学を純粋に形成することのうちにある。すでにブレンターノはそのような改革を要求していたが、残念ながら、彼は志向的分析の根本的な意味を認識していなかった。それゆえ、そのような心理学をそもそも可能にし、それがもつ真正で真に無限の問題圏を初めて開示するような方法を認識していなかったのだ。

もちろん初めは、純粋な意識の現象学の可能性はまったく疑わしく思われる。とりわけ、意識の現象という領土がまさにヘラクレイトス的な流れ[35]の領土であるという事実を考慮すると、そう思える。実際、客観的な学問にとっては重要な、概念と判断の形成という方法論をここで貫こうとするのは、絶望的であろう。一つの意識の体験を自然の客観と同じように、経験に基づく同一の対象として――それゆえ最終的には、固定した概念によって把握可能な同一的要素へと展開できる、という理想的な推定のもとで――規定しようとするのは、もちろん妄想であろう。意識の体験が固定した概念的な規定可能性という理想にかなうような究極的な要素や関係をもたず、それゆえ、固定した概念のもとで近似的に規定するという課題を立てるのがまだ理にかなっていると思われるのは、私たちがそのような対象について不完全な認識能力しか持たないからという理由ばかりではなく、そもそもアプリオリな理由によってなのだ。それにもかかわらず、志向的分析という理念は、正当に成り立つ。というのも、あらゆる意識において統一を形成し、対象的意味をノエシス的かつノエマ的に構成している志向的綜合の流れのうちには、厳密な概念において把握可能な或る本質的な類型性が支配しているからである。

第二一節　超越論的な手引きとしての志向的対象

形式としてすべての特殊なものを包括している、最も普遍的な類型は、〈我《エゴ》—思う《コギト》—思われたもの《コギタートゥム》〉という普遍的な図式によって表される。私たちが志向性について、また、それに属する綜合などについて試みてきた普遍的な記述は、この類型に関わるものであった。この類型とその記述の特殊な形態においては、容易に理解される理由からして、思われたもの《コギタートゥム》の項に立つ志向的対象が、思うこと《コギタチオーネス》の類型的な多様性の解明にとって、超越論的な手引き(36)の役割を果たす。というのも、この思うことは可能な綜合によってこの志向的対象を、思念された同一の対象として、意識において自分のうちに伴っているからである。出発点は必然的に、そのつど直進的に与えられた対象だが、反省は、そこからそのつどの意識の仕方へと遡り、さらに、このうちに地平的に含まれた潜在的な意識の仕方へ、それから対象が可能的な意識の生の統一において同一のものとして意識されることができるような意識の仕方へと遡る。私たちがまだ形式的な普遍性の枠内にとどまり、およそ或る対象を内容的には拘束されず、任意に思われたもの《コギタートゥム》として考え、それをこの普遍性のなかで手引きと見なすならば、同一の対象について可能な意識の仕方の多様性が――形式的な全体類型として――、一連のはっきり区別されたノエシス―ノエマ的な特殊類型へと分類される。例えば、可能的な知覚、過去把持、予期、予想、表記、類比による直観化などが、志向性のこのような類型で、それらは、綜合的な絡み合いという類型と同様に、あらゆる考えられる対象に属している。志向的対象の普遍性はこれまで空虚と見なされていたが、それを分類し始めるやいなや、あらゆるこれらの類型はさらにそのノエシス―ノエマ的な構造において分類されるようになる。それはさしあたり形式論理学的(形式存在論的)[37]な分類で、それゆえ、個々のもの、究極的な個体、普遍的なもの、多、全体、事態、関係、等々のような、およそ何か或るものがもつ様態である。ここにまた、広い意味での実在的《レアール》な対象と、範疇《カテゴリー》的な対象という、根本的な区別が現れる。後者は、一歩一歩産出し建設する自我の活動という操作に起源をもつのに対し、前者は単に受動的な綜合という働きに起源をもつものである。他方、実在的《レアール》な個体は(単なる)空間物、動物的存在、等々といった実在的《レアール》な領域へと分かれるが、この実在的《レアール》な個体という概念に眼を向けるとき、質料存在論的[38]な区別を見出すことになり、それがさらに形式論理学的な諸変様に対応するような区別(実在的《レアール》な性質、実在的《レアール》な多、実在的《レアール》な関係、等々)を招き寄せることになる。

これらの手引きによって生じるそれぞれの類型は、そのノエシス―ノエマ的な構造が問われ、体系的に解明され、その志向的な流れのあり方と類型的な地平およびその含蓄などに応じて基礎づけられる。或る任意の対象をその形式あるいは範疇において保持し、その対象の意識の仕方が変化するなかで同一性を絶えず明証的に保持するとき、この意識の仕方は、それがどれほど流動的であって、究極的な要素を捉えることができないとしても、決して任意のものではないことが分かる。それらは、対象がまさに同一のものとして、これこれのようなものとして意識されるままに、意識の仕方が変化するなかで同一性の明証を維持できる限り、壊れることなく同一の、一つの構造類型にいつも結びついたままである。

まさにこの構造類型を体系的に解明することが、超越論的な理論の課題である。そして、このような理論は、それが手引きとなる対象的な普遍性にとどまる時には、およそ或る対象についての超越論的構成の理論と呼ばれるが、それは、問題になっている形式あるいは範疇《カテゴリー》、もっとも上では領域(39)の対象を扱う理論となる。

こうして、知覚の理論、他の類型に属する直観の理論、表現的意味の理論、判断の理論、意志の理論、等々といったさまざまな超越論的な理論が、さしあたりは区別されて現れてくる。しかし、それらは統一的に繋がり合っており、重なり合う綜合的連関との関係をもっている。それらは機能的に繋がり合って、およそ或る対象についての構成の理論、あるいは、可能な意識の対象としておよそ可能な対象がもつ開かれた地平についての、形式普遍的な構成の理論に属している。

さらにそれに続けて、構成[40]に関わる超越論的な理論ではあるが、もはや形式的ではないような理論が現れる。例えば、個々の空間物と自然の普遍的連関における空間物、心理物理的な存在、人間、社会的な共同性、文化的対象、そして最終的にはおよそ客観的な世界――しかも、純粋に可能な意識の世界であり、また、超越論的には純粋に超越論的な我《エゴ》のうちで意識において構成される世界であるような世界――に関係する理論である。もちろん、これらはすべて、一貫して遂行された超越論的な判断停止《エポケー》に基づいている。

しかしながら、私たちは次のことを見過ごしてはならない。それは、客観的なものとして意識された実在的《レアール》な対象と理念的《イデアール》な対象という類型のみが構成に関わる研究の手引きとなるのではなく、つまり、可能な意識の様態の普遍的な類型が問われるだけでなく、あらゆる内在的な体験そのものと同様に単に主観的な対象という類型もまた、それらが内的時間意識の対象として個別的かつ普遍的にその構成をもっている限り、研究の手引きとなる、ということである。それぞれの観点において、個別に考察された対象の種類の問題、および普遍性の問題が浮かんでくる。後者の問題が我《エゴ》に関わるのは、その存在と生の普遍性においてであり、その対象的相関者の相関的な普遍性との関係においてである。

統一的で客観的な世界を超越論的な手引きとする時、それは、生全体の統一を貫いている綜合、客観的知覚およびその他の現れる客観的直観がもつ綜合、を遡って指示している。こうした綜合のおかげでそれらは常に統一として意識され、主題的になることができる。したがって、世界そのものが自我論上の普遍的問題となるが、それと同様に、純粋に内在的な眼差しの方向で言えば、内在的な時間性の内にある、意識の生の全体もまた、同じ普遍的問題となる。

第二二節　あらゆる対象の普遍的統一という理念と、その構成を解明するという課題

私たちは対象――あらかじめ通用している学問的な概念のもつ「先入観」においてではなく、現象学的還元において、純粋に思われたもの《コギタータ》として捉えられた対象――の類型を、主題的に関連し合って一体をなしている超越論的な研究のための手引きと考えてきた。意識において構成的に働いている多様なもの――それは同一のものにおける綜合の統一へと、現実性あるいは可能性においてもたらされる――が、そのような綜合の可能

性に関して関連し合って一体をなしているのは、偶然ではなく本質的な根拠からしてである。それゆえそれらは或る原理のもとにあり、この原理によって現象学的研究は連関のない記述のうちに自らを見失うことなく、本質的な根拠からして秩序づけられることになる。あらゆる客観、およそあらゆる対象は（内在的なものですら）、超越論的な我《エゴ》の規則的構造を表している。それらは、どのように意識されていようと、表象されたものである限り、同一のものについて可能な、つまり、本質的に粗描された類型において可能な、様々な意識に対して普遍的な規則を表している。そしてもちろんすでに、どんなに考えられたものも、表象されて考えられたものである限り、同様である。超越論的主観性とは、志向的な体験のカオス[41]ではないのだ。それはしかしまた、そのおのおのが志向的な対象の種類ないし形式への関係によって自ずから秩序づけられるような、構成的な類型のカオスなのでもない。言い換えれば、私にとって、そして超越論的に言えば、超越論的な我《エゴ》としての私にとって、考えられる対象と対象類型の全体がカオスではなく、またそれと相関的に言えば、対象の類型に対応する、無限の多様なものがもつ類型の全体もまたカオスなのではない。これら多様なものは、そのつどの可能的綜合によってノエシス―ノエマ的に互いに関連し合って一体をなしているからである。

　このことは、構成的な機能をもつ、或る普遍的な綜合を予感させる。そこでは、すべての綜合が特定の秩序づけられた仕方でともに機能し、それゆえ、超越論的な我《エゴ》にとって、すべての現実的および可能的な対象そのものが、そしてそれと相関的に、すべての現実的および可能的な意識の仕方が包括されているような綜合である。あるいはこう言うこともできる。そこには、超越論的現象学全体の課題であるような、膨大な課題が暗示されている。それは、体系的で包括的な秩序の統一において、可能な意識のあらゆる対象について段階的に仕上げられるべき体系と、そのうちで形式的および質料的な範疇の体系とを流動的な手引きとしながら、あらゆる現象学的研究を対応する構成に関する研究として遂行する、それゆえ厳密に体系的に相互に積み上げられ相互に結びついたものとして遂行する、という課題である。

しかし、こう言ったほうがいいかも知れない。ここで重要なのは無限の統制的理念《イデー》(42)なのだ、と。つまり、可能な意識がもつ可能な対象そのものについて、明証的な予測において前提されるべき体系は、それ自身一つの理念(しかしそれは作り事や「かのように」(43)のようなものではない)である。そして、意識の対象のみに内的に固有な地平をではなく、外に向かって連関の本質形式を指示する地平を絶えず露呈することにより、それぞれ相関的に含まれた構成に関わる理論を、それぞれと結び付けるような原理を実際に与えてくれる、と。もちろん、対象の個々の類型という制限された手引きにおいてすでに呈示されている課題は、もっとも複雑なものであることが示されており、それは、より深く立ち入る時には至るところで大きな分野へと導いて行く。それはちょうど例えば、空間的対象、およそ自然なるもの、動物性、人間性、文化といったものの構成の超越論的な理論についてもそうであるのと同様である。

第三省察　構成に関わる問題圏。真理と現実

第二三節　「理性」と「非理性」という標題のもとで、超越論的構成という考え方は精確なものとなる

現象学的構成とはこれまでは、何らかの志向的対象の構成のことであった。それは十分な広がりをもった〈思うこと《コギト》―思われたもの《コギタートゥム》〉という標題を包括していた。いまやこの広がりを構造的に分類し、もっと精確な構成の考え方を準備することにしよう。これまでは、対象が真に存在するのか、それとも存在しないのか、あるいは、可能なのか、不可能なのか、そういうことはどうでもよかった。しかし、世界(さらには、その他の眼前にある諸対象)の存在と非存在についての決定を差し控えたからといって、こうした区別が問われないようになったわけではない。それはむしろ、理性と非理性という広くとられた標題のもとで、現象学の普遍的なテーマとなる。判断停止《エポケー》によって、純粋な思念(思うこと《コギト》)と純粋に思念されたものとしての思念されたものへと還元される。存在す

るとか存在しないとか、およびそれに類する述語は、この後者〔純粋に思念されたものとしての思念されたもの〕に、それゆえ、端的な対象ではなく、対象的な意味に関係している。それに対し、前者のそのつどの思念〔思うこと〕に関係するのは、もっとも広い意味においての、真である〔正しい〕とか偽であるとかいった述語である。これらの述語は、思念する体験や思念された対象そのもののうちで、現象学的な所与として無造作に与えられるわけではないが、それでもやはり、そこに「現象学的起源」(1)をもっている。何らかの範疇《カテゴリー》のうちで思念された対象のいずれに対しても、綜合的に絡み合った多様な意識の仕方があり、それは現象学的な類型にしたがって研究することが可能である。そのつどの最初の思念に関して、それを確認するとか、とりわけ明証的に確証するとかいう類型をもっていたり、あるいはその反対に、それを破棄するとか明証的に破棄するとかいう類型をもっていたりする綜合も、そのような意識の仕方に含まれる。その際、それと相関的に、思念された対象は、存在するとか存在しないとか〔破棄され、抹消された存在であるとか〕いった明証的な性格をもつことになる。こうした綜合に関わる出来事はより高次の志向性であり、このような志向性は、本質からして超越論的な我《エゴ》の側から作り出される、理性の作用およびその相関者として、あらゆる対象的な意味に排他的な選言〔どれか一つだけ〕という仕方で関係している。理性というのは、単に偶然的事実的な能力でもなければ、可能的偶然的事実を指す名称でもなく、むしろ、超越論的主観性がもつ普遍的で本質的な構造形式を表している。

理性は確認の可能性を指し示し、そしてこの確認は究極的には、明証にすることや明証をもつことを指し示している。明証については、すでにこの省察の冒頭で、初めの素朴な仕方で方法論的な指針をまず探したときに〔第五―六節〕、それゆえまだ現象学的な基盤に立っていなかったときに、触れざるをえなかった。それがいまや、現象学的なテーマとなる。

第二四節　それ自身が与えられることとしての明証とその様相的変化

明証とは、最も広い意味においては、（その他の意識の様態がアプリオリに「空虚」で予期的で間接的で非本来的でありうるのに比べて）志向的な生にとって普遍的な原現象を表している。それは、事象や事態や普遍や価値などが、「それ自身そこに」「直接に直観的に」「原本《オリジナル》として」与えられているという究極的様態において、それ自身が現象し、それ自身を呈示し、それ自身を与えるという、まったく優れた意識の仕方のことである。それは自我の側では、混乱して何かを空虚に予期的に思念するのではなく、それ自身のもとにあり、そのもの自身を見つめ、眺め、見通すことを意味している。普通の意味での経験は、或る特別な明証であり、およそ明証というのは、もっとも広いが本質的に統一的な意味での経験のことと言えよう。明証は、何らかの対象についてはなるほど意識の生に偶然に起きる出来事にすぎないが、にもかかわらず、それは一つの可能性を表している。しかも、あらゆる何らかのすでに思念されたものや思念されるべきものに対して、努力し実現しようとする意図の目標という可能性を表しており、したがって、志向的な生にとって普遍的で本質的な根本特徴を表している。およそどのような意識もすべて、それ自身がすでに明証の性格をもち、その志向的対象に関してそれ自身を与えるものであるか、それとも、本質からしてそれ自身を与えることへの移行を目指しており、それゆえ、本質からして「私はできる」[2]がおよぶ範囲に属する確認という綜合を目指しているか、どちらかである。どのような曖昧な意識に対しても、超越論的還元という態度において、次のように問うことができる。その意識には、思念された対象がその同一性を維持したまま「それ自身」という様態で対応しているか、ないし対応しうるか、またそれはどの程度なのか。あるいは、同じことであるが、まだ規定されないまま予想されたものがいっそう詳しく規定される時、前提されていた思念された対象がそれ自身としてどのように見えるはずであるのか、と。確認の過程のなかでそれは否定的なものに変わることがある。否認されるのではなく、別のものが、しかも「それ自身」という様態において現れることもある。その時には、思念されたものの定立が失敗し、それは無効という性格を得ることになる。

非存在とは、端的な存在ないしは存在確信の一つの様相、しかも、いくつかの理由から論理学において好まれている様相にすぎない。しかし、もっとも広い意味での明証は、存在と非存在という概念に関わるだけの相関概念なのではない。端的な存在が可能な存在、蓋然的な存在、疑わしい存在というように、その他の様相に変化するのと相関的に、明証も様相的に変化する。また、これらの系列には属さず、価値ある存在や善き存在のように、心情や意志の領分に起源をもつような、様相的変化ももっている。

第二五節　現実と疑似現実

現実と想像(かのようにという現実)との区別は意識の場全体に広がり、またそれと相関的にあらゆる存在の様相に広がっているが、前節で述べたあらゆる区別は、さらに、この現実と想像との区別によって、それと平行する区別へと分かれる。後者の想像の側では、可能性の新しい普遍的な概念が生じ、それが、端的な存在の確信から始まって、あらゆる存在の様相を単なる想定の可能性という仕方で(あたかもそうであるかのように思い浮かべるというように)変化して繰り返される。それが行われるのは、(現実にある、現実に蓋然的にある、現実に疑わしい、無効になる、等々といった)現実の様態に対立する、純粋に想像的な非現実という様相においてである。こうして、存在を定立する様相と存在を疑似的に定立する様相(もちろん余りに多義的な表現であるが、かのようにという様相や、想像するという様相)とが相関的に分かれることになる。そして、これらそれぞれの様相には、思念された対象しかもそのつどの存在の様相において思念された対象についての、明証の固有のあり方が、また同様に、明らかにすることの固有の潜在性が対応している。ここには、私たちがしばしば「明らかにする」とか「明るみにもたらす」とか呼んでいるものが属する。それはいつも、明証にすることの一様態、不明瞭な思念からそれに対応する「眼前に具象化する直観」へと進む綜合の道を実現する一様態、を表している。この直観は、それが直接的で、それ自身を与えるものとして成功するなら、この不明瞭な思念をその存在意味において確認して充足することになろう、という意味を自らのうちに暗に含んでいる。この確認して充足するという、眼前に具象化する直観は、存在について現実的な明証を与えはしないが、おそらくそのつどの内容の存在可能性についての明証は与えてくれる。

第二六節　現実は、明証的な確認の相関者である

以上の短い注意によって、まず志向的分析の形式的で普遍的な問題が指摘されたが、それに付随する研究として、形式論理学の根本概念と原理との現象学的起源に関わる、きわめて包括的で困難な研究も予告された。しかしそれだけではなく、それとともに次のような重要な認識が開けてくる。それは、これらの形式存在論的な普遍性をもった根本概念は、意識の生が普遍的にもつ構造の規則性を指示しており、この規則性によってのみ真理や現実が私たちにとって意味をもち、そもそも意味をもつことができるようになる、という認識である。実際、もっとも広い意味での対象(実在する事物、体験、数、事態、規則、理論、等)が私にとってあるということは、さしあたりはもちろん、明証について何も述べるものではなく、ただ、それが私にとって通用している——言い換えれば、それが意識において私にとって思われたもの《コギタータ》としてあり、或る信念という存在を定立する様相においてそのつど意識されている——ということにすぎない。しかし私たちはまた、次のことも確かに知っている。つまり、明証的に同じものとして捉える綜合の歩みが明証的に与えられたものと対立することになれば、いま通用しているものを直ちに放棄しなければならず、現実の存在について確信をもつことができるのは、正しい

または真の現実そのものを与えてくれる、明証的な確認という綜合によってのみだ、ということである。対象についての真理つまり真の現実は、明証からのみ汲み取ることができる。このことは明らかであり、また、「現実に」存在し正当に通用している対象が、どのような形式あるいは種類のものであれ、私たちにとって意味をもつものとなり、真の存在様相という言い方でその対象に属するすべての規定をもったものとなるのも、この明証によってのみである。このことも明らかである。あらゆる権利はここから生じ、それゆえ、あらゆる権利は私たちの超越論的主観性そのものに由来する。認識の考えられうる十全《アデクヴァチオン》さはすべて私たちの確認として生じ、それは私たちの行う綜合であり、それゆえ私たちのうちに究極的な超越論的根拠をもっている。

第二七節　習慣的で潜在的な明証が、「存在する対象」という意味にとって構成的に機能している

言うまでもないことだが、およそ思念された対象そのものの同一性がすでにそうであるのと同様に、真に存在するものの同一性や、さらに、この思念されたものと真に存在するものとの間の合致の同一性もまた、この流れ行く明証の体験や確認の体験がもつ実質的《レエル》な契機ではない。しかし、とするとここで問題になっているのは理念的《イデアール》な内在で

あり、それは可能な綜合がもつさらに進んだ連関、本質的にそれに属している連関を私たちに指し示している。明証はすべて、私にとって或る持続的な所有を創設するものである。そのものが見てとられた現実であれば、私は「繰り返し」、新しい明証の連鎖のなかで最初の明証の再生として、そこに立ち帰ることができる。こうして例えば、内在的所与の明証の場合には、開かれた無限性を伴う直観的な想起の連鎖という形式で、そのように立ち帰ることになるが、この開かれた無限性が潜在的な地平として「私は繰り返し、そこに立ち帰ることができる」ということを可能にする。こうした可能性なしには私たちにとって、そもそもどのような存立し持続する存在もなければ、いかなる実在的《レアール》な世界も理念的《イデアール》な世界もないであろう。これらはいずれも私たちにとっては明証から、もしくは、明証にすることができ、獲得した明証を繰り返すことができる、という推定から生まれる。

以上のことからすでに、個々の明証だけではいかなる持続する存在もまだ作り出さない、ということが明らかとなる。存在するものはすべてもっとも広い意味において「それ自体で」あり、個々の作用の偶然的な〈私にとって〉というあり方に対立しており、同様に、この広い意味での真理とはすべて「真理自体」のことである。〈自体〉という語のこの広い意味はそれゆえ明証を指示しているのだが、それは体験の事実としての明証ではなく、超越論的な自我とその生に基礎づけられた、或る潜在性としての明証である。しかも、それはさしあたり、同一のものに綜合的に関係づけられた無限の思念がもつ潜在性を指示しているが、さらにはまた、それら思念の確認がもつ潜在性を、それゆえ、体験の事実として無限に反復可能な潜在的明証をも指示している。

第二八節　世界の経験がもつ想定的な明証。世界とは、完全な経験的明証に相関的な理念である

さらに別の仕方で、明証は、同一の対象について、無限に多くの明証を参照するよう指示している。しかもそれは非常に複雑な仕方においてであって、明証が対象を一面的にのみそれ自身与えられるようにする場合には、常にそうである。私たちにとって実在的《レアール》で客観的な世界が全体として直観的となり、また何か或る個別的客観についても直接に直観的となり、そこにあることになるのは、明証の全体によってであるが、上のことはこの明証の全体に少なからず当てはまる。そこに属する明証は外的な経験であり、このような経験の対象については、それ自身を与える他の仕方というのは考えられない、ということが本質的必然性だと分かる。しかし他方で、この種の明証には本質的に一面性が属していること、より正確に言えば、充足されていないが充足されることを必要とす

る予測、それゆえ、それ相応の潜在的な明証を参照するよう指示している単なる思念の内容、これらから成る多様な形態の地平が属しているということ、このこともまた同様に分かるだろう。明証がもつこの不完全性は、明証から明証へと、綜合を実現していく移行において完全なものとなっていくが、考えられるどのような綜合も十全な明証として完結することはなく、むしろいつまでたっても、充足されない予測的思念と付帯的思念とを必然的に伴っている。それと同時に、予測にまで及んでいる、存在の信念が充足されなかったり、「それ自身」という様態で現象するものがやはりそうではなかったり、あるいは別様であったり、という可能性がいつも未定のままになっている。それにもかかわらず、外的経験は本質的にそうした対象やあらゆる客観的な実在に対して、唯一の確認する力をもつものであるが、それはもちろん、能動的または受動的に進行する経験が相互に調和をもった綜合という形式をもつ限りのことである。世界の存在がこのようにして、たとえそれ自身を与える明証においてですら、意識に対しては超越的であり、また超越的にとどまるということ。このことは、超越的なものがすべてそれと不可分なものとして構成されるのは、意識の生においてでしかないこと、そして、この意識の生のみがとりわけ世界の意識として、自らのうちに不可分に世界という意味とともに「この現実に存在する」世界も担っているということ、こうしたことに何ら変更を加えるも

のではない。(3)

究極的には、経験がもつ地平を露呈することのみが、世界の「現実性」と「超越性」とを解明し、さらに世界が意味と存在現実性を構成する超越論的主観性から不可分であることを証明することになる。現実に存在する客観が、意識の連関において思念され、思念されるべき統一体としてのみ意味をもつことができ、この統一体が完全な経験の明証においてそれ自身として与えられるのは、世界に関わる経験においてである。そして、この経験すべてが、さらに可能な経験の無限の調和的な進行を指示しているということは、明らかに次のことを意味する。世界内部の現実的な客観は、そして世界そのものはなおさら、無限の理念《イデー》なのであって、それは調和的に統合されるべき経験がもつ無限性に関係する無限の理念――完全な経験的明証という理念、可能な経験の完全な綜合という理念、これらに相関的な理念――なのだ、ということを。

第二九節　質料的存在論と形式的存在論のそれぞれの領域が、明証の超越論的体系を解明するための指標となる

いまや、我《エゴ》とその意識の生の超越論的な自己解明という大きな課題が、それ自身のうちで立てられる対象や立てられるべき対象に関して生じてくる、ということが分かるだ

ろう。（あらゆる様相に応じた）真の存在や真理といった名称は、およそ超越論的な我《エゴ》としての私にとって、思念された対象と思念されるべき対象のすべてに対して、無限の多様性をもった現実的および可能的な思うこと《コギタチオーネス》の内部での構造的区別を表している。というのも、これらの思うこと《コギタチオーネス》は、その対象に関係し、それゆえ同じものとして捉える綜合へと統一されることができるからである。現実に存在する対象は、この多様性の内部で或る特別な体系を指し示している。つまり、その対象に関係する多くの明証が、おそらく無限ではあれ一つの全体的明証へと結合される、という仕方で綜合的に関連し合っているような、明証の体系を指し示しているのである。この全体的明証は、対象を最後にはそれがあるがままにそれ自身を与えるような、絶対に完全な明証であるだろう。そして、それが行う綜合において、その基礎となる個々の明証のうちではまだ充足されていなかった予測的志向のすべてが、十全に充足されるに至るであろう。このような明証を実際に作り出すことではなく（どのような客観的に実在《レアール》する対象についても、すでに詳しく述べたように〔前節参照〕、絶対的な明証というのは一つの理念《イデー》、無意味な目標であろう）、その本質的構造、または、その理念的《イデアール》な無限の綜合を体系的に組み立てて行く無限性の次元がもつ本質的構造を、あらゆる内的な構造に即して解明すること。それは、非常にはっきりした大きな課題であり、精確な意味での、存在する対象の超越論的構成という課題である。形式的に普遍的な研究、すなわち、対象一般といった形式的論理学(形式的存在論)に属する概念にとどまる(それゆえ、対象のさまざまな特殊な範疇という質料的な違いには関わらない)ような研究と並んで、さらに、すでに示したように、もはや形式的論理学には属さないような、対象の最高位の範疇(すなわち領域)のそれぞれに対して生じる構成、という非常に大きな問題圏が残されている。それは、客観的世界という標題のもとで、さまざまな領域に関わる問題圏である。存在するものとして常に「与えられ」、そしてそのことに同時に含まれていることだが、常にそのようなものとして前提されている諸領域、例えば物理的自然、人間、人間の共同体、文化、等々といった領域の、構成に関わる理論が必要となる。これらそれぞれの標題は、(実在的《レアール》な空間、実在的《レアール》な時間、実在的《レアール》な因果性、実在的《レアール》な物、実在的《レアール》な性質、等といった)素朴に存在論的な部分を表すそれぞれの概念に対応するさまざまな研究方向を伴った、一つの大きな学問分野を表している。もちろんどこでも問題になっているのは、経験そのもののうちに超越論的な体験として含まれている志向性を露呈することであり、粗描された地平をそれを充足する可能な明証へもたらすことによって体系的に解明し、またそのうちで一定の型にしたがって繰り返し生じてくる新たな地平をも同様に解明すること、しかもそれを志向的な相関関係を絶えず研究することによって行うということである。

その際、構成的に働いている明証は、綜合による統一において非常に複雑な志向的構造をもっており、その構造が客観に関して示されることになる。例えば、非客観的な〔単に主観的な〕対象が、最下層の対象的根拠から登っていって、様々な段階で基礎を与えられていることが示される。この最下層の根拠として絶えず機能しているのは、内在的な時間性であり、自らのうちで自らに対して自身が構成される、流れ行く生である。このような生を構成に関して解明することが、自らのうちで時間的な所与を構成している根源的な時間意識についての理論の扱う主題となる〔第一八節参照〕。

第四省察　超越論的な我自身の構成という問題の展開

第三〇節　超越論的な我は、その体験から不可分である

対象が私たちにとってあり、また現にそのようにあるのは、ただ現実的および可能的な意識の対象としてのみである。これが空虚な言い方ではなく、空虚な思弁の主題ではないとすれば、この〈私たちにとってあり、現にそのようにある〉ということが具体的にどういうことなのか、どのような意識が、あるいはどのような構造をもつ現実的および可能的な意識が問題になるのか、その際に可能性とは何を意味すべきか、等々といったことが示されなければならない。このことをなし遂げることができるのは、まず、前述〔第二一―二二節〕の広い意味での構成についての研究、その次に、いま述べたばかり〔第三省察参照〕の狭い意味での構成についての研究だけである。しかしそれも、志向性とその地平の本質によって要求される、唯一可能な方法によってのことである。課題の意味へと登って行きながら、これまで準備してきた分析によって明らかなように〔第二省

察、特に第一三節を参照）、超越論的な我《エゴ》（これと心理学的に平行するのが心である）が現にそのようにあるのは、志向的な対象への関係においてのみである。しかし、この志向的対象には、我《エゴ》にとって必然的に存在する対象も属している。そして、世界に関係する者としての我《エゴ》にとっては、その十全に確認されうる内在的な時間の場にある対象のみならず、世界の客観もまた、そこに属している。後者は、不十全で推測的でしかない外的な経験によってのみ、その流れの調和のうちで存在するものとして示されるにもかかわらず。それゆえ、常に体系を、そしてまた志向性の調和の体系を、一部は自らのうちで流れ去りつつ持つこと、また一部は固定した潜在性として粗描された地平によりあらわにすることができることは、我《エゴ》のもつ本質的固有性である。我《エゴ》によってこれまで思念され、考えられ、価値づけられ、取り扱われ、あるいは、想像された対象や想像されうる対象はすべて、相関者としてその体系を指し示しており、それら対象はこのような相関者としてのみ存在している。

第三一節　自我は、体験が集まる同一の極である

しかしいまや、これまでの叙述の大きな空白に注意を向けなければならない。我《エゴ》自身は自ら自身にとって持続的な明証のうちに存在するものであり、それゆえ自ら自身に

おいて存在するものとして絶えず構成されるものである。これまでは、この自己の構成の一つの側面のみに触れ、流れ行く思うこと《コギト》に眼を向けただけだった。我《エゴ》は自らを単に流れ行く生として捉えるだけでなく、あれこれのことを体験し、あれこれの思うこと《コギト》を同一のものとして生き抜いている自我としても捉えている。これまでは意識と対象、思うこと《コギト》と思われたもの《コギタートゥム》という志向的関係に取り組んできたので、私たちには、現実的および可能的な意識の多様を同一の対象に向かって「極に集める」ような綜合のみが現れてきた。それは、極つまり綜合的統一体としての対象に関わる綜合であった。いまや、第二の極に集める働き、すなわち第二の種類の綜合が現れてくる。それは、思うこと《コギタチオーネス》の個々の多様をすべて全体として固有の仕方で包括する綜合であり、すなわち、意識によって活動しながら触発されるものとして、あらゆる意識の体験のうちで生き、それらを通じてあらゆる対象の極に関係している同一の自我の綜合である。

第三二節　自我は、習慣の基体である

しかしここで注意しなければならないのは、この中心となる自我は空虚な同一性の極なのではなく(或る一つの対象がそうでないのと同様)、その自我は「超越論的な発生」[1]がもつ法則にしたがって、その極から発しながら、新しい対象的意味をもったそれぞれ

の作用によって、或る新しい持続的な固有性を獲得する、ということである。例えば、私が初めて判断作用によって或る存在や様相について決定をしたとき、その場限りの作用は過ぎ去ったとしても、いまでも私すなわちこれこれの決定をした自我は、持続して存在しており、「私はいまもそのことを確信している」。しかし、このことは単に、私はそれを思い出すとか、いまでもその作用を思い出すことができるとかいったことを意味しているのではない。そういうことなら、私が途中で自分の確信を「放棄してしまった」としてもできる。確信は、打ち消された後にはもはや私の確信ではないが、打ち消されるまではずっと私の確信であった。確信が私にとって効力をもつうちは、私はそれに繰り返し「戻って来る」ことができる。それを繰り返し私の確信、習慣的に自分固有の確信と見なし、それゆえ、自分を確信している自我と見なす。それは、この持続的な習慣を通じて持続する自我として規定される。あらゆる決意、価値や意志の決定についても同様である。私が決心する時、作用の体験は流れ去るが、決心は持続する(私が受動的になってぼんやりした眠りのなかに沈み込もうと、また、別の作用を体験していようと)、その決心はずっと効力をもっている。それと相関的に、私はずっとこう決心した者であり、私がこの決心を放棄しない限りそうである。この決心がそれを実現する行為に向けられるとしても、それはこの実現によって言わば「廃棄」されるのではなく、実現という様相においてそれは効力をもち続ける——「私はなお行為に向かっている」。私が決心あるいは行為を「打ち消し」放棄する時には、持続する意志のうちに留まっていた者である私自身が変化することになる。このように留まること、そのような自我の諸規定が時間的に持続すること、そしてこれらに特有な「変化すること」は明らかに、内在的時間を体験で連続的に満たすことを意味しない。というのも、持続する自我は持続する自我の諸規定をもった極として、たとえ本質的には、そのような習慣的な諸規定によって、体験の流れに遡って関係づけられるにもかかわらず、それ自身、いかなる体験でもなければ、いかなる体験の連続でもないからである。自我が自らの能動的な発生に基づいて、持続的な〈自我に固有なもの〉を担う同一の基体[2]として構成されることによって、さらに進んで、「存立し持続する」人格的な自我——人間以下の「人格」[3]について語ることも許すような、非常に広い意味での人格的な自我——としても構成されることになる。確信が一般にただ相対的にのみ持続し、さまざまな変化の仕方(それらは、能動的な定立に様相上の変化を与えることによるもので、そのうちには打ち消しや否定、確信の効力を無効にすることが含まれる)を持っているとしても、自我はそのような変化のなかで持続する型を保持し、人格としての性格を保つのである。

第三三節　モナドという豊かな具体性をもった自我と、その自己構成の問題

私たちは、同一の極としての自我、および習慣の基体としての自我から、豊かな具体性において捉えられた我《エゴ》(これをモナド(4)というライプニッツの言葉で呼ぼうと思う)を区別する。それは、自我がそれなしにはまさに具体的でありえないようなものを付け加えることによってである。自我は、その志向的な生のうちで流れる多様なものと、そのうちで思念され、場合によっては存在するものとして構成された対象と、この両方を備えたものとして初めて具体的なものとなることができる。これらの対象がもつ、持続する存在や様相というそのつどの性格は、明らかに、自我極において、自我の態度決定から構成された習慣がもつ相関者である。このことは次のように理解される。私は我《エゴ》として持続しつつ、私にとって存在する周囲世界を持ち、そのうちに、私にとって存在する対象を持つ。この対象には、分節をもったまま私にとってすでに知られたものもあれば、知られうるものとして予測されたに過ぎないものもある。前者、すなわち第一の意味で私にとって存在する対象は、根源的に獲得したことで対象となっている。つまり、根源的な知ることによって、初めは見られていなかったものが個々の直観において展開され

ることによって、である。こうして、私の綜合的な活動のうちで、「多様な諸性質をもった同一のもの」という明瞭な意味をもつ形式において、対象が構成される。それゆえ、それ自身同一のものとして、また、その多様な性質において規定されたものとして構成される。存在の定立と存在の解明というこれらの私の活動が、自我の習慣を作り出し、この習慣によって、この対象がそれらの規定をもったものとして持続的に私固有のものとなる。そうした持続的な獲得物が、私のそのつど既知の周囲世界を、未知の対象の地平とともに構成する。この地平は、まだこれから獲得されねばならないが、この形式的な対象の構造をもってあらかじめ予測されている。

自我は私自身にとって存在し、つねに経験のもつ明証によって「自我自身」として与えられている。このことは超越論的な我《エゴ》に対して当てはまり、また、あらゆる意味での「我《エゴ》」について当てはまる。モナドとしての具体的な我《エゴ》は、現実的および潜在的な意識の生の全体を包括しているので、このモナドとしての我《エゴ》の現象学的な解明という問題(この我《エゴ》の自己自身にとっての構成という問題)がおよそあらゆる構成の問題を包括していなければならないことは、明らかである。先に進めば、この自己構成についての現象学が、現象学全般と重なるということが分かってくるだろう。

第三四節　現象学的方法の原理的形成。形相的分析としての超越論的分析

作用の極および習慣の基体としての自我に関する理論とともに、私たちはすでに或る重要な点において、現象学的発生の問題に触れ、またそれとともに、発生的現象学[5]という段階に触れてきた。そのより詳細な意義を明らかにするまえに、現象学的方法についての新しい反省が必要である。最終的には一つの根本的な方法的洞察が効力をもつようにされねばならないが、それは一度捉えられたら、超越論的現象学の方法論全体を(そして同様に、自然的な基盤の上では、真正で純粋な内部心理学の方法論をも)貫くものとなる。ただ、現象学に入って行くのを容易にするために、私たちはこの方法論をこのように遅くなってから持ち出しているのだ。極めて多様な新しい種類の指摘や問題が初めは(本当は超越論的な経験の場においてのみ進行するにもかかわらず)、単に経験的な記述という、より単純な装いのもとに現れざるをえなかった。それに対して、形相的な記述という方法は、そのような記述を一つの新しい原理的な次元へと導くことを意味している。それは、初めは理解をますます困難なものにしたかも知れないが、経験的な記述が行われた後には容易に理解できるものとなろう。

デカルト的に省察する者として、私たちは皆、現象学的還元の方法によって超越論的な我《エゴ》へ連れ戻された。それはもちろん、そのつどの具体的なモナドとしての内容を伴った、この事実的な我《エゴ》、唯一の絶対的な我《エゴ》であった。この我《エゴ》としての私は、さらに省察を進めていくと、記述的に把握可能で志向的に展開されるべき類型を見出す。そして、次第に明らかになるさまざまな基本的方向において、私の「モナド」の志向的な露呈を一歩一歩進めることができるだろう。記述にあたっては、しばしば「本質必然性」とか「本質的」といった表現が執拗に現れるだろうが、それには十分な理由がある。こうした表現においてこそ、現象学によって初めて明らかにされ限界づけられる、アプリオリの特別の考え方が表現されているからである。

ここで何が重要かは、例を挙げることでただちに理解されるだろう。私たちが、知覚、過去把持、想起、言表、何かが気に入る、何かに向かって努力する、等々といった何らかの類型をもつ志向的体験を取り挙げ、それをその志向的な働きの性質に応じて考え、それゆえノエシスとノエマに関して解明し記述する。このことは次のことを意味しており、また私たちはこれまでそう理解してきた。そこでは事実的な超越論的我《エゴ》の事実的な出来事の類型が問われており、超越論的な記述はそれゆえ「経験的な」意味を持っているはずだ、と。ところが、私たちの記述は知らず知らず或る普遍性に立っており、それの成果は、超越論的な我《エゴ》の経験的な事実性がどのようであっても、それからは影響を受けることはなかった。

このことをもう少し明らかにし、方法的に実りあるものにしよう。例えばこの机の知覚という例から出発して、机という知覚の対象をまったく自由な任意によって変更する。(6) しかし、それでも知覚は、何かについて(任意の何かについて)の知覚のままである。その形や色などをまったく任意に変えて想像することを始めるにもかかわらず、知覚において現出するものを同一のものとしてのみ保持している。言い換えれば、存在するものとして通用させることを差し控えて、この知覚の事実を一つの純粋な可能性へと変えてしまう。それは何よりも、まったく任意の純粋な可能性であるが、とは言っても知覚の純粋な可能性である。私たちは言わば現実的な知覚を非現実性の領土へ、かのようにの領土へと移すのだが、これが私たちに純粋な可能性を提供してくれる。ここで「純粋」とは、事実やおよそ事実全般に拘束されたあらゆるものから純粋、ということを意味している。この点において、私たちがこうした可能性を保持するのは、一緒に定立された事実的な我《エゴ》に拘束されてではなく、まさに想像というまったく自由な想定可能性としてである。――それゆえ、初めから出発点になる例として、その他の事実的な生とのあらゆる関係を抜きにして、知覚することの中へ想像によって入り込むことを取り挙げることもできたであろう。このようにして獲得された、知覚という普遍的な類型は、言わば空中に浮かんでいる――絶対に純粋な想定可能性という空中に浮かんでいるわけだ。こうしてあらゆる事実性から解放されて、この類型は知覚の「形相《エイドス》」[7]となる。その「理念的《イデアール》な」広がりを形成するのは、純粋な想定可能性として理念的《イデアール》に可能な知覚のすべてである。そのとき知覚の分析は、「本質分析」となる。私たちが知覚という類型に属する綜合や潜在性の地平などについて論じてきたことはすべて、容易に分かるように、この自由な変更において形成されうるすべてのものに対して、それゆえおよそあらゆる想定可能な知覚に対して「本質的」に当てはまる。言い換えれば、それらは、絶対的な「本質普遍性」において、また、あらゆる取り出された個別事例については本質必然性において、それゆえ、それぞれの事実が純粋可能性の単なる事例と考えられる限り、事実的な知覚すべてに対しても当てはまるのである。

このような変更は明証的なものとして、それゆえ純粋な直観において可能性を可能性としてそれ自身を与えるものとして考えられているのだから、その相関者となるのは直観的で疑いの余地がない普遍性の意識である。形相《エイドス》自身は、見て取られた普遍[8]、または見て取られうる普遍であり、純粋な「制約されない」ものである。つまり、それはその固有の直観的な意味からして、いかなる事実によっても制約されていない。それは言葉の意味という意味でのあらゆる「概念」(9)に先立っており、むしろこの言葉の意味の方が、純粋な概念として形相《エイドス》に合わせて作られねばならない。

こうして、経験的事実的な超越論的我《エゴ》を取り巻く状況から取り出された個々の類型がすべて、純粋な本質の領分へと高められても、我《エゴ》において露呈されうる連関を指し示す志向的な外的地平が消失するわけではない。ただ、この連関の地平そのものが形相的なものとなるだけだ。言い換えれば、私たちが形相的に純粋なそれぞれの類型と関わるのは、事実的な我《エゴ》においてではなく、形相《エイドス》としての我《エゴ》においてなのである。あるいは、純粋な可能性のなかの、一つの真に純粋な可能性の構成はすべて、暗黙のうちにその外的地平として純粋な意味での可能的我《エゴ》を、つまり、私の事実的な我《エゴ》の純粋な可能性の変様を伴っている。

私たちは初めから、この事実的な我《エゴ》を自由に変更して考え、一般に超越論的な我《エゴ》の顕在的な構成の本質研究という課題を立てることもできたであろう。新しい現象学はこうして、それを初めから行った。したがって、これまで私たちが行ったすべての記述と問題の限定は、実は、最初の形相的な形態を経験的類型の形態へと翻訳し返すことであった。

それゆえ、現象学を直観的でアプリオリな学として、純粋に形相的な方法にしたがって形成されるものと考えるなら、そのあらゆる本質研究は一般に超越論的な我《エゴ》なるものの普遍的な形相《エイドス》を露呈することにほかならず、この形相《エイドス》は私の事実的な我《エゴ》のあらゆる純粋な可能性の変様とともに、この事実的な我《エゴ》自身をも、可能性としてうちに含んでいる。それゆえ、形相的現象学は、それなしには私も一般に超越論的自我なるものも「想定すること」ができないような、普遍的なアプリオリを研究する。言い換えれば、本質普遍性はすべて壊れることのない法則性という価値をもつので、形相的現象学は普遍的な本質法則性を研究するのだが、これが超越論的なものについてのあらゆる事実的な言表に対して、その可能的な意味を(その反対である反意味とともに)粗描することになるのだ。

デカルト的に省察する我《エゴ》として、私は、絶対に厳密⑽に基礎づけられた普遍学としての哲学の可能性を試しに根底に置き、このような哲学の理念《イデー》に導かれて、これまでの考察を行った結果、次のことが明らかとなった。つまり、私はまず純粋に形相的な現象学を展開しなければならず、そのうちでのみ、哲学的な学問の最初の実現(「第一哲学」の実現)が遂行される、あるいは遂行されることができる、ということである。超越論的還元によって、私の本来的な関心が私の純粋な我《エゴ》に、それゆえこの事実的な我《エゴ》を露呈することに向かうとしても、この露呈する作業が真に学問的なものとなるのは、一般的な我《エゴ》としての我《エゴ》に属する、疑いの余地のない原理に、すなわち本質普遍性と必然性に訴えることによってのみである。これらによって、事実はその合理的根拠へ、その純粋な可能性の根拠へ遡って関係づけられ、したがって学問化(論理化)されることになる。ここでおそらく、私の我《エゴ》から一般的な我《エゴ》への移行において、或る範囲の他者《アンデレ》の現実性も可能性も前提されてはいない、ということが注意されねばならない。ここでは形相《エイドス》としての我《エゴ》の及ぶ範囲は、私の我《エゴ》の自己変更によって規定されている。私はあたかも私が別様にあるかのように仮定するだけであって、他者そのものを仮定するわけではない。こうして、純粋可能性についての学は現実性についての学に「それ自体で」先行し、後者をそもそも学として初めて可能にしている。いまや私たちは次のような方法的洞察に到達する。それは、現象学的還元とならんで、形相的直観があらゆる特有の超越論的な方法の根本形式であり、それゆえ、これら二つ(11)が超越論的現象学の正しい意味を全体として規定している、という洞察である。

第三五節　形相的な内部心理学のための付論

ここで、次の点を注意しておこう。もし世界を自然的に見るという基盤に立ったままで実証的な学としての心理学を目指し、しかも実証的な学にとって必然的にそれ自体で最初の心理学、すなわち純粋に「内的経験」〔第一一節参照〕から汲まれた、純粋に志向的な心理学を目指すならば、これまでに遂行されてきた方法的な基礎考察の全内容は、わずかな変様を受けただけで（もちろん、それがその超越論的な意味を破棄してしまうのであるが）残されることになる。これまでの省察は超越論的現象学に結び付けられていたが、ここでいま注意したことを無視しないとすると、私たちはこれまでの省察のそれ自身で閉じられた範囲を踏み越えることになる。そのとき、具体的な超越論的我《エゴ》には、〈人間としての自我〉が対応している。それは、具体的には純粋にそれ自身でまたそれだけで捉えられた心であり、私の習慣と性格的特性が集まる極としての自我という、極への心的な集まりをもった心である。そこには、形相的超越論的な現象学に代わって、形相的で純粋な心についての理論[12]が現れる。それは形相《エイドス》としての心に関わるが、ここでは、その形相的な地平はもちろん問われないままである。ところが、もしこの地平が問われるならば、この実証性[13]を克服する道が開けることになろう。それが、絶対的な現象学、超越論的な我《エゴ》についての現象学へ移行する道[14]となる。そして、この超越論的な我《エゴ》は、その超越論的な存在の場面を越えて、我《エゴ》を相対化してしまうような地平をもはや持たないのである。

第三六節　超越論的な我《エゴ》は、可能な体験の諸形式からなる全体である。共存や継起という形で体験が共にある可能性についての本質的な法則

さて、超越論的現象学の理念を形相的な方法によって新たに把握するという重要な仕事を終えたので、ここで現象学的な問題圏を開示することに立ち帰ることにしよう。これからは当然、純粋に形相的な現象学の枠内にとどまることになるが、そこでは超越論的な我《エゴ》の事実やその超越論的経験の個々の所与の事実は、ただ純粋な可能性に対する事例という意味を持つにすぎない。これまで指摘されてきた問題を形相的に純化する可能性がこれら事例において示されるが、それを至る所で実現されたものと考えることによって、それらの問題を形相的な問題として理解することになる。およそ具体的な我《エゴ》をその本質的内容に即して実際に体系的に解明する、という理念的《イデアール》な課題に十分応えて、実際に体系的な問題圏や一連の研究を開始するということは、並々ならぬ困難をもたらす。ようやくこの十年ほどでこの体系を解明することが始まったのだが、それは何よりも、私たちが超越論的な我《エゴ》の構成という、特有の普遍的な問題への新しい通路を見出したからであった。超越論的な我《エゴ》そのものに属する普遍的アプリオリは、無限の形式を自らの

うちに含んだ本質的形式であり、それは、自らのうちに現実に存在するものとして構成されるべき対象をもった生の可能な顕在性と潜在性についての、アプリオリな類型を無限に含んでいる。しかしながら、一つの統一的に可能な我《エゴ》にとって、個々それぞれには可能な類型のすべてが共存可能なわけではないし、任意の順序や固有な時間の任意の時点で共存可能なわけではない。例えば、私が何らかの学問的理論を作り出すとき、この複雑な理性活動とその理性的な対象は或る本質的類型を備えているが、それはどんな我《エゴ》においても可能というわけではなく、特有な意味で「理性的」な我《エゴ》においてのみ可能である。それは、(「理性的」《アニマル・ラチオナーレ》動物としての)(15)人間という本質的形式において、我《エゴ》が世界内に存在するものとされることによって現れてくるような意味での我《エゴ》である。私が自分の実際の理論的活動を形相的に類型化するとき、自分で気がつこうとつくまいと、私は自分自身をいつの間にか変更して考えているのだが、それはまったく任意にではなく、「理性的存在」という、その活動に相関する本質的類型の枠内においてなのである。いま行われた理論的活動やこれから行われるべき理論的活動を、私の生の統一のうちで任意に動かして考えることができないのは明らかで、そして、このことは形相的なもの全般について言える。私の子供時代の生とその構成に関する可能性を形相的に捉えるならば、それは一つの類型を与えてくれるが、その発達のなかでは「学問的な理論活動」という類型が現れうるとしても、それはその類型だけに固有の連関においてではない。こうした制約は、アプリオリな普遍的構造のうちに、すなわち、自我論的—時間的な共存と継起がもつ普遍的な本質法則のうちに、その根拠をもっている。というのも、私の我《エゴ》のうちで、形相的に言えば、一般に一つの我《エゴ》のうちで現れるものは何であれ——志向的体験においてであれ、構成された統一体においてであれ、自我のもつ習慣においてであれ——、その時間性をもち、この観点からして普遍的な時間性の形式的体系に関与しているからである。そして、この体系とともに、あらゆる考えられる我《エゴ》がそれ自身で構成されることになる。

第三七節　時間は、あらゆる自我論的な発生がもつ普遍的形式である

共存可能性の本質的法則(事実的には、〈ともに同時にあるか、または、互いに継起してあるか、そしてありうるか〉についての法則)は、もっとも広い意味での因果性の法則であり、〈AならばB〉という関係についての法則である。しかしここでは、先入観に汚染された因果性という表現を避けて、ここ超越論的な場面においては(「純粋」心理学的な場面においてと同様)、動機づけ(16)という言い方をする方がよかろう。超越論的な我《エゴ》の

「実質的《レエル》」な存在内容を成している諸々の体験の全体《ウニヴェルスム》は、流れる[17]という普遍的な統一形式においてのみ共存可能となり、あらゆる個々の体験はそのうちで流れるものとしてその形式のうちに組み込まれる。それゆえ、具体的な体験とその流れることのうちで構成される形成物については、さまざまな個別の形式があるが、そのなかでもこのもっとも普遍的な形式からしてすでに、すべてを結び付け、あらゆる個々のものをそれぞれに支配している動機づけという形式である。これを私たちは、普遍的な発生がもつ形式的な法則と呼ぶこともできる。与えられ方が流れながらも一定のノエシス―ノエマ的な形式的構造をもち、この構造のなかで、過去、現在、未来がたえず一つになって構成されるのは、この形式的な法則にしたがってなのである。

　しかし生は、このような形式の内部において、個々の構成する働きが個々の多様な動機づけと動機づけの体系とによって動機づけられた歩みとして、経過する。そして、この動機づけと動機づけの体系とが、発生の普遍的な法則にしたがって、我《エゴ》の普遍的発生の統一を作り出す。我《エゴ》はそれ自身にとって、言わば「歴史」という統一において構成される。我《エゴ》の構成のうちには、内在的であれ超越的であれ、理念的《イデアール》であれ実在的《レアール》であれ、我《エゴ》にとって存在するすべての対象の、すべての構成が含まれている、とすでに述べたので、いまここでは次のように付け加えねばならない。我《エゴ》にとってあれこれの対象や対象の範疇が存在するのは、構成の諸体系によってであるが、これらの体系それ自身が、法則的な発生の枠内においてのみ可能である、と。その際同時に、これらの体系は、普遍的な発生の形式によって結び付けられ、この形式が具体的な我《エゴ》(モナド)を統一体として、その個々の存在内容のうちで共存可能なものとしている。私にとって自然や、文化世界、社会の諸形態をもった人間世界、等々が存在するとは、それに対応する経験の可能性が私にとって成り立っているということを意味している――私がちょうどそのような対象を現に経験しているかどうかはともかく、私にとって常に働かされることができ、或る綜合的な様式で自由に遂行されることができる可能性として、成り立っているということだ。さらにそのことは、それらに対応する他の意識の様態(曖昧な思念など)が私にとっての可能性であること、そこにはまた、類型的に予測していたものの経験によって、そうした意識の様態を満足させたり失望させたりする可能性もまた属しているということ、これらのことをも意味している。そこには、確固として形成された習慣、本質的法則のもとにある一定の発生から獲得された習慣、が含まれている。

ここで、空間という表象、時間という表象、事物という表象、数という表象、等々の心理学的起源(18)という古くから知られた問題のことが思い出されるかも知れない。こうした問題が現象学においては、超越論的な問題として、そしてもちろん、志向的な問題という意味を伴って、しかも、普遍的な発生という問題に組み込まれるものとして、登場してくる。

非常に困難なのは、形相的現象学の問題圏がもつ究極的な普遍性に至ること、したがってまた究極的発生に至ることである。現象学の初心者は、自分自身を事例として出発したことにいつのまにか拘束されてしまう。彼は超越論的には、自らを我《エゴ》として見出し、その後で、一般的に一つの我《エゴ》として見出す。この我《エゴ》はすでに一つの世界を、すなわち、私たちによく知られた存在論的類型をもった世界、自然や文化(学問、芸術、技術、等)や高次の人格[19](国家、教会)等を伴った世界を意識している。初めに形成される現象学は「静態的」[20]でしかなく、その記述は、個々の類型を追究し、それらをせいぜい秩序づけて体系化する、博物学的な記述と似ている。普遍性における我《エゴ》は、普遍的な発生と時間形成を越える発生的構造とをもっているが、これらはまだずっと先の問題のままで、それと言うのも、それらは実際に高次の問題だからだ。しかし、たとえこれらの問題が提起されるとしても、それは或る制約のもとで行われる。つまり、本質的考察といえどもさしあたり一般的に一つの我《エゴ》を手がかりにすることになる。しかもその我《エゴ》にとってすでに一つの構成された世界がある、という制約のもとに。これもまた一つの必然的な段階であって、私たちはそこから出発して、それに属する発生の法則の形式を開示することによって初めて、形相的でもっとも普遍的な現象学のための可能性を見て取ることができる。この段階の現象学においては、我《エゴ》は自らを自由に変更するので、私たちにとって自明な存在論的構造をもった世界が我《エゴ》にとって本質的に構成されているということに、理念的《イデアール》ではあるが制約となる前提として、もはや固執することはなくなる。

第三八節　能動的な発生と受動的な発生

さて、構成的発生の普遍的原理は、世界に関係している可能な主観である私たちにとって重要であるが、ここでまずこの普遍的原理を問うならば、それは二つの根本形式によって、能動的な発生と受動的な発生という二つの原理に分かれる。前者の能動的発生においては、自我が、特有の自我の作用によって、産出し構成するものとして機能している。ここには、もっとも広い意味での実践的な理性のすべての働きが属している。この意味では、論理的な理性もまた実践的である。ここで特徴的なのは、自我の諸作用が社会性(その超越論的な意味がまず明らかにされるべきだが)のうちで共同化によって結び付けられ、特有の能動的活動の多様な綜合のうちで互いに結び合わされることによって、(対象をあらかじめ与える意識の様態において)すでにあらかじめ与えられた対象を基盤にして、そのうえに新しい対象を根源的に構成する、ということである。そのとき、この新しい対象は産出されたものとして意識に現れる。こうして、集めることにおいて集合が、数えることにおいて数が、分割することにおいて部分が、陳述することにおいて陳述ないし述定的な事態が、推論することにおいて推論が、等々と現れることになる。普遍性の根源的な意識もまた、一つの能動的活動であり、そこにおいて普遍が対象として構成される。他方、自我の側においては、結果として持続的に効力をもつ習慣が構成されるが、このような習慣が端的に自我にとって存在するものである対象の構成にともに属している。それゆえ、「範疇的直観」において再び与えられた同一の対象という綜合的意識をもった再生においてであれ、綜合的に連関している曖昧な意識においてであれ、繰り返しこの習慣に戻ってくることができる。(文化の活動のような)間主観的な能動的活動との関係をもったそのような対象の超越論的構成は、それに先立って超越論的な間主観性の構成を前提しているが、これについては後に論ずることにしよう。

特別な意味での「理性」のこのような能動的活動と、全体として実在的《レアール》ではないという性格をもった理性の産物(「理念的な《イデアール》」対象)とは、相関関係にあるわけだが、すでに言及したように(第三六節参照)、これら高次の形態を、ただちにそれぞれの具体的な我《エゴ》そのものに属するものと見なすことはできない(このことは私たちの子供時代を想起すると分かるだろう)。もっとも、経験によって把捉すること、経験されたものをその個々の契機において解明すること、まとめて捉えること、関係づけること、等々といった低い段階においては、事情はすでに異なるだろう。しかしいずれにせよ、能動的活動の構築はすべて必然的に最低層としてあらかじめ与える受動性[21]を前提しており、これを追跡していくと、受動的発生による構成に行き当たることになる。生活のなかでそこにある単なる事物(これを例えば、ハンマーとして、机として、美術作品として目立たせる「精神的な」性質がすべて捨象された事物)として、言わば出来上がって私たちに向かって現れるものが、「それ自身」という根源性において与えられるのは、受動的経験がもつ綜合によってである。それらはそういうものとして、能動的な把握とともに始まる「精神的」な能動的活動に先立って与えられている。

能動的活動がその綜合的な働きを遂行している一方で、それにあらゆる「質料」を提供している受動的綜合[22]が絶えず働いている。受動的な直観においてあらかじめ与えられた事物は、さらに統一的な直観において現出する。その際、それを部分と特徴によって展開し、個々に捉えるという能動的活動によってどれほど変様されようとも、その事物は、この能動的活動が働いている間にも、またその働きの中にあっても、依然としてあらかじめ与えられたもののままである。それは視覚的あるいは触覚的な統一的知覚像という、多様な現出の仕方を経過するが、これら多様なものの明らかに受動的な綜合において、同一の物、それがもつ同一の形態、等が現出する。しかし、まさにこの受動的綜合はこのような形式をもった綜合として、そのもののうちで現れてくる「歴史」を持っている。我《エゴ》としての私が、一目見ただけですでに、或る事物を経験することができるのは、本質的な発生によるものである。因みに、このことは現象学的な発生についてと同様、普通の意味での心理学的な発生についても当てはまる。幼児期には、およそ事物を見るということをまず学ばねばならなかったとか、そのようなことが事物についての他のあらゆる意識の仕方に発生的に先行しなければならなかったとか、そういうことが言われるのには、十分な理由がある。それゆえ、幼児期においてあらかじめ与える知覚の場は、単に見やるということのうちで、事物としてやがて展開されていくことになるようなものをまだ何も含んでいない。しかしながら、受動性という基盤に立ち帰らなくとも、あるいはまた、心理学が行う外部からの心理物理的な観察を利用しなくとも、省察する我《エゴ》である私たちは、経験現象そのものや事物を経験する現象、およびあらゆるその他の現象、これらの志向的内実に入り込むことによって、そのうちに志向的な指示を見出すことができる。そして、この志向的な指示が「歴史」へと導き、それゆえ、これらの現象がそれらに本質的に先立つ(たとえまさに同一の構成された対象に関係づけられるわけではないとしても)他の先行形態から形成された後続形態であることを教えてくれる。しかし、ここで直ちに、絶えず新たな綜合を行う受動的形成の本質的法則に行き当たる。それは、一部はあらゆる能動的活動に先行しながら、また一部はすべての能動的活動そのものを再び包括するような、受動的な形成である。つまり、そこで行き当たるのは、自分固有の習慣のうちで持続して形成されたものである多様な把握の働きが、受動的に発生してくるということである。こうした把握の働きは中心的な自我にとってはあらかじめ形成されて与えられたもののように見え、それが顕在的になれば、自我を触発し、活動へと動機づけることになる。自我はこのような受動的綜合（そこにはそれゆえまた、能動的綜合の働きも入り込んでいる）のおかげで「諸対象」から成る周囲を常にもつことになる。発達した我《エゴ》としての私の自我を触発するものがすべて「対象」として、つまり、知られるべき述語をもつ基体として把握されている、ということからしてすでに、このような受動的綜合によることである。というのも、〔次の段階として行われる〕展開(23)というのは、対象を持続的な所有物として、繰り返し近づくことのできるものとして構成するものであるが、このように既知のものにすることとしての展開の可能性に対して、上述のことがあらかじめ知られた可能な目標の形式となるからである。そしてこの目標の形式は、あらかじめ発生によって生じたものとして理解されている。この目標の形式そのものが、この形式の原創設(24)を遡って指し示している。既知のものはすべて、根源的な知るに至ることを指示している。私たちが未知と呼ぶものは、それでもやはり或る既知の構造形式をもっている。[25] 例えば、対象という形式、詳しくは、空間的事物、文化的客観、道具、等々といった形式である。

第三九節　連合は受動的発生の原理である

能動的な形成の際にあらかじめ与えられているすべての対象の構成にとって、受動的発生の原理は普遍的であり、その原理は、連合(連想)[26]と呼ばれている。ここで強調しておきたいのは、それが志向性を表す標題だということである。それゆえ、それは根源的形態において記述によって示すことができ、また、その志向的な働きにおいて本質的法則に従っている。そして、すべての受動的構成は、内在的な時間的対象としての体験の構成であれ、客観的な空間時間的世界のあらゆる実在的《レアール》な自然の対象の構成であれ、この本質的法則によって理解できるようになる。それゆえ、連合とは、(平行する心理学でも、純粋志向的心理学にとって根本的な概念であるのと同様に)超越論的現象学にとって根本的な概念なのである。連合や連合法則の古い考え方は、ヒューム以来、[27]一般には純粋な心的生活の連関に関わるものと考えられてきたにもかかわらず、それに対応する真に志向的な考え方を自然主義的[28]に歪曲したものにすぎなかった。現象学が連合の研究への通路を見出したのは非常に遅かったが、現象学によってこの連合という考え方はまったく新しい顔を持つことになり、新しい根本的形式による本質的に新しい限定を得ることになった。そこには例えば、共存と継起といった感性的な配置のようなものも属している。連合というのは、古い比喩で言えば心の中の引力のように、「心」のもつ所与がどのように複合されるかについての経験的な法則を表す標題に過ぎないのではなく、純粋な我《エゴ》の具体的な構成についての志向的な本質的法則を表す一つの、しかも非常に包括的な標題なのだ。それは、それなしには我《エゴ》そのものが考えられないような「生まれつき備わっている」アプリオリの領土を表している。こうしたことは、伝統に囚われている人には奇妙だが、現象学的には明らかなことである。発生の現象学によって初めて、我《エゴ》は、綜合的に連関し合っているさまざまな働きが、普遍的発生の統一において結合される無限の連関として理解されることになる。——しかもそれは様々な段階をもっており、時間性そのものが絶えず受動的でまったく普遍的な発生、本質的にすべての新しいものを包括しているような発生において築かれるのであるから、これら諸段階は、この時間性という普遍的な持続する形式に徹頭徹尾したがわざるをえない。このような段階的構造は、発達した我《エゴ》においては、把握の働きと、それによって構成された対象(そのうちには、確固とした存在論的構造をもった客観的な世界の対象も含まれる)とからなる、持続する形式的体系として保持されるが、この保持されること自身も一つの発生の形式にすぎない。たしかに、そのつどの事実は非合理的であるにもかかわらず、これら事実がそもそも可能であるのは、自我論的な事実であるそれら事実に属する、アプリオリの形式体系においてのみなのである。その際見逃してならないのは、「事実」やその「非合理性」と呼ばれるもの自身が具体的なアプリオリの体系のなかでの一つの構造的概念だ、ということである。

第四〇節　超越論的観念論という問題への移行

現象学的な問題圏を、可能な意識の対象の(静態的かつ発生的[29]な)構成という統一的な全体に関わる標題へと還元したことによって、現象学が超越論的な認識論としても特徴づけられるように見えるが、それも間違いではない。ここで、この意味での超越論的な認識論を、伝統的な認識論と対比させることにしよう。

伝統的認識論が論じてきたのは、超越という問題[30]である。伝統的認識論は、たとえそれが経験主義的なものとして通常の心理学に基づいていたとしても、単に認識の心理学たろうとしているのではなく、認識の原理的可能性を解明しようとして来た。ただ、伝統的認識論にとって問題は、自然的態度において現れてきたし、そこに留まる限り、今後も自然的態度において扱われることになろう。そこでは、私は自分を世界内部の人間として見出し、世界を経験すると同時に、私も含めた世界を学問的に研究する者として見出す。そこでは、私はこう言う。私にとって存在するものはすべて、私の認識する意識のおかげで存在し、それらは私にとって、私が経験することによって経験されたもの、私が考えることによって考えられたもの、私が理論化することによって理論化されたもの、私が見通すことによって見通されたものである、と。そこでは、ブレンターノに従って志向性を承認するときも、次のように言うことになろう。私の心的な生の根本特性である志向性は、一つの実在的《レアール》な特性を表しており、それは純粋に心的な内部性に関して、あらゆる人間に属すると同様に人間としての私にも属する特性である。こうして、ブレンターノは志向性を、人間についての経験的な心理学の中心に据えたのだ、と。この最初の「私」という語り方は、自然的な「私」の用法であり、そこにとどまっている。それは、与えられた世界という基盤のうえにとどまるとともに、問題の進行全体もあいかわらずそこにとどまっている。そして、いまや次のように言われ、それはまったく理解できることである。――つまり、人間にとってあるいは私にとって存在し通用しているものはすべて、自分の意識の生において存在し通用しているのであり、この意識の生は世界をどのように意識しようと、またどのような学問的営みにおいても、自らのもとにとどまる。私が真の経験と欺く経験との間で行う区別、またそのうちで存在と仮象との間で行う区別はすべて、私の意識の場のなかで経過するが、それはちょうど、私が高次の段階において見通して考えることと見通さずに考えることの間、アプリオリに必然的なものとアプリオリに反意味的なものの間、経験的に正しいものと経験的に間違ったものの間、これらを区別するときと同様である。明証的に現実的、思考として必然的、反意味的、思考として可能的、蓋然的、等々といったこれらすべては、そのつどの志向的対象に関して、私の意識の場そのもののうちに現れる特徴である。真理と存在についてのすべての基礎づけとすべての証明は、まったくのところ私のうちで経過し、その結果は私が思うこと《コギト》によって思われたもの《コギタートゥム》における一つの特徴だ——といった具合である。

しかしながら、このような考え方にいま私たちは大きな問題を見出す。私の意識の場において、しかも私を規定している動機づけの連関において、私が確信に至る、それどころか強制力をもった明証へ至る、ということは理解できる。しかし、意識の生の内在においてこのように演じられること全体が、どのようにして客観的な意味を獲得することができるのだろうか。明証（明晰判明な知覚《クララ・エト・ディスティンクタ・ペルセプチオ》）(31)はどのようにして、私のうちでの意識の特徴であること以上のものを要求することができるのだろうか。それは、（世界の存在が通用していることを遮断するという、おそらく決してどうでもよくはないようなことを別にすれば)デカルトの問題であるが、それは彼にとっては神の誠実《ヴェラシタス》(32)によって解決されるはずであった。

第四一節　我思うを真に現象学的に自己解明すると、「超越論的観念論」となる

では、前述のような考え方に対して、現象学の超越論的な自己反省は何と言うべきであろうか。それは、このような問題の立て方全体が不合理だ、ということ以外の何ものでもない(33)。デカルト自身、超越論的な判断停止《エポケー》と純粋な我《エゴ》へと還元することがもつ真の意義を逸してしまったために、そうした不合理に陥らざるをえなかった。しかし、そのデカルトの判断停止《エポケー》をすらまったく無視することによって、デカルトの後に広まった考え方はもっとずっとひどいものとなった。ここで、こう問うことにしよう。そのような「超越論的な」問いを正しく立てることができる自我とは、いったい誰なのか。自然的な人間としての私が、その問いを立てることができるのか。真剣な問いとして、しかも超越論的な問いとして、私は次のように問うことができるのだろうか。すなわち、私はどうやって、私の意識の島(34)から抜け出すのか、私の意識において明証体験として現れるものが、どうして客観的な意味を得ることができるのか、と。私が自分を自然的な人間

として捉えるやいなや、私はまさにすでに空間的世界をもっており、私を空間のうちにあるものとして捉え、それゆえ、その空間のうちに〈私の外〉をもつことになる。それゆえ、世界の捉え方の有効性が、すでに問いの設定のなかで前提され、問いの意味のなかに入り込んでしまっているのではないだろうか。本当なら、その問いに答えることが初めて、およそ客観的な有効性のもつ正当性を与えるはずであるのに。したがって、自我と意識の生とを、そこから超越的な認識の可能性の問いとして超越論的な問いを立てることができるような、そのようなものとして獲得するためには、明らかに、現象学的還元を自覚的に遂行することが必要である。しかし、現象学的な判断停止《エポケー》を単に一時的に遂行するのではなく、むしろ体系的な自己省察において、しかも純粋な我《エゴ》として、その意識の場の全体を露呈しようとするやいなや、我にとって存在するものはすべて我そのもののうちで構成されたものであり、さらに、あらゆる存在の仕方、なかでも何らかの意味で「超越的」と特徴づけられる存在の仕方は、それ特有の構成の仕方をもっている、ということに気付く。どのような形式のものであれ、超越というのは、我《エゴ》の内部で構成された存在意味のことなのである。考えられる意味のすべて、考えられる存在のすべては、それが内在的であれ超越的であれ、意味と存在を構成するものとしての超越論的主観性の場に入ってくる。真なる存在の全体《ウニヴェルスム》を、可能な意識、可能な認識、可能な明証、これらからなる全体《ウニヴェルスム》の外部にあるものとして捉え、両者をまったく外的に硬直した法則によって互いに結び付けようとするのは、まったく無意味なことだ。両者は本質的に互いに連関しており、本質的に連関しているものはまた具体的にも一つであり、超越論的主観性という唯一の絶対的でありながら具体的なものにおいて、一つとなっている。超越論的主観性が可能な意味からなる全体であるとすれば、その外部というのはまさに無意味である。(35)さらに言えば、どのような無意味も意味の一つの様態であって、見通すことができるということのなかで無意味性をもっているのだ。しかし、このことは単に事実的な我《エゴ》に対して、また、この我自身の構成によって我にとって存在するものとして近づくことが事実上できるものに対して、当てはまるだけではない。そのうちには、この我にとって存在するものとして、果てしなく多くの、他の我《エゴ》やその構成する働きが含まれている。もう少し詳しく言えば、事実そうであるように、超越論的な我《エゴ》である私のうちで、他の我《エゴ》が超越論的に構成されるとすれば、そして、それとともに私にとって構成的に生じてくる超越論的な間主観性により構成されたものとして、一つの共通の客観的世界が構成されるとすれば、先に述べたことはすべて、単に私の事実的な我《エゴ》について当てはまるだけでなく、そのうちで意味や存在の有効性を獲得する事実的な間主観性(36)と世界についても当てはまる。私の我《エゴ》において遂行される現象学的な自己解明は、その我のあらゆる構成と我にとって存在する対象の解明であったが、それは必然的にアプリオリな解明という方法的な形態をとった。それは、事実を純粋な(形相的)可能性の対応する全体へと組み込んでいくような解明であった。それゆえ、この自己解明が私の事実的な我《エゴ》にも当てはまるのは、あくまでも、それが純粋な可能性の一つであり、しかもその我から自分自身を自由に変更して考える(変更して想像する)ことによって獲得されるような可能性の一つである限りのことである。したがって、それは形相的な自己解明として、一般的な我《エゴ》としてのこの私の可能性の全体に対して、また、私が任意に別様にあることの可能性の全体に対して当てはまる。それゆえまた、相関的な変様を行えば、この私の可能性に関係する可能的な間主観性のすべてに対して、また、さらにそのうちで間主観的に構成されたものと考えられる世界に対しても当てはまる。したがって、真の認識論は、超越論的現象学的な認識論としてのみ意味をもつことになる。真の認識論は、想定された内在から想定された超越(何らかの原理的に認識不可能と考えられた「物自体」[37]といった超越)への、不合理な推論をするのではなく、もっぱら認識の働きを体系的に解明することに従事するのであり、そこでは、超越は徹頭徹尾、志向的な働きとして理解されねばならない。まさにそれによって、実在的《レアール》なものであれ理念的《イデアール》なものであれ、あらゆる種類の存在者そのものが、まさにこの働きにおいて構成され、超越論的主観性によって「形成されたもの」として理解されることになる。このような理解こそ、考えられる最高の形態の合理性〔理にかなっていること〕である。間違った存在の解釈はすべて、存在の意味をともに規定している地平に対する盲目、および、それに関わる潜在的な志向性の解明という課題に対する盲目、こうした素朴な盲目から生じる。それらに対して盲目にならず、それらが見て取られ把握されるなら、我《エゴ》の自己解明が絶えざる明証と具体性において遂行された結果として、一つの普遍的な現象学が現れてくる。正確に言えば、その自己解明は、第一に、厳密な意味での自己解釈であるが、それは、我《エゴ》が固有の本質をもって自分自身においてまた自分自身にとって存在するものとして構成されるのはどのようにしてであるか、を体系的に示すものである。それから第二に、より広い意味における自己解釈であるが、それは、そこからさらに、我《エゴ》が、この自分の本質によって自らのうちに「他者」や「客観的なもの」を構成するのはどのようにしてであるかを示し、そして一般に、我《エゴ》にとってまさに自我のうちで非自我として存在の有効性をもつすべてのものを構成するのはどのようにしてであるか、を示してくれる。

以上のことが体系的な具体性において遂行されるならば、現象学はそれ自身、「超越論的な観念論《イデアリスムス》[38]」となる。ただし、それは根本的かつ本質的に新しい意味においてである。それゆえ、心理学的な観念論の意味においてでもなければ、意味のない感覚与件から意味に満ちた世界を導き出そうとする観念論の意味においてでもない。さらにまた、少なくとも限界概念として物自体の世界の可能性を残しておくことができる、と信じるカント的な観念論でもない。そうではなく、この観念論は、あらゆる可能な認識の主体としての私の我《エゴ》の自己解明を、体系的に自我論的な学問という形式において首尾一貫して遂行することにほかならず、しかも、存在者が、我《エゴ》である私にとって、まさにそれによって意味をもちうるような、すべての意味に関して遂行することにほかならない。この観念論は、「実在論《レアリスムス》」(39)との弁証論(40)的な戦いにおいて戦利品として得られるような、遊び半分の議論の産物などではない。それは、我《エゴ》である私にとって確かに考えられる存在者のすべての類型において、とりわけ自然、文化、一般に世界といった(経験によって実際にあらかじめ与えられた)超越において、実際の作業(41)のなかで遂行される、意味の解明なのである。このことはしかし同時に、構成する志向性そのものを体系的に露呈することを意味している。それゆえ、この観念論の正しさを証明するのは、現象学そのものなのである。志向的な方法がもつ深い意味や超越論的還元がもつ深い意味、あるいはその両者を誤解する人だけが、現象学と超越論的観念論を分離したいと考えることができるのだ。こうした誤解を犯す人は、真の志向的な心理学(そして、そのうちに含まれる志向的心理学的な認識論）に特有の本質を理解し、それが真に学問的な心理学の根本部分や中核部分となるという役割を理解する、というところには決して至らない。超越論的な現象学的還元の意味と働きを見誤る人は、まだ超越論的な心理学主義にとどまっており、志向的心理学と超越論的現象学という、態度を変更する本質的可能性から生じてくる、平行する二つのものを混同することになる。彼は、自然的な基盤のうえに立ったままの超越論哲学、という不合理に陥るわけである。

　これまでの省察は、哲学が超越論的で現象学的な哲学という様式をとる必要があること、それと相関的に、私たちにとって現実性と可能性において存在するものの全体については、超越論的で現象学的な観念論が唯一可能な、存在を解釈する様式であること、この二つのことを明証にもたらすところまで進んだ。もう一つこの明証に属するのは、私たちの一般的な粗描によって開かれた無限の作業――つまり、省察する我《エゴ》としての私が、構成することと構成されたものに即して行う自己解明という作業――は、一連の個々の「省察」として、綜合的に次々に遂行されるべき統一的な「省察」という普遍的な枠の中に組み込まれる、ということである。

　私たちは、以上によって省察を締め括り、そこから先はすべて、個々の詳論に委ねてしまっていいのだろうか。獲得された明証は、その粗描された目的の意味ですでに十分なのだろうか。その粗描は、自己解明という省察の方法において生まれる哲学に対する、あのように大きな信頼で、私たちを満足させるところまで十分に導かれたのだろうか——その結果、自分の生きる意志のうちにこの哲学を受け入れて、喜ばしい自信をもって作業に取り掛かることができるようになったのだろうか。私たちのうちで、いや、これまでのところ省察する我《エゴ》である私のうちで、世界として、または、およそ存在するものの全体として構成されるものに眼をやった時すでに、「他者」と彼らが行う構成のことに言及するのを、もちろん避けることができなかった。この他者に属する構成そのものは、私自身の自己のうちで構成されるのであるが、それによって「私たち」すべてにとって共通の世界が私にとって構成されることになる(これについてはすでに触れた)。そこにはもちろんまた、ともに省察する者としての私たちすべてにとって共通なものとしての哲学——理念的《イデアール》には唯一の永遠の哲学《ピロソピア・ペレンニス》(42)——の構成も属している。しかし、私たちの明証——現象学的哲学と現象学的観念論が唯一の可能性であるという明証——は、省察する直観の進行に没頭し、そこにおいて明らかとなってくる本質的必然性を言い表した時には、私たちにとってかくも長い間まったく明瞭で確実であったのだが、この明証はいまでも持ちこたえられるのだろうか。他者が私たちにとって存在することの(私たち誰もがそれを奇妙なものと感じている)可能性とその正確な仕方が、本質上普遍的なものにしたがって理解され、それに関わる問題圏が解明されるというところまで、私たちは方法的な粗描を導いて行かなかったのであるから、上の明証はぐらついて来るのではないだろうか。私たちの「デカルト的省察」が哲学者になろうとする私たちにとって、哲学への正しい「導入〔序論〕」(43)となり、その現実性を必然的に実践的な理念として基礎づけるための端緒(それゆえまた、無限に遂行されるべき作業にとって、理念的《イデアール》な必然性として構成されるべき道程についての明証もまた含まれているような端緒)となるべきだとすれば、私たちの省察そのものが、目標と道程に関していかなる奇妙さも残さないようなところまで導いて行かねばならないだろう。私たちの省察は、かつてのデカルトの省察が意図したように、哲学という目的の理念《イデー》に属する普遍的な問題圏(私たちにとっては構成という問題圏)を、余すところのない分かりやすさにおいて露呈するのでなければならない。さらにそこに含まれていることだが、私たちの省察は、「およそ存在するもの(44)」とその普遍的な構造とがもつ真の普遍的な意味を、最大であるが厳密に限定された普遍性において、すでに明らかにしているのでなければならない——その普遍性が、まず、詳細な存在論的作業を、具体的に結びついた現象学的研究という形態で可能にし、次にさらに進んで、哲学的な事実学を可能にするのである。というのも、「存在するもの」というのは、哲学にとっても、現象学が行う相関関係の研究にとっても、一つの実践的理念《イデー》であって、無限に理論的に規定していく作業という理念《イデー》だからである。

第五省察　超越論的な存在の場をモナドの間主観性としてあらわにする

第四二節　独我論という非難に対抗して、他者経験の問題を呈示する

さて、新しい省察を始めるにあたって、一見すると重大であるように見える一つの非難を手がかりにすることにしよう。この非難が向けられているのは、超越論的現象学がすでに超越論哲学であるとする主張に対してで、それゆえ、超越論的に還元された我《エゴ》の枠内で行われる構成という問題設定とその理論の形で客観的世界の超越論的な問題を解決することが可能である、とする主張に対してにほかならない。

省察する自我である私が、現象学的な判断停止《エポケー》によって、絶対的で超越論的な我《エゴ》へと還元される時、私は独我《ソルス・イプセ》になってしまうのではないだろうか。現象学という標題のもとで一貫した自己解明を行っている限り、私は独我《ソルス・イプセ》に留まるのではなかろうか。それゆえ、客観的な存在の問題を解決したつもりになって、もう哲学として登場しよう

としている現象学は、超越論的な独我論という烙印を押されるべきではないだろうか。〔こう非難されるわけである。〕

もう少し詳しく検討してみよう。超越論的還元は、私の純粋な意識の体験の流れと、その顕在性と潜在性によって構成される統一体とに、私を結び付ける。いまや、そのような統一体が私の我《エゴ》と不可分であり、それゆえその具体的なあり方そのものに属している、ということは当然のように思われる。

しかし、それでは、他の我《エゴ》についてはどうであろうか。なにしろ、それは私のうちの単なる表象[1]や表象されたものなどではないし、私のうちで確認することができる綜合的な統一体ではなく、その意味からして、まさに他者であるのだから。とすると、私たちは超越論的な実在論[2]に対して不当な扱いをしてきたのではないだろうか。超越論的実在論には現象学的な基礎づけが欠けているかも知れないが、それが我《エゴ》の内在から他者の超越への道を求める限り、原理的には正しさをもっている。現象学者である私たちは、この超越論的実在論にしたがって、こう言うしかないのであろうか。およそ我《エゴ》のうちで「内在的」に構成された自然や世界は〔単に私の表象に過ぎず〕、何と言っても自らの背後に自体的に存在する世界そのものをもっており、まずはそこに至る道が求められねばならない、と。するとまた、こう言うことになろう。純粋に現象学的なやり方では、そもそも真に超越的な認識の可能性の問いからして立てられない、しかも何より、他の我《エゴ》は他者として現に私のうちにあるのではなく、ただ私のうちで意識されるというだけであるから、私の絶対的な我《エゴ》から他の我《エゴ》へどうやって至るのか、という可能性の問いは立てられないだろう、と。というのも、私の超越論的な認識の場面が、私の超越論的な経験の場とそのうちに綜合的に含まれているものを超えることがないのは初めから自明のことで、また、これらすべてが一つになって、私に固有な超越論的我《エゴ》と呼ばれ、すべてこれで汲み尽くされている、ということも自明のことではないか。こんなふうに言うことになろう。

それにもかかわらず、おそらく、このような考え方ですべてうまく行っているというわけではなかろう。ここでは、このような考え方とそこで利用されている「自明のこと」(3)に賛同して、弁証論的な議論と「形而上学的」(4)と呼ばれる仮説とに関わり合いになるよりも、そこで想定された可能性はおそらくまったくの不合理であることが判明するであろうから、むしろ、ここで「他我《アルター・エゴ》」という言い方で告げられた課題の現象学的解明を、まずは具体的な作業において、体系的に着手しやり遂げることの方がもっと適切であろう。他我《アルター・エゴ》が超越論的な我《エゴ》を基盤としてそのうえに現れて確認されるのは、顕在的および潜在的な志向性においてであるが、このような志向性が検討されなければならない。つまり、「他の我《エゴ》」という意味が形成され、調和的な他者経験《フレムト》(5)という標題のもとに、それが存在するものとして、またそれなりの仕方で「それ自身そこに」として確認されるのは、いかにしてなのか、いかなる志向性、いかなる綜合、いかなる動機づけにおいてなのか、ということを明らかにしなければならない。このような経験とその働きは、現象学的な場の超越論的な事実なのだ——私はこれらを問うことによって以外にどこで、存在する他者の意味を全般的に解明することができるというのだろうか。

第四三節　他者のノエマ的—存在的な与えられ方が、他者経験の構成に関する理論にとって超越論的な手引きとなる

さしあたりは、経験される他者を、しかも、直進的にそのノエマ的—存在的な内容に没頭しているときに(純粋に私の思うこと《コギト》として)私に与えられている他者を、超越論的な「手引き」(6)とせねばならないが——そのより詳しい構造がまずあらわにされねばならないが——の相関者としてとしよう。その内容の奇妙さと多様さのうちにすでに、現象学的な課題の多様さと困難さが示唆されている。例えば、私は他者を経験する。現実に存在するものとして、変化しながらも調和的な経験の多様性において経験する。しかも、一方では、世界の客観と

してではあるが、単なる自然の事物としてではない（或る面では確かに自然の事物でもあるにもかかわらず）。他者は、彼に属する自然としての身体のうちで心的に支配しているものとしても経験されている。こうして身体と独特な仕方で絡み合って、「心理物理的な」客観として、他者は世界の「うちに」存在している。しかし同時に他方で、私は他者をこの世界に対する主観として経験している。すなわち、この世界を経験し、私自身が経験しているのと同じ世界を経験している者として、同時にまた私を経験し、ちょうど私が世界を経験しそのうちに他者を経験しているように私を経験している者として、私は他者を経験している。こうして、この方向に進んでいくと、もっと多くのことをノエマ的に解明することができる。

いずれにしても、私のうちに、つまり超越論的に還元された、私の純粋な、意識の生のうちに、私は他者を含めて世界を経験している。しかも、その経験がもつ意味からして、私が言わば私的《プライベート》に綜合して形成したものとしてではなく、私にとって異質《フレムト》(7)な世界、間主観的な世界として、万人にとって存在し、その客観において万人に近づくことのできる世界として経験している。そしてやはり、誰もがそれぞれの経験とそれぞれの現出と現出の統一体を持っているにもかかわらず、経験される世界は、あらゆる経験する主観とその世界の現象との対比で言えば、自体的に存在している。

このことはどのように説明されるのだろうか。何らかの存在者が私にとって持つ意味と持ちうる意味はすべて、その「何であるか」〔本質〕についてと同様、「それがあり、現実にある」〔存在〕ということについても、私の志向的な生のうちにある意味、または私の志向的な生に由来する意味である、ということは迷うことなく堅持しなければならない。それは、この生の構成的に働く綜合から、調和的な確認の体系において、私にとって明らかとなり、あらわとなるような意味なのである。いまや、およそ有意味であるはずの、すべての考えられる問いに対して答える基盤を作るために、それどころか、そのような問いそのものを一歩一歩立てて解決していくために、開かれた潜在的な志向性を体系的に展開することから始めることが必要である。他者の存在は、私にとって、このような志向性において「形成され」、その正当な内容、すなわち充足された内容に即して解明されることになるのだから。

それゆえ、問題はさしあたり或る特殊な問題として、まさに他者が「私にとってそこにいる」という問題として、すなわち、他者経験《フレムト》、いわゆる(8)「感情移入」(9)の超越論的な理論の主題として立てられることになる。しかしまもなく、そのような理論の射程は初めに思われたよりもはるかに大きく、それは客観的世界の超越論的な理論をも併せて基づけており、それも全体としてであり、それゆえ客観的自然に関してもそうである、ということが分かって来る。[10]世界の存在の意味、特に客観的なものとしての自然の存在の意味には、先ほどすでに触れたように、〈万人にとってそこにある〉ということが含まれている。そしてそれは、私たちが客観的な現実について語るときには、常にともに思念されていることとなのだ。そのうえ、経験世界には「精神的」述語をもった客観も属しているが、これらの述語はその起源と意味からして主観を指し示しており、しかも一般に、異なる《フレムト》主観とその能動的に構成する志向性を指し示している。こうしてすべての文化的客観(本、道具、何らかの種類の作品、など)がそのようなものである。これらは「万人にとってそこにある」(すなわち、例えば、ヨーロッパとか、場合によってはもっと狭くフランスとかいった、それぞれの文化的共同体に属する万人にとってそこにある)[11]という経験的意味を同時に伴っている。

第四四節　超越論的経験を自分固有の領分へと還元する

いまや超越論的な構成とともに、異なる《フレムト》主観の超越論的な意味が問われており、さらにその帰結として、内側から発してそもそも初めて客観的な世界を私にとって可能にするような、普遍的な意味の層が問われているのだから、異なる《フレムト》主観のここで問われている意味はまだ、客観的な他者、世界の内部に存在する他者という意味を持ちえない。[12]ここで正しく前進するためには、普遍的な超越論的領分のうちでまず独特な主題的判断停止《エポケー》を行うということが、最初に方法として必要となる。初めに、ここで問われているものすべてを主題的な場から遮断する。すなわち、直接的であれ間接的であれ、異なる《フレムト》主観性に関わる志向性がもつあらゆる構成的な働きを度外視し、顕在的であれ潜在的であれ、特定の志向性の連関全体へと限定する。それは、そこにおいて我《エゴ》が自分固有《アイゲン》のものを[13]もって構成され、しかもそれと不可分に、それ自身この自分固有《アイゲン》のものに属する綜合的に統一されたものが構成されるような志向性である。

超越論的な構成が私に異なる《フレムト》ものとして示すものすべてを捨象することによって、私の超越論的な自分固有の領分あるいは私の超越論的な具体的自我そのものへと還元することは、ここでは普通にはないような意味を持っている。世界の内部にあるものに関わる自然的態度にある時には、私は、〈私と他者《アンデレン》〉を区別し、しかも両者を対立というかたちで区別する。それゆえ、その時には普通の意味で他者を捨象すれば、私は「一人」で残されることになる。しかし、そのような抽象[14]は根本的なものではなく、そのような〈一人でいること〉は、〈万人にとって経験可能〉ということの自然的な世界に関わる意味についてまだ何も変更を加えるものではない。この自然的な意味は、世界に蔓延したペストが私一人を残すことになったとしても、自然的に理解された自我に付着していて失われないのだから。それに対して、超越論的な態度をとり、それと同時に、先に述べた構成に関わる抽象を行う時には、超越論的な自分固有のものをもった私の——省察する者の——我《エゴ》は、世界という全体的現象のうちにある〈人間としての自我〉、単なる相関的現象へと還元された通常の〈人間としての自我〉なのではない。むしろその時に問題になるのは、超越論的な我《エゴ》が客観的な世界を構成する者としてそのうちで生きている、普遍的な構成の本質的な構造なのである。

我《エゴ》としての私に特に固有なもの、すなわち、私の具体的な存在とは、純粋に私自身のうちでかつ私自身にとって、閉じられた固有性をもった「モナド」であるが、それは、あらゆる志向性を含むと同様に、異なるもの《フレムト》に向けられた志向性をも初めから含んでいる。ただ、ここではさしあたり方法的な理由から、こうした志向性のもつ綜合的な働きが主題的に遮断されたままになる、というだけである。このように特徴づけられた志向性において、新しい存在の意味が構成されるが、それは、自分に固有なものをもった私のモナド的な我《エゴ》を超え出るものである。そこでは、一つの我《エゴ》が、自我自身としてではなく、私に固有な自我である私の「モナド」のうちに姿を映すものとして構成される。しかし、この第二の我《エゴ》は、端的にそこに存在し、本来的にそれ自身が与えられているというのではなく、それは他我《アルター・エゴ》として構成されるのだ。その際、この他我《アルター・エゴ》という表現の一契機として示唆されている我《エゴ》は、自分に固有なものをもった自我そのものである。「他者《アンデレ》」というのは、その構成的な意味からして私自身を指示しており、他者は私自身の反映〔姿を映したもの〕である。しかし、とは言いながら、本来的には反映とは呼べない。あるいは、私自身の類似物《アナロゴン》である。しかし、とは言いながらやはり、普通の意味での類似物ではない。それゆえ、第一のものとして、自分に固有なものをもった我《エゴ》が限界づけられ、その内実において――単に体験においてばかりでなく、具体的にはそれと不可分に通用している統一体においても――見渡され区分されたなら、それに続けて立てられねばならないのは、次のような問いである。いかにして私の我《エゴ》は自分に固有なもののうちで、「他者経験」という標題のもとに、まさに異なるもの《フレムト》を構成することができるのか、それゆえ、意味を構成する具体的な自我そのものの具体的な内実から、この構成されたものを排除するような意味をもって、しかも何らかの仕方でその「類似物」として構成することができるのか、と。この問いは、初めはいずれかの他我《アルター・エゴ》に関わるものだが、そこからさらに、この他我から意味規定を受け取るすべてのものに、要するに、本来的かつ十分な意味での客観的世界に関わるものとなる。

こうした問題設定は、我《エゴ》の自分固有の領分を特徴づけること、つまり、それを抽象によって取り出す判断停止《エポケー》をはっきりと遂行することに取り掛かれば、理解できるようになるだろう。他者経験《フレムト》がもつ構成的な働きを遮断し、それとともに、異なる《フレムト》ものに関わるすべての意識の仕方を主題的に遮断することは、いまや、私たちにとって素朴に端的に存在する客観的なものに対して現象学的な判断停止《エポケー》を行うのと同様に、異なる《フレムト》ものの存在を素朴に通用させることに対して現象学的な判断停止《エポケー》を行うということを意味しているだけではない。その際、超越論的な態度はいつでも前提されており、前提されたままになっている。そしてこの態度においては、以前は私たちにとって端的に存在していたものすべてがもっぱら「現象」として、思念され確認される意味として捉えられる。つまり、純粋にそれらが、これからあらわにされるべき構成的体系の相関者として、私たちにとって存在という意味をこれまで得て来たし、またいまも得ている、その通りに捉えられる。まさにこのような仕方であらわにすることと意味を明らかにすることが、いま、新しい判断停止《エポケー》によって、詳しくは以下に述べるように、準備されるのである。

　超越論的な態度をとりながら、まずは、私の超越論的な経験の地平の内部で私に固有なものを限界づけることにしよう。私に固有なものとは、異なる《フレムト》ものではないもののことだ、とさしあたり言っておこう。ここから、この経験の地平をあらゆるおよそ異なる《フレムト》ものから抽象的に解放することに着手する。世界という超越論的な「現象」には、それが調和的な経験において端的に与えられているということが属している。いまは、この世界を見渡しながらも、いかにして異なるもの《フレムト》が意味をともに規定する者として現れるか、に注意を向け、異なるもの《フレムト》がそうする限りはそれを抽象的に遮断することが必要なのである。こうして、まずは、人間や動物にいわば私のように生きている存在者という特別な意味を与えているものを捨象し、さらに、あらゆる文化的述語のように、それが持つ意味のなかで自我主観としての「他者」を指示し、それゆえ「他者」を前提しているような、現象的世界のすべての規定を捨象する。あるいは、次のように言い換えることもできよう。ここで問題になっている「異なるもの《フレムト》」のうちで、その独特の意味を可能にしているものとしての「異なる《フレムト》精神に関わるもの」のすべてを捨象する。さらに、万人を取り巻く周囲世界という性格、万人にとってそこにあり近づくことができる存在、万人が生活と欲求のなかで何かに関わることができたりできなかったりすること、このように現象的世界のすべての客観を特徴づけ、それに異なる《フレムト》という性格を与えているもの、これらも見落とされてはならず、抽象的に排除されねばならない。

私たちはここで重要なことに気付く。つまり、このような抽象ののちにも、世界という現象がもつ一つの統一的に連関している層、連続的調和的に進行する世界経験がもつ超越論的な相関者からなる層が残っている、ということである。それゆえ、このような抽象ののちにも、もっぱらこの残された層にとどまりながら、経験する直観において引き続き前進することができる。さらに、この統一的な層は、それが本質的に基づけの働きをするということによって際立っている。すなわち、この層を現実の経験において持つことなしには、私は「異なるもの《フレムト》」を経験として持つことができず、それゆえ、客観的世界という意味を経験的意味として持つことができない、そして、その逆は成り立たない。このことは明らかである。

私たちの抽象がもたらした結果を、それゆえそれが私たちに残したものを、もっと詳しく検討してみよう。客観的な意味をもって現出する世界という現象のうちで、一つの下層が自分固有の「自然」として分離される。それは、単なる自然そのもの、自然研究者の主題となるような自然[15]からは、はっきり区別されておかねばならない。後者の自然も、なるほど或る抽象によって、すなわち、客観的世界からあらゆる心的なものと、人格から由来する述語とを捨象することによって生じてくる。しかし、この自然研究者の抽象において得られるものは、客観的世界自身に(超越論的態度で言えば、「客観的世界」という対象的意味に)属する層であり、それ自身客観的な層である。それはちょうど、そこで捨象されるものが、それはそれでまた(客観的な心的なもの、客観的な文化的述語、等のような)客観的なものであるのと同様である。

それに対して、私たちの抽象においては、世界の内にあるものすべてを間主観的に構成されたものであるとか、万人にとって経験可能なものであるとかと特徴づけていた意味、つまり、「客観的」という意味がまったく消え失せてしまう。こうして、(異なる《フレムト》主観性に由来するあらゆる意味から純化された)私に固有なものには、「単なる自然」という意味が属している。しかし、これはまさに、この「万人にとって」ということをもはや失っており、それゆえ決して、(客観的)世界そのものまたはその意味がもつ一つの抽象的な層[16]と見なされてはならない。

さて、次に、このような自然における自分固有なものと捉えられた物体《ケルパー》のなかに、私は唯一独特の仕方で私の身体《ライプ》を見出す。[17]これは、単なる物体ではなくまさに身体であるような唯一のものであり、私の抽象的な世界の層の内部にあって、私が経験によって——(触覚の場、寒暖の場、といった)さまざまな所属の仕方においてではあれ——感覚の場をそれに帰する唯一の客観であり、私がその「うちで」直接に「自分の思い通りにでき」、特にそのそれぞれの「器官《オルガン》」のうちで支配している唯一のものである。私は手で運動感覚《キネステーゼ》[18]的に触れることで知覚し、同様に眼で見ることで知覚し、等々と知覚し、常にそのように知覚することができる。その際、これら器官がもつ運動感覚《キネステーゼ》は、「私はする」——という仕方で経過し、私の「私はできる」に従うことになる。[19]さらに私は、この運動感覚《キネステーゼ》を働かせることによって、突き当たる、押しやる、といったことをすることができ、それによってまず直接に、ついで間接に、身体的に「行為する」ことができる。さらにまた、知覚することによってあらゆる自然を活動的に経験し(あるいは、経験することができ)、そのうちで自分自身に振り返って関係している自分固有の身体性をも経験する。このことが可能になるのは、私が一方の手「によって」他方の手を知覚し[20]、手によって眼を知覚する、といったことが「できる」ということを通じてである。その際、機能している器官が客観となり、客観が機能する器官となるはずだから。身体性を通じて自然と身体性そのものをおよそ根源的に操作することが可能なためにも、上と同様なことが言える。それゆえ、身体性は実践の場においても自分自身に関係しているのだ。

　私の自分固有のものへと還元された身体を際立たせることはすでに、「この人間としての自我」という客観的な現象がもつ、自分固有の本質を際立たせることの一部となる。私が他の人間を自分固有のものへ還元する時、私が得るのは自分固有の物体《ケルパー》であるのに対し、私が人間としての私を還元するなら、私が得るのは「私の身体」と私の「心」、あるいは、心理物理的統一体としての私であり、そのうちには私の人格的自我も含まれている。人格的自我はこの身体のうちで、またこの身体「を介して」、「外界」に影響を及ぼし、また「外界」から影響を受けており、こうして一般に、そのような独特の、自我への関係づけと生への関係づけとを絶えず経験することによって、心理物理的に物体的身体[21]と一体になって構成される。外界と身体と、心理物理的な全体に対して自分固有のものへの純化が行われれば、可能な私たちへの意味的な関係のすべてと自然的な意味で私が世界の内にあることのすべてが除外されている限り、私は一つの自我という私の自然的な意味を失ってしまう。それにもかかわらず、私の精神的な自分固有のものにおいては、私はやはり、私の多様な「純粋」諸体験と、私の受動的および能動的な志向性の諸体験と、そこから確立されまた確立されうる習慣性、これらに対する同一の自我極のままである。

こうして、この独特の抽象によって異なるもの《フレムト》という意味を除去する時、或る種の「世界」が残されることになる。それは、自分固有のものへ還元された自然と、物体的身体によってそれに組み込まれた、身体と心と人格的自我を伴った、心理物理的な自我であり、これらはこの還元された「世界」に見出されるまったく独特なものである。そこには明らかにまた、価値や作品を特徴づける述語のように、純粋にこの自我から意味を得るような述語も現れる。すべてこれらのものは、自然的な意味で世界の内にあるものではまったくなく(それゆえ、いつも引用符をつけて使われる)、ただもっぱら私の世界経験のなかで自分固有のものであり、至る所で私の世界経験に浸透していて、そのうちでまた統一的直観的に連関しているものである。したがって、私たちがこのように自分固有の世界という現象のうちの区分として区別するものは、ちょうど空間時間的形式——ただしこれまでのことに対応して、自分固有のものに還元された形式であるが——がこの還元された世界の現象のうちにともに入り込んで来ることに示されているように、具体的には一つになっている。それゆえ、この還元された「客観」、「事物」、「心理物理的な自我」も、そのような限りで、互いに別々にされる。ところがここで、或る奇妙なことが注意を引くことになる——それは一連の明証であるが、しかし、それが一連のものである限り、逆説的な感じを抱かせる。つまり、異なる《フレムト》ものに覆いをかけたとしても、私のこの「心理物理的な」自我の心的生活の全体、そのうちでも、世界を経験する私の生は、それによって影響を受けず、それゆえまた、異なる《フレムト》ものについて私がもつ現実的および可能的経験そのものも影響を受けない。したがって、私の心的な存在には、私にとって存在する世界の構成全体が属しており、またさらに、それが自分固有《アイゲン》のものと自分とは異なる《フレムト》ものとを構成する二つの体系へと分かれることも属している。それゆえ、還元された「人間としての自我」(「心理物理的な自我」)である私は、多様な「私の外」とともに「世界」の一員として構成される一方で、私自身は、私の「心」の内にすべてを構成し、それらを私のうちに志向的に担うことになる。もし、自分固有のものとして構成されるものすべてが、それゆえまた、還元された「世界」が、構成する主観の具体的な本質に、不可分の内的規定として属している、ということが明らかにされたなら、その時には、自我の自己解明のなかで自分固有の「世界」が「内なるもの」として見出される一方で、直進的に自らの世界を通り抜けていく自我は、自分自身をその「外なるもの」の一員として見出すことになり、こうして自分と「外界」とを区別することになるだろう。〔こういう奇妙な逆説的なことが起こっているように見える。〕

第四五節　超越論的な我と、自分固有のものへ還元されたなかで自己を心理物理的な人間として捉えること

これまでの省察全体と同様に前節での省察も、超越論的還元という態度において行われてきた。それゆえ、省察する者である私は、超越論的な我《エゴ》として省察を行った。いまや問われるべきことは、純粋に自分固有のものへ還元された世界現象のうちの、同様に還元された〈人間としての自我〉である私と、超越論的な我《エゴ》としての私とが、どのようにお互いに関係しているのか、ということである。後者の我《エゴ》は、客観的世界の全体とあらゆるその他の客観性（理念的《イデアール》な客観性も含め）を「括弧入れ」することによって現れてきた。この「括弧入れ」を通じて、私は自分を超越論的な我《エゴ》として自覚するようになる。

これは、私にとって客観的なものすべてを構成的な生において構成している我《エゴ》であり、およそあらゆる構成に関わっている自我である。この自我は、顕在的および潜在的な体験と習慣のうちにあって、あらゆる客観的なものを構成していると同様に、自分自身を同一の我《エゴ》として構成している。いまやこう言うことができる。このような我《エゴ》としての私は、私にとって存在する世界を現象として(相関者として)これまで構成して来たし、さらにこれからも構成し続ける。しかし、そのことによって、構成された世界全体の内部で、人間的—人格的自我という普通の意味での自我の名のもとに、それに応じた構成的綜合において自己を世界内部的なものとする捉え方を行って来たのであり、この捉え方を絶えず継続的に通用させ形成することにおいて保持している、と。このような我《エゴ》としての私に超越論的な意味で固有なもののすべてが、このように自己を世界内部的なものとする捉え方によって、心的なものとして私の心のうちに入ってくることになる。このような捉え方に気付いたいま、現象としての心、人間という現象の部分としての心から、普遍的で絶対的な我《エゴ》、超越論的な我《エゴ》としての私へと、立ち帰ることができる。それゆえ、私がこのような我《エゴ》として、私がもつ客観的世界という現象を私の自分固有のものへと還元し、私がそのほかに自分固有のものと見なすもの(前述の還元ののちであるから、これはもはや「異なるもの《フレムト》」を含んでいない)を付け加えるならば、私の我《エゴ》に属する自分固有のものの全体が、還元された世界の現象のなかに、「私の心」という自分固有《アイゲン》のものとして再発見されることになる。ただ、それはここでは、私が世界を捉える仕方の構成要素として、超越論的には二次的なものに過ぎないだけだ。

ところで、前述の超越論的な我《エゴ》とそのうちで構成されたものの全体《ウニヴェルスム》という場にとどまるならば、そこには、その我《エゴ》が持つ超越論的な経験の場面全体を、自分固有《アイゲン》のものの領分――これは、自分固有のものへ還元された世界経験(すべて異なるもの《フレムト》は覆いをかけられているが)の連関している層を伴っている――と自分と異なるもの《フレムト》の領分とへ分ける区分が直接に見出される。しかし、それにもかかわらず、異なるもの《フレムト》についての意識のすべて、異なるもの《フレムト》の現出する仕方のすべては、自分固有のものという前者の領分に属している。およそ超越論的な我《エゴ》がこの前者の層において異なるもの《フレムト》ではないものとして――つまり、「自分固有のもの」として――構成するものは、実際に、具体的に自分固有のものの構成要素としてその我《エゴ》に属している。それは、まだ後に示されるように、我《エゴ》の具体的な存在から不可分なのである。しかしながら、この自分固有のものの内部で、しかも自分固有のものを介して、我《エゴ》は、自分にとって異なる《フレムト》存在の全体である「客観的な」世界を構成し、まず最初の段階においては、他我《アルター・エゴ》という様相をもった異なるもの《フレムト》を構成するのである。

第四六節　自分固有のものは、体験の流れの顕在性と潜在性の領分からなっている

これまでは、「自分固有のもの」という根本概念を、ただ間接的に、「異なるもの《フレムト》ではないもの」として特徴づけて来たが、これはこれでまた他者《アンデレ》という概念に基づき、それゆえ他者を前提している。しかしいまや、その意味の解明にとっては、この「自分固有のもの」あるいは「自分固有のものにおける我《エゴ》」の積極的な特徴づけを明確にすることが重要である。このことが、まさに前節の最後に暗示されていた。

ここで、もっと一般的なことから話を始めることにしよう。例えば、経験のうちで或る具体的な対象が何かとしてそれだけで際立って来て、注意しながら捉える眼差しがそれに向けられる時、その対象は、この端的な把捉の段階では、単に「経験的直観の無規定の対象」として捉えられる。それは、経験の進行において、対象を規定し、さしあたりその対象のみをそれ自身から解明するような経験、すなわち、純粋な展開という形式において、規定された対象やさらに規定されていく対象となる。対象は、個々の直観の連鎖のなかで、同じものとして捉える持続的直観的な綜合において、それ自身との同一性をもって与えられる。この対象に基づいて、いま述べた展開という働きが、段階を追

った綜合的な進行において、対象自身に固有な「内的」な規定を展開していく。同一のものであるこの対象が、いまあるままのものであり、しかも、「それ自体がそれだけで」それ自身であるものであるのも、また、その同一の存在がそれぞれの固有性において解明されるのも、この「内的」な規定においてであるが、それがそのようなものとして、ここで初めて現れることになる。対象に固有で本質的なこの内容は、以前はただ一般的に地平として予測されていただけであるが、ここでの展開という働きによって初めて、(内的な、この対象に固有で本質的な特徴、特殊な部分、性質、といった意味をもって)根源的に構成されることになる。

　では、以上の一般的なことを、いま問題になっている場面に応用することにしよう。超越論的還元を通じて超越論的我《エゴ》としての私へと反省を向ける時、私は、知覚において、しかも把握する知覚のなかで、このような我《エゴ》として与えられている。私はまた、私が以前にもいつもすでに、捉えられないままであるが、原本《オリジナル》として直観的に(広い意味で知覚されて)そこに「あらかじめ与えられて[22]」いた、ということに気付く。しかし、私がそのように与えられているのも、ともかく、まだ開示されていない内的な自分固有のものからなる無限に開かれた地平を伴ってであった。私の自分固有のものも、展開によって初めて開示され、展開の働きを通じてその根源的な意味を得るのである。それが根源的にあらわにされるのは、私自身へ、すなわち、私の知覚においてしかも疑いの余地なく与えられる〈我あり〉へ、そしてさらに、私が根源的な自己経験という連続的統一的な綜合において持ち続けている自分自身との同一性へと、経験し展開しながら眼を向けていく時である。この同一のものに固有で本質的なものは、その現実的および可能的に展開されるべきものとして特徴づけられる。すなわち、それは、そのうちで私が自分固有の同一的存在をただ展開するだけのものであり、それが個々のもののなかでの同一なものとしてあり、それ自身であるようなものなのである。

ここにおいていまや、次のことが注意されねばならない。私が確かに自己の知覚について、しかも私の具体的な我《エゴ》の知覚について適切に語っているとしても、だからと言って、知覚において与えられた「視覚事物」の解明の際のように、私は常に本来の意味での個別的な知覚のなかで動いていて、したがって知覚において展開されるべきものだけを見出すのであって、他のものは何も見出すことはない、と言っているわけではない。というのも、私の固有で本質的な存在の地平の展開において最初に明らかになるのは、私が内在的な時間性と出会い、したがって、私の存在と出会うという事態だからである。ここで私の存在と言うのは、体験の流れの開かれた無限性と、その内に何らかの仕方で含まれているあらゆる自己固有のもの――私が行う展開という働きもここに属している

——という形での、私の存在のことである。この展開自身、生き生きした現在(23)において行われるのだから、それが本来的に知覚のうちに見出すことができるのは、現在生き生きと経過しているもののみである。自分固有の過去については、この展開がそれを考えられる限りもっとも根源的な仕方であらわにするのは、想起によってである。それゆえ、私がたえず原本《オリジナル》として与えられており、私の固有で本質的なものを次第に展開していくことができるにもかかわらず、この展開が行われるのはたいていの場合、展開されるべき私の固有で本質的な要素に対応する知覚とは別の、意識の作用においてなのである。私にとっては、このようにしてのみ、私が同一の自我としてそのうちで生きている、私の体験の流れが近づきうるものとなるのだが、しかも、さしあたりまず、その顕在性において、それから次に、明らかに同様に私にとって固有で本質的な潜在性においてである。私はあれこれの体験の系列を始めることが「できる」、あるいは「できるだろう」、そして、そのうちに含まれていることだが、私は未来を見通したり、過去を振り返ったりすることができ、私の時間的存在の地平のなかへ、それをあらわにしつつ入り込んで行くことができる——このような可能性のすべてが、自分固有で本質的なものとして私自身に属することは明らかである。

しかし、まさに原本的《オリジナル》な自己経験を基盤にしながら、経験されたもの自身を展開して、それをここで考えられる最も根源的な、それ自身が与えられることへともたらす時には、この解明はいつも原本的《オリジナル》である。このような解明のうちには、先にすでに論じた制約のもとにではあるが、(「我あり」という)超越論的な自己知覚のもつ、疑いの余地がない明証が広がっている。自己解明を通じて、このように端的に疑いの余地がない明証をもって現れるのは、普遍的な構造形式のみであるが、このような構造形式において、私は我《エゴ》としてあり、それゆえ、本質的な普遍性をもって存在し、そのようにしてのみ存在することができる。この形式のうちには、およそ或る普遍的な生という形式で存在する仕方、普遍的な時間の内部で自分固有の体験が時間的なものとして絶えず構成されるという形式で存在する仕方、等々が(これだけではないが)含まれている。とすると、独特の意味で自我論的な所与の解明はすべて、未規定的ではあるが規定可能な普遍性において、この疑いの余地がない普遍的なアプリオリに関与している。ちょうど、例えば、自分固有な過ぎ去ったものを再び想起する際の明証が、不完全ではあれ、或るそれなりの明証であるように。このように疑いの余地がないことに関与しているという事態は、それ自身疑いの余地がない、次の形式的法則において示される。それは、仮象があればあるだけ存在がある(存在は仮象によってただ覆い隠され、歪められているだけだ)――それゆえ、この存在が問われ、それが求められ、それが初めに粗描された道において見出される

（たとえその十分に規定された内容へ接近するだけだとしても）、という法則である。この内容そのものは、繰り返しあらゆる部分と契機について確固として同じものとして捉えることができるという意味をもっており、それは一つのアプリオリに通用する「理念《イデー》」である。

第四七節　自分固有のものの豊かなモナド的な具体性には、志向的対象もまた属している。内在的超越と原初的な世界

我《エゴ》としての私にとって固有で本質的なものが、単に体験の流れの顕在性と潜在性のみならず、構成に関わる体系や構成された統一体――後者は、或る制約においてに過ぎないが――にまで広がっていることは、明らかである。そして、このことは特別の重要性をもっている。つまり、構成された統一体が直接に具体的な一致という仕方で原本《オリジナル》に関わる構成そのものから不可分であるとすると、そして、そうである限り、構成する知覚の働きと同様に、知覚された存在者もまた、私の具体的な自分固有のものに属することになる。

このことは、感性的所与だけに当てはまるのではない。確かに感性的所与は、それを

単なる感覚与件と解するならば、私の我《エゴ》の枠内で、私自身に固有なものとして構成される。しかし、上のことはむしろ、私にとって同様に自分固有なものである習慣についても、すなわち、自分固有の創設する作用から出発して、持続的な確信として構成される習慣についても、当てはまる。この習慣において、私自身は持続的に確信している者となり、それによって、私は(単なる自我の極という特別な意味において)極となった自我として、自我に特有な規定を得ることになる。

ところが他方で、ここには「超越的な対象」、例えば「外的」な感性の対象、つまり感性的な現出する仕方の多様性が統一されたものもまた属している。もっともそれは、私の自分固有の感性によって、現出する空間的対象として現にその原本《オリジナル》が構成されるもの、あるいは私の自分固有の把握の働きによって、これらの働きから具体的に不可分のものとして構成されるものを、私が我《エゴ》として純粋に考察する場合のことである。ここで直ちに気付くのは、この場面には、以前に異なるもの《フレムト》の意味的な構成要素を遮断することによって還元された世界の全体が属しており、したがって、正しくは、この世界は我《エゴ》の積極的に定義された具体的な内実に、それに固有なものとして数え入れられるべきだ、ということである。私たちが「感情移入」すなわち他者《フレムト》経験の志向的な働きを考慮に入れないようにすると、その時も、私たちは一つの自然と一つの身体をもつが、これらは、確かに体験の流れに対して超越的な、空間的対象の統一体として構成されるが、それは可能的経験の対象がもつ単なる多様性としてである。そこでは、この経験は純粋に私に固有な生であり、そのうちで経験されたものは、この生とその潜在性から不可分な綜合的統一体にほかならない。

このようにして、次のことが明らかとなる。この具体的に捉えられた我《エゴ》が自分固有のものの全体《ウニヴェルスム》をもっており、これは、疑いの余地がない我あり《エゴ・スム》を疑いの余地がない仕方で解明することによって、あるいは少なくとも、疑いの余地がない形式を粗描するように原本的《オリジナル》に解明することによってあらわにされるということ、これである。この(原本的《オリジナル》な自己解明によってあらわにされる)「原本的《オリジナル》な領分」のうちに私たちは、「超越的な世界」をも見出す。この世界は、(いま優先された積極的な意味で)自分固有のものへの還元によって、「客観的な世界」という志向的現象に基づいて現れてくる。しかし、それに対応して「超越的」なものとして浮かんでくる仮象、想像、「純粋な」可能性、形相的な対象といったものもすべて、それらがただこれまで述べた自分固有のものへの還元をこうむる限り、ともにこの場に属する。——それは、私自身に固有で本質的なもの、私が私自身で豊かな具体性においてあるところのもの、あるいはこう言ってもよいが、このモナドとしてあるところのもの、これらのものが属する場である。

第四八節　客観的世界の超越は、原初的な超越に対して言えば、高次の超越である

この自分固有で本質的なものが、私にとってそもそも、何かそれとは別のものと対比されることができるということ。あるいは、現にこの私が、私ではない何か別のもの（私にとって異なるもの《フレムト》）を意識することができるようになることができるということ。これらのことはそれゆえ、私に固有な意識の仕方のすべてが、私の自己意識という様態にあるものの範囲に属しているわけではない、ということを前提している。現実の存在は根源的には経験の調和を通じて構成されるのであるから、自己経験とその調和の体系に対立するものとして――それゆえ、自分固有なものの内部での自己解明に対立するものとして――、なお別の経験の集まりが、私に固有な自己がもつ調和の体系のうちに存在しなければならない。そこで、いまや次のことが問題となる。それは、我《エゴ》がそのような新しい種類の志向性を自らのうちにもち、或る存在的意味をもって、常に新たにそうした志向性を形成することができ、そのような意味によって自分固有の存在をまったく超越することになる、ということはどのように理解したらいいのか。私にとって現実に存在するものが、しかも、単に何らかの仕方で思念されたというだけでなく、私のうちで調和的に確認さ

れたものとして存在するものが、いかにして私の構成的な綜合の言わば交差点たるにとどまらず、それ以上のものとなることができるのか。それゆえ、それはこの私の綜合から具体的に不可分のものとして、私に固有なものと呼ぶべきであろうか。〔こうしたことが問題になる。〕しかし、本質的にはそのような意識の仕方のすべてが、それをあらわにする可能性や、思念されたものを満たしたり期待外れにしたりする経験へと移行させる可能性をもっていること。また、意識の発生から言えば、そのような意識の仕方が、同一のまたは類似の思念されたものについてのそうした経験を遡って指示しているということ。これらのことが真だとすれば、異なる《フレムト》ものを曖昧で空虚に思念するという可能性からしてすでに、問題を含んでいることになる。

異なる《フレムト》もの（非—自我）の経験という事実は、客観的世界とそのうちでの他者（別の自我という形での非—自我）の経験として、現にある。このような経験に対して自分固有のものへの還元を行ったが、それがもたらした重要な成果は、その還元が経験の志向的な下層を際立たせ、そこでは還元された世界が内在的な超越[24]であることが示される、ということであった。それは、私には異なる《フレムト》世界、つまり、私の具体的に固有な自我にとって外的な（自然的—空間的な意味において外的ということではまったくないが）世界が構成される時の秩序から言えば、それ自体で最初の超越、つまり、「原初的な《プリモルディアル》[25]」超越する部分である。

（または「世界」）である。これは、私の潜在性からなる無限の体系の綜合的統一として理念的《イデアール》な性格をもつにもかかわらず、やはり、我《エゴ》としての私の固有な具体的存在を規定する部分である。

それでは、より高次に基づけられた段階において、構成という観点からすると二次的な、本来の意味で客観的な超越という意味を与えることが、しかも経験として意味を与えることが、いかにして生じるのか。いまやこのことを理解できるようにしなければならない。ここで問題になっているのは、時間的に経過する発生をあらわにすることではなく、静態的な分析である。客観的な世界は、私にとってつねにすでに出来上がったものとしてそこにある。それは、私の生き生きと流れ行く客観的な経験に与えられたものであるとともに、今ではもはや経験されていないものについても、習慣的に効力を持ち続けている。重要なのは、この経験そのものへ問いを向け、その意味を与える仕方を志向的にあらわにすることである。すなわち、それがいかにして経験として現れ、或る展開可能な自分固有の本質をもって現実に存在するものに対する明証として確認されることができるのか。しかも、意味と確認を私に固有なもののうちでのみ得ることができるにもかかわらず、私に固有なものではないか、または構成要素として私に固有なものに付け加わるわけではない、そのようなものに対する明証として確認されることができるのか。これらのことを志向的にあらわにすることが重要なのである。

第四九節　他者経験を志向的に解明する歩みを粗描する

客観的世界がもつ存在の意味は、私の原初的世界という基礎のうえに、多くの段階を経て構成される。最初の段階として際立てられるのは、私の具体的な固有存在から(原初的な我《エゴ》としての私から)は排除されていた我《エゴ》である「他者」、あるいは「他者一般」の構成という段階である。それと一つになって、しかもそれによって動機づけられて、私の原初的な「世界」のうえに一般的な意味の積み重ねが行われ、それによってこの「世界」は或る特定の「客観的」な世界「の」現象、すなわち私自身をも含めて万人にとって同一の世界「の」現象となるのである。それゆえ、それ自体で最初の異なるもの《フレムト》(最初の「非—自我」)は他の自我である。そして、これが構成という観点からすると、異なる《フレムト》ものの新しい無限の領分を可能にする。つまり、客観的な自然を可能にするとともに、あらゆる他者とともに私自身もそこに属する、およそ客観的な世界を可能にするのである。この「純粋な」他者(これはまだ世界内部的な意味を持っていない)から出発して登っていく構成の本質には、私にとっての「他者」が孤立したままではないこと、むしろ(もちろん私に固有なものの領分においてであるが)、私自身をも含むような自我の共同体が互いとともにそして互いに対して存在する自我達からなる共同体として構成されるということ、そして、最終的にはモナドの共同体が、しかも、(その共同化されて構成する志向性において)同一の世界を構成するようなモナドの共同体が構成されるということ、これらのことが含まれている。いまや、このような世界のなかですべての自我がもう一度現れることになるが、それは「人間」(世界客観としての、心理物理的な人間)という意味をもって(自我を)客観化する捉え方をするからである。

超越論的な間主観性は、このような共同化によって間主観的に固有な領分をもつことになり、そこにおいて客観的な世界を間主観的に構成することになる。こうして超越論的な間主観性は、超越論的な「私たち」として、この世界に対する主観であるとともに、人間世界に対する主観でもあるが、このような形でそれは自分自身を客観的に実現したことになる。(26) しかし、ここで再び、間主観的な固有領分と客観的な世界とが区別されるならば、我《エゴ》としての私が私に固有で本質的な源泉から構成された間主観性という基盤のうえに立つ限り、やはり私にとっては、客観的な世界は間主観的に固有で本質的なものをもはや本来的な意味では超越するものではなく、それに「内在的な」超越として内属している、ということが認識されねばならない。もっと正確に言えば、理念《イデー》としての客観的世界とは、観念的《イデエル》(志向対象的)につねに調和的に遂行されるべき、そして遂行されてきた間主観的経験——間主観的に共同体化された経験——の理念的《イデアール》な相関者としての客観的世界のことであるが、このような世界は本質からして無限の開けという理念的《イデアール》な性格において構成された間主観性へと関係している。そして、この間主観性に属する個々の主観は、互いに対応し連関している構成的体系を備えている。したがって、客観的な世界の構成には、本質からして諸モナドの間の「調和」[27]が属しており、まさに個々のモナドにおける個別の構成の調和、それゆえまた、個々に経過する発生における調和的な構成が属している。しかしこれは、モナド的調和という形而上学的な構築〔でっち上げ[28]〕として考えられているのではないし、モナドそのものも形而上学的な発明や仮説なのではない。むしろこれらは、私たちにとって現存している経験世界の事実のうちに含まれている志向的内実を解明することに属している。ここで再び注意されねばならないのは、すでにたびたび強調してきたように、ここで理念と呼ばれたものは想像や「かのように」という様態のものではなく、構成という観点からするとあらゆる客観的な経験と一体になって生じたもので、それを正当化し、学問的に能動的に形成する仕方をもっている、ということである。

いま述べてきたことは、志向的解明の段階的歩みへの見通しであるが、もし超越論的な問題を唯一考えられる意味において解決し、現象学の超越論的な観念論を実際に完成すべきであるとすれば、このような志向的解明をなし遂げなければならない。

第五〇節　他者経験は、「共現前」(類比による統覚)として、間接的な志向性をもつ

原初的な領分の定義と分節化という、超越論的には非常に重要な前段階がすでに片づいてしまったので、次には、客観的な世界の構成に向かう前述の歩みのうちの第一の歩み、すなわち「他者」への歩みに進むことになるが、ここで本来の、しかも実際に少なからぬ困難とぶつかることになる。その困難とは、他者がまだ人間という意味を獲得していない意味での他者経験を、超越論的に解明することにある。

経験というのは原本的《オリジナル》な意識であり、実際に他の人間を経験する場合、他者自身が私たちの前に「ありありと〔身体をもって〕」そこに立っている、と私たちはふつう言う。他方、ここで「ありありと」と言っても、それは、そのとき本来的には他の自我そのものも、彼の体験も、彼がもつ現象も、彼に固有な本質そのものに属するなにものも根源的には与えられてはいない、ということを直ちに認めないわけにはいかない。もしそれが実際にそうだったとしたら、つまり、もし他者に固有で本質的なものが直接的な仕方で近づけるものとなっていたとしたら、それは私に固有で本質的なものの単なる契機

に過ぎないことになり、結局、彼自身と私自身とは一つであったことになってしまおう。彼の身体《ライプ》についても、もしそれが純粋に私の現実的および可能的経験において構成される統一体であり、もっぱら私の感性の形成体として私の原初的領分に属するような「物体《ケルパー》」に過ぎなかったなら、同様なことになってしまうだろう。つまり、ここには志向性の或る種の間接性がなければならない。しかも、確かにいずれにせよ絶えず根底にある「原初的世界」という下層から出発して、「ともにそこに」ということを表示しながらも、やはりそれ自身そこにではなく、決して「それ自身そこに」とはなりえないような、或る間接性がなければならない。したがって、ここで問題なのは、一種の共に現前させることであり、一種の「共現前《アプレゼンタチオン》」である。

このような間接性はすでに外的経験においても見られるものであり、或る事物の本来的に見られた前面が、絶えず必然的に事物の背面を共に現前させており、そのさまざまな程度で規定された内実を粗描しているという場合がそうである。しかし他方ではまさに、すでに原初的な自然をともに構成しているこの種の共現前は、いま〔他者経験の場面で〕問題にしているものではありえない。というのも、その〔外的経験の〕場合にはそれ相応に充足させる現前《プレゼンタチオン》によって確認する〔背面が前面となる〕可能性が属しているのに対して、他者の原本的《オリジナル》な領分へと導くはずの、いま問題になっている共現前にとっては、このようなことはアプリオリに排除されざるをえないからである。

　他者の固有領分の共現前、したがって「他者」という意味が、どのようにして私の固有領分のうちで動機づけられることができるのか。しかも、それが事実、共現前（ともに現前するものとして意識させること）という言葉がすでに暗示しているように、どのようにしてあくまでも経験として動機づけられることができるのか。どんな準現在させる〔ありありと思い浮かべる〕仕方[29]でもそれが可能というわけではない。それが可能だとすれば、それは現在させること[30]、すなわち本来的にそれ自身を与えることと絡み合っている場合のみである。これらによって要求されているものとしてのみ、それは共現前という性格を持つことができる。それはちょうど、事物経験において、知覚において〈そこにあるもの〉が〈共にそこにあるもの〉[31]を動機づけているのと同様である。

　ところで、本来的知覚の基盤を提供してくれるのは、前述のような区分をもった原初的に還元された世界の知覚であるが、これは我《エゴ》の絶えざる自己知覚という普遍的な枠に組み込まれて連続的に進行する知覚である。いまや問われるべきは、何がこの点において特に考察されねばならないか、動機づけはどのように経過するのか、事実として成立することになる共現前のかなり複雑な志向的働きはいかにしてあらわにされるのか、これらのことである。

最初の手がかりを与えてくれるのは、他者、すなわち他の自我という言葉の意味である。他者《アルター》とは、他我《アルター・エゴ》を意味している。そして、ここで含意されている我《エゴ》は、私の原初的な固有領分の内部で構成された私自身であり、しかも、唯一性をもった心理物理的統一体として（原初的な人間として）、「人格的」自我として、私の唯一の身体において直接支配しつつ、また直接的に原初的世界に作用を及ぼしている私自身である。それはまた、具体的な志向的生の主体であり、自分自身と世界とに関わる心的領分の主体である。これらすべてが、しかも経験する生において生じてくる類型化において、見慣れた経過と複合の形式とともに、私たちのこれからの研究に役立つことになる。その我《エゴ》がどのように高度に複雑な志向性によって構成されているか、を私たちはもちろんまだ研究していない——それは広大な研究の一つの特有の層をなしているが、私たちはまだそこに立ち入っていないし、またこれまでは立ち入ることができなかった。

ここで次のように仮定してみよう。私たちの知覚の場に他の人間が一人現れる。このことを原初的に還元して言えば、私の原初的自然の知覚の場に或る物体《ケルパー》が現れ、それは原初的な物体としてもちろん、単に私自身を規定するものの部分（「内在的超越」）にすぎない。この自然と世界のうちでは、私の身体《ライプ》が、身体（機能している器官）として根源的に構成されている、また構成されることができる唯一の物体《ケルパー》である。だから、そこにある物体〔他の人間〕はなるほど身体として捉えられているが、それはこの〔身体という〕意味を、私の身体の把握からの転移によって得るのでなければならない。しかもそれは、それ特有の身体性という述語を現に直接的に、それゆえ原初的に実証すること、すなわち本来的な知覚によって実証することは排除するような仕方においてである。私の原初的領分の内部での、あそこにある物体を私の物体と結び付ける類似性のみが、前者を他の〔他人の〕身体として「類比によって」捉えるように動機づけるための基礎を与えることができるということは、初めから明らかである。

　それゆえ、それは或る種の類似にもとづく統覚という把握の働きであろうが、だからと言って、それは類推〔類比推理〕[32]なのではない。ここで言う統覚[33]とは推論ではないし、思考作用でもない。私たちが眼前に与えられた対象を、例えば眼前に与えられた日常世界をただちに把捉し、確認しつつ把握し、一目でその地平を伴った意味を理解するのは、この統覚においてである。そして、このような統覚はすべて、類似の意味をもった或る対象が初めて構成された「原創設」の場面を志向的に遡って指示している。この世界の内の、私たちにとって未知の事物ですら、一般的に言えば、その類型については既知のものである。私たちは、たとえここにあるこの物ではないにしても、それと同様のものを以前にすでに見たことがある。こうして日常の経験はすべて、類似の意味をもつものとして対象を予測的に捉えるという仕方で、根源的に創設された対象的な意味を新しい場面へと類比を通じて転移するということを含んでいる。眼前に与えられたものがあれば、それだけそのような転移もあることになる。その際、経験の進行のなかで現に新しく意味を際立たせるものは、再創設するよう機能し、より豊かな意味をもって眼前に与えられたものを基づけることになろう。すでに物が見えている子供は、例えばハサミの使い方を初めて理解した後では、一目で直ちにハサミをハサミとして見るようになる。しかし、それはもちろん顕在的な再生産や比較によってでもなければ、或る推論を行うことによってでもない。とは言いながら、では、どのようにして統覚が生じるのか、さらに、どのようにして統覚はその意味と意味の地平を通じてそれ自身でその発生を志向的に遡って指示しているのか、については非常に多様である。対象的意味の段階形成には、統覚の段階形成が対応している。結局、私たちはいつも二種類の統覚の根本的な区別に戻って来ることになる。一つには、その発生からして純粋に原初的領分に属するような統覚と、もう一つには、他我《アルター・エゴ》という意味とともに現れ、より高次の発生のおかげで、この意味のうえに新しい意味を積み重ねるような統覚、という二つの統覚の区別である。

第五一節　他者経験には、連合によって構成するものとして、「対になる」という契機が含まれている

私の原初的な領分の内部で、一つの物体が私固有の身体《ライプ》＝物体《ケルパー》[34]に類似するものとして、〔私の身体と〕同様に身体として捉えられるのは、類比による把握によってであった。ここでこの類比による把握に特有なことを特徴づけようとする時、まず最初に出会うのは、ここでは根源的に創設する原本《オリジナル》が常に生き生きと現在しており、それゆえ原創設そのものが常に生き生きと働いたままだ、という特性である。そして第二に出会うのは、この類比によって共現前するものは決して現実には現前に至ることができず、それゆえ、本来的な知覚に至ることはできないという、すでにその必然性において知られるようになった特性である。第一の特性と密接に関連することだが、我《エゴ》と他我《アルター・エゴ》は常にそして必然的に、根源的な「対になる《ペア》」[35]という仕方で与えられる。

対になること、すなわち対をなして現れること、さらにはグループをなして、多数をなして現れることは、超越論的な領分に（そして、それと平行して、志向的―心理学的な領分に）見られる普遍的な現象である。そして、すぐに付け加えるべきだが、対になることが顕在的である限り、類比による把握というあの奇妙な原創設が広がっていて、

生き生きと働いている。この原創設をこれまでは他者経験の最初の特性として際立てたが、したがって、それは他者経験にのみもっぱら特有なものであるわけではない。

ここではまず、一般に「対になる」ということ(あるいは「多の形成」)に本質的な特徴を明らかにしておこう。「対になる」とは、「同じものとして捉える(＝同定)」という受動的綜合に対立させて、「連合」と呼ぶ、受動的綜合の一つの根源的形式である。対になる連合に特徴的なのは、もっとも単純な例で言えば、次のことである。二つの所与が意識の統一において他から際立って直観的に与えられ、そのことに基づいて、本質上すでに純粋な受動性において、それゆえ、注意が向けられていようがいまいが、それらが他と区別されて現出するものとして、類似性の統一を現象学的に基礎づけており、それゆえまさに、二つの所与は常に対として構成される、と。そのような所与が二つ以上であれば、個々の対に基づく現象的に統一的なグループあるいは多が構成される。より詳しく分析すると、そこには本質的に、或る志向的な干渉(越境)があるのを見出す。それは、対になるものが同時にしかも際立てられて意識されるやいなや、直ちに発生的に現れる。もっと詳しく言えば、それは対象的な意味が交互に生き生きと呼び覚まし合うこと、交互に押しかぶせながら覆い合うことである。この覆い合いは、全体的なこともあれば部分的なこともある。それは、「同等性」を極限的な場合として、そのつどの段階的な差異をもつ。その働きの結果、対をなすものにおいて、意味の転移が行われる。すなわち、経験されたもののなかで実現された意味契機が、このような転移を「それとは違って」という意識において破棄することがない限り、或るものを別のものの意味に即して把握するということが行われる。

いまここで特に取り組んでいるのは、我《エゴ》による他我《アルター・エゴ》の連合と統覚という場面であるが、ここでは、他者が私の知覚の場に現れた時に初めて、対になるということが生じる。原初的な心理物理的自我としての私は、自分に注意を向けようと向けまいと、自分を何らかの活動に向けようと向けまいと、私の原初的な知覚の場において絶えず際立てられている。特に常にそこにあり感性的に際立っているのは私の身体物体《ライプケルパー》であるが、しかもそれは同様に原初的な根源性においては、身体性という特別な意味を備えている。そこでいま私の原初的な領分のうちに一つの物体が際立って現れ、それが私の身体と似ている、すなわち、それが私の身体と現象的に対になるに違いないという状態である場合、その物体は意味が押しかぶせられることによって、直ちに私の身体から身体という意味を受け取るに違いない。このことはすぐにも明らかであるように思われる。しかし、この統覚は実際にそれほど透明なものであろうか。それは、何らかの他の統覚と同様に、転移による端的な統覚なのであろうか。何が、その身体を第二の自分の身体とするのでのはなく、異なる〔他者の〕身体《フレムト》とするのであろうか。明らかにここで考察されるべきなのは、問題になっている統覚の第二の根本性格と先ほど呼ばれたものであり、すなわち、特別な身体性という受け取られた意味が私の原初的な領分において原本的《オリジナル》に実現されることは決してありえないということである。

第五二節　共現前は、独自の確認する様式をもった経験である

しかし、いまや困難な問題が現れてくる。それは、そのような統覚はいかにして可能であるか、どうしてむしろ直ちに破棄されることにならないのか、ということを理解できるようにすることである。事実が教えてくれるように、押しかぶせられた意味がその物体に備わる心的規定の内容として、存在の有効性をもって受け取られるにもかかわらず、他方で、このような心的規定は(それのみが意のままになる)原初的な領分という原本的《オリジナル》な場面でそれ自身として示されることは決してありえない、ということがどうして生じるのだろうか。

志向性に関わる状況をもっと詳しく見ていこう。共現前《アプレゼンタチオン》は、他者がもつもので、原本的《オリジナル》には近づきえないものを与えてくれるが、それは(私固有のものとして与えられ

た自然の一部である「彼〔他者〕の」もつ物体が〕原本《オリジナル》的に現前《プレゼンタチオン》することと絡み合っている。しかし、この絡み合いのなかで、異なる《フレムト》身体物体とそれを支配している異なる《フレムト》自我とは、統一的な超越する経験という仕方で与えられている。経験はすべて、共現前された地平を充足し確認する経験の進行を目指しており、調和的な経験の進行がもつ潜在的に確認可能な綜合を含んでおり、しかも、それを非直観的な予測という形式において含んでいる。他者《フレムト》経験に関して、次のことは明らかである。すなわち、それを充足し確認していく歩みは、新たな共現前が綜合的かつ調和的に経過することによってのみ生じることができるということ、しかもそれは、これら共現前は絶えずそれに付随しながら変動する固有なものの現前との動機づけ連関に、その存在の有効性を負っている、その仕方によって生じることができるということ、こうしたことである。

　こういったことを明らかにするための暗示的な手がかりとしては、次の命題で十分であろう。経験された異なる《フレムト》〔他者の〕身体が継続して現実に身体として示されるのは、その変化はしても常に調和する「振る舞い」においてのみであるが、その際、この「振る舞い」は心的なものを共現前によって指示する物的側面を持ち、いまやこの心的なものが原本《オリジナル》的な経験において充足されながら現れるはずである、と。しかも、振る舞いが或る局面から別の局面へ絶えず変化するなかで、そのようなことが起こる。それゆえ、その身体が振る舞いと一致しない時には、それは仮象の身体〔身体に見えただけのもの〕として経験されることになる。

「異なるもの《フレムト》〔他者〕[36]」の存在の性格は、原本的《オリジナル》には近づきえないものが確認可能な近づきうるものとなる、上のような仕方に基づいている。いつか原本《オリジナル》として現前し確認できるものは私自身であるか、固有なものとして私自身に属している。それに対して、原初的には充足されえない経験、原本《オリジナル》としてそれ自身を与えることはないが、指示されたものを一貫して確認するような経験、このように基づけられた仕方で経験されるもの、それが「異なるもの《フレムト》〔他者〕」なのである。それゆえ、「異なるもの《フレムト》〔他者〕」は、自分固有のものの類似物《アナロゴン》としてのみ考えることができる。それは必然的に、その意味の構成のゆえに、私の最初に客観化された自我と私の原初的世界との「志向的変様[37]」として現れる。つまり、他者は、現象学的には私の自己の「変様」として現れるのだ〔私の自己が「私の」というこの性格を受け取る[38]のは、ここで対になることが必然的に現れて、対比が行われることによってである〕。したがって、類比による変様において、この自我の具体性にはまずその原初的世界として、次に十分に具体的な我《エゴ》として属するものすべてが共現前する、ということは明らかである。言い換えれば、共現前によって、私のモナドにおいて別のモナドが構成されるのである。

教えられるところの多い一つの比較を引き合いに出すならば、私固有のものの内部においても、しかもその生き生きした現在の領分の内部においても、今の場合と同じように、私の過去は想起によってのみ与えられる。それは想起において、過ぎ去った現在として、すなわち〔現在の〕志向的変様として特徴づけられる。過去を現在の変様として経験的に確認することは必然的に再想起という調和的綜合において行われ、そのようにしてのみ、過去は過去として確認される。想起によって与えられる私の過去が私の生き生きした現在をその変様として超越しているのと類比的に、共現前する異なる存在は〔原初的に固有なものといういまの純粋な最低の意味において〕自分固有の存在を超越している。(39) どちらの場合でも、変様というのは意味の契機として意味そのもののうちに含まれており、変様はそれを構成する志向性の相関者なのである。私の生き生きした現在において、すなわち、「内的知覚」の場面において、私の過去がこの現在のうちに現れてくる調和的な想起によって構成されるのと同様に、私の原初的な領分において、そこに現れその内容によって動機づけられた共現前によって、異なる我《エゴ》が私の我《エゴ》のうちで構成されることが可能となる。それゆえ、新しい種類の変様体を相関者としてもつような、新しい類型の準現在させる働きにおいて構成されるわけである。もちろん、私が私固有な領分における準現在させる働きを考察している限り、そこに属し中心となっている自我は一つの同一的な自我そのものである。それに対し、あらゆる異なるもの〔他者《フレムト》〕には、それがその必然的にともに属し共現前する具体性の地平を伴っている限り、共現前する自我が属している。しかし、それはもはや私自身ではなく、私の変様体であり、他の自我なのである。

他者経験の構成的働き、つまり連合による構成の働きの完全な解明にとって、〔これまで論じたような〕他者経験のノエマ的な連関の分析がどうしても必要であるのだが、私たちの目的にとって十分な分析は、これまで指摘してきたことではまだ完結していない。これまで獲得して来た認識から出発して、客観的世界の超越論的な構成がもつ可能性と射程が私たちにとって明証的になり、したがって超越論的―現象学的な観念論がまったく透明なものとなるようにするには、〔以下に述べるような〕一つの補足を必要としている。

第五三節　原初的領分がもつ潜在性と、それが他者の統覚において果たす構成的な機能

私の物体的な身体は、私の原初的領分において、自分自身に振り返って関係するものとして、中心的な「ここ」という与えられ方をもつ。それに対して、あらゆるその他の

物体と「他者《アンデレ》」の物体〔身体〕は、「そこ」という様態をもっている。そことういこの方位づけ(40)は、私の運動感覚《キネステーゼ》によって自由な変更をこうむる。その際、私の原初的領分において、この方位づけの変更によって一つの空間的自然が構成される。しかも、それは、知覚するものとして機能している私の身体性への、志向的な関係づけにおいて構成される。いまや私の物体的身体が、他の物体と同様に空間のうちに存在し、他の物体と同様に動く自然物体として捉えられており、また捉えられることが可能となるが(41)、このことは、次のような言葉で表現される可能性と明らかに連関している。それは、私が運動感覚《キネステーゼ》とくに歩き回るという運動感覚《キネステーゼ》の自由な変更によって自分の位置を変えて、どのそこであれここに変える、すなわち、どの空間的位置をも身体的に占めることができるようにする、そういう可能性である。そこには次のことが含まれている。つまり、私はそこから出発して知覚しつつ同じ事物を、そこにいる自己に属するような、それに応じた他の現出の仕方においてのみ見ることになるだろう。あるいは、いずれの事物にも構成の観点からすれば、単に私の瞬間的な「ここから」という現出の体系が属しているばかりでなく、確かに、私をそこにおくような位置の変更に対応する現出の体系も属している、ということである。そして、すべてのそこについても同様である。私の自然が原初的に構成される際に、それがこのようなそれ自身が連合的と特徴づけられる連関をなすこと、あるいはむしろ共に一体をなしていることは、他者経験の連合的働きの解明にとっても、まったく本質的に考慮されるべきではないだろうか。と言っても、私は他者を単純に私自身の複製と捉えているわけではない。それゆえ、私固有の領分ないし同様に固有の領分をもったもの、なかでも、私のここからして私固有のものである空間的な現出の仕方をもったものとしてではなく、詳しく見れば、もし私がそこに行きそこにいたならば、私がそれ自身を同等にもつであろうような、そうした現出の仕方をもったものとして捉えている。さらに、他者は一つの原初的な世界、すなわち一つのモナドをもつ「自我」として共現前によって統覚されており、彼の世界においては、彼の身体が絶対的なここという様態において、すなわちまさに彼の支配にとっての機能の中心として根源的に構成され、経験されている。それゆえ、私のモナド的領分のなかでそこという様態において現れ、異なる身体物体として、他《アルター・エゴ》我の身体として統覚される物体《フレムト》は、このような共現前によって、他者がそのモナド的領分においてここという様態において経験するのと「同じ」物体を指示している。しかし、このことは、具体的には、こうした与えられ方によって構成される志向性の全体について言えることである。

第五四節　他者経験において共現前がもつ意味を解明する

たったいま指摘されたことは明らかに、「他者《アンデレ》」という様態を構成する連合の過程を示唆している。それは、決して直接的なものではない。私の原初的周囲世界に属する物体(後には他者の身体となる物体)は、私にとってそこという様態における物体である。それが現出する仕方は、私の身体がそのつど現実に(ここという様態において)持っている現出の仕方と、直接的な連合において対になるというわけではない。そうではなく、それが現出する仕方は、私の身体が空間における物体として構成される際の体系に属する現出と、直接に類似した別の現出を、再生的に呼び起こす。それは、「もし私がそこにいたなら」という、私の物体的な現れを思い出させる。と言っても、その際、この呼び起こしは想起的直観となるのではなく、(42)対になることが生じる。ここで対になるのは、私の物体〔身体〕について初めに呼び起こされた現出の仕方だけでなく、この現出の仕方とそれがもつ多様な他の親しまれた現出の仕方との綜合的統一体として、この物体〔身体〕自身もである。このようにして類似による統覚が可能となり、基礎づけられ、それによってそこにある外的な物体が、私固有の身体から類比的に、身体という意味を受け取ることになる。さらに、私の原初的世界との類比によって、他の「世界」をもった身体という意味を受け取ることになる。

したがって、連合的に生ずるあらゆる統覚と同様に、この統覚の一般的な様式は、次のように記述される。統覚を基づけている複数の所与が連合的に覆い合うことによって、より高次の連合が行われる、と。一方の所与が或る志向的対象――それは、多様な現出が連合的に呼び起こされる体系を表す指標であり、それは、この多様な現出のうちで自らを示すことになる――の現出する仕方の一つであるならば、他方の所与は同様に補足されて何かの、しかも或る類似した対象の現出となる。しかしそれは、あたかもこの第二の所与に押しかぶせられた統一と多様とが、単にここにある別のもの〔第一の所与〕の現出の仕方によって第二の所与を補足するかのように、行われるのではない。むしろ、類比によって捉えられた対象、ないしそれが指示している現出体系が、まさに類比によって、この体系全体をともに呼び起こした類似の現出に適合しているのである。連合的に対になることによって生じる、距離をおいた押しかぶせは同時に、二つのものの融合であり、なかでも、互いに相いれないという事態にならない限り、一つのものの意味が他方のものの意味と類似なものとされること、同等なものとされることである。

さて、他我《アルター・エゴ》の統覚という、私たちが論じていた問題に戻るならば、私の原初的な「周囲世界」のそこにある「物体」の側から共現前するものは、私の心理的なものではなく、また、およそ私固有のものの領分に由来するものではない、ということはいまや言うまでもない。私は身体をもってここにおり、私の周囲に方位づけられた原初的な

「世界」の中心である。それとともに、モナドという原初的に私固有のものの全体はことという内実を持ち、いずれかのそことか特定のそことかいった内実を持たない。つまり、「私はできる、そして、私はする」ということが何らかの仕方で始められ、変化するなかで現れるようなそこという内実を持つことはないのである。[43] 一方〔ここ〕と他方〔そこ〕は互いに排除し合い、同時に成立できない。しかし、そこにある異なる《フレムト》物体〔他者の身体〕がここにある私の身体と対になって連合することによって、しかも、そこの物体は知覚において与えられるのであるから、共に現にいる我《エゴ》の経験という一つの共現前の核となることによって、このもう一つの我《エゴ》が、意味を与える連合の歩み全体によって必然的に、(「ちょうど私がそこにいる時のように[44]」)そこという様態においていま共に現にいる我《エゴ》として共現前しなければならない。しかし、絶えざる自己知覚において与えられている私固有の我《エゴ》は、いま現実には、ここという内実をもってである。それゆえ、〔そこという様態においていま共に現にいる〕前述の我《エゴ》は、他の我《エゴ》として共現前する我《エゴ》である。共存という仕方で原初的には両立しないことが両立するようになるのはどうしてかと言えば、それは、私の原初的な我《エゴ》が他なる我《エゴ》を構成するのは共現前による統覚を通じてであるが、この統覚はその独自性からして決して現前による充足を要求しないし、またそれを許容しないような統覚だからである。

そのような異なるものの共現前《フレムト》が、現実的な連合の絶えざる進行において常に新たな共現前による内実を提供し、それゆえ他の我《エゴ》の変化する内容を或る程度は知らせることになるのはどのようにしてか。他方ではまた、絶えざる現前との絡み合いと、予期してそれに向けられた連合的な要求とによって、一貫した確認が可能となるのはどのようにしてか。こういった問題もいまや容易に理解できる。最初の規定された内実を与えるのは明らかに、他者の身体性とそのとりわけ身体的な振る舞いを理解することであるに違いない。それは、身体の一部を、触れたり当たったりするものとして機能している手、あるいは歩いているものとして機能している足、見ているものとして機能している眼、等々として理解することである。しかしその際、自我はさしあたりただこのように身体を支配しているものとしてのみ規定されており、また、私の視覚の原初的に感性的な経過の様式全体が自分の身体的支配からして類型的に知られた様式にいつも対応している限り、既知の仕方で絶えず確認されている。さらに進めば、当然のことであるが、「より高次の心的領域」の特定の内容についての「感情移入」に至ることになる。これら「心的」なものもまた、身体的に、身体性の外界的な振る舞いにおいて示唆されている。例えば、怒っているとか喜んでいるといったことの外的振る舞いとして――おそらく、類似の状況における私自身の振る舞いに基づいて理解されることになろう。高次の心的出来事は、それがどれほど多様でまたどれほど知られているとしても、これはこれでまた綜合的連関とその経過形式の独自の様式を持っており、これらが私にとって理解できるようになるのは、おおよその類型によって私に経験的に知られている私自身の生活様式に連合的な手がかりを得ることによってである。そのようにして他者の了解が成功する時にはいつも、それは新しい連合と新しい理解可能性として開けてくる。対になる連合は相互的であるから、逆にまた、自分の心的生活を〔他者との〕類似性と異質性によってあらわにし、新しく際立てることで新たな連合にとって実り豊かなものとすることになる。

第五五節　モナドの共同化と、客観性の最初の形式となる間主観的な自然

しかしながら、もっと重要なのは様々な段階において形成されていく共同性の解明である。この共同性は、他者経験によってまずは私と他者の間に作られる。すなわち、私の原初的な身体のうちでまた身体とともに支配している原初的な心理物理的自我である私と、共現前によって経験される他者との間に作り出される。そして次には、より具体的かつより根本的に考察すると、私のモナド的な我《エゴ》と他者のモナド的な我《エゴ》の間に作り出

される。

共同性という形式において最初に構成されるもので、あらゆるその他の間主観的な共同性の基礎となるのは、自然の共通性である。また、それと一体になって、自分固有《アイゲン》の心理物理的自我と、それと対をなす異なる《フレムト》身体、および異なる《フレムト》心理物理的自我との間の共通性である。

異なる《フレムト》主観性が、私の主観性の閉じられた固有で本質的なもののうちでの共現前によって、別の固有で本質的な主観性という意味と効力をもって現れてくるのであるから、ここには一見すると、どのようにして共同化が、しかもすでに最初の共同化が共同的な世界という形式において成立するのか、といった曖昧な問題が見出されるかも知れない。異なる《フレムト》〔他者の〕身体《ライプ》は、私の原初的な領分のなかに現出する時には、さしあたり、私の原初的自然のなかの物体《ケルパー》である。この原初的自然は私が綜合的統一体としてもつものであり、私に固有で本質的な規定要素として私自身から不可分なものである。ところが、その物体が共現前によって機能する時、それと一体になって私には「他者《アンデレ》」が意識され、しかも、さしあたり彼にとっては彼の「絶対的なここ」という現出の仕方において与えられているものである身体とともに意識される。しかし、そもそも私が、私の原初的領分においてそこという様態において現出するものと、彼にとって彼の原初的領分においてことという様態において現出するものとが、同じ物体だと語ることができるのはどうしてであろうか。二つの原初的領分、すなわち、我《エゴ》としての私にとって原本的《オリジナル》な私の原初的領分と、私にとって共現前している彼の原初的領分とは、一つの深淵によって隔てられており、私はそれを実際には跳び越えることができないのではなかろうか。なぜなら、それを跳び越えることは、私が他者について、共現前によるのではなく原本的《オリジナル》な経験を獲得することになってしまうだろうから。ところが、私たちが事実的な、それゆえいつも成立している他者経験に留まるならば、現に感性的に見られた物体は、単に他者を表す指標として経験されるというだけではなく、直ちに他者の身体として経験される、ということを見出す。この事実は一つの謎ではないか。

私の原本的《オリジナル》な領分のなかの物体と、他の我《エゴ》においてまったく別に構成された物体とを同じものとして捉えること、後者はそこで同じものとして捉えられて、他者の同じ身体と呼ばれるが、このように同じものとして捉えることはどのようにして生じるのか。それが成立することはそもそもどのようにして可能だろうか。こうした疑問にもかかわらず、このような謎は、二つの原本的《オリジナル》な領分がすでに区別されている時に初めて生じる──ところが、この区別はすでに、他者経験がその仕事を終えてしまったことを前提しているのだ。ここでは、時間的に進行する自己経験に基づいて、他者経験の時間的な発生が問われているのではないのだから、他者経験において現実に示すことができる志向性を正確に解明することと、そのうちに本質的に含まれている動機づけを立証することのみが、謎を解く鍵を与えてくれることは明らかである。

すでに一度述べたように、共現前《アプレゼンタチオン》はそれ自身、現前《プレゼンタチオン》からなる核を前提している。それは、現前すなわち本来的な知覚と連合によって結び付いて準現在させることであるが、また、共知覚の特別な機能において知覚と融合して準現在させることである。言い換えれば、現前《プレゼンタチオン》と共現前《アプレゼンタチオン》の両者は融合して、一つの知覚がもつ機能の共同性のうちで働いており、この知覚それ自身が同時に現前するとともに共現前しながら、それでも対象全体に対してはそれ自身がそこにあるという意識を形成している。それゆえ、ノエマ的に言えば、そのように現前しつつ共現前する知覚によって〈それ自身がそこに〉という様態をもって現れる対象のうちに、それについて本来的に知覚されているものと、知覚において本来的には知覚されていないが、それでもやはりともにそこにある過剰との間が区別される。それゆえ、このような類型の知覚はすべて超越的であり、〈それ自身がそこに〉という以上のもの、それがそのつど「現実に」現前するもの以上のものを措定する。ここには任意の外的知覚すべてが属しており、例えば家(その前面と背面)の知覚が属している。しかし実際には、現前するという語をもっと広い意味で理解しさえすれば、すべての知覚、さらにおよそすべての明証が、以上のことによって最も普遍的なものに即して記述されていることになる。

さて、以上の普遍的な認識を他者経験の場合に適用するなら、そこでは次のことに注意が払われねばならない。すなわち、他者経験において共現前することが可能なのは現前することを通じてのみであり、共現前は他者経験においても現前との機能的共同性においてのみ可能だ、ということに。しかし、そこには、現前するものが初めから、そこに共現前するのと同じ対象に統一されて属しているのでなければならない、ということが含まれている。言い換えれば、私の原初的領分の物体〔実は他者の身体〕が、私に他の自我(そして、それとともにまったく別の原初的領分、あるいは他の具体的我《エゴ》)を指示している時、その物体〔彼の身体〕が彼が〈そこにいること〉しかも〈共にそこにいること〉を共現前しうるという事態は、この原初的物体〔他者の身体〕が同時に他の我《エゴ》に属するものという意味を得て、それゆえ、連合的な統覚による働き全体によって、他者の《フレムト》身体という意味、しかもさしあたりは他者の《フレムト》身体物体そのものという意味を得るということなしには、起こらないし、起こりえない。

したがって、あたかも、私の原初的領分のそこにある物体が、他者の物体的身体から切り離されたままで、それの類似物を(明らかに考えられないような動機づけにおいて)

表す記号のようなものであるかのように考えてはならない。したがってまた、連合と共現前の広がりのなかで、私の原初的な自然と他者の共現前する自然とが、それゆえ私の具体的な我《エゴ》と他者の具体的な我《エゴ》とが、切り離されたままであるかのように考えてはならない。むしろ、私の領分のそこに属するこの自然の物体は、私の原初的に構成された自然において、私の物体的身体およびそのうちで心理物理的に支配している自我と対になる連合によって、他の自我を共現前させる。その際、その自然の物体は、まずは彼がそこの物体のうちで支配していることを、そして次に間接的に彼に知覚によって現出している自然のうちで支配していることを共現前させる――すなわち、この自然はそこの物体も属している自然であり、私の原初的な自然でもある同じ自然なのである。それは同じ自然であるが、ただ、「私がそこに異なる身体物体の場所に立っている時のように《フレムト》」という現出の仕方において与えられている。その物体〔他者の身体〕も私にはそことして、彼にはここの中心的物体として与えられている、同じ物体である。「私の」自然の全体は他者の自然の全体と同じであり、私の原初的領分において、それは、私にとっての多様な与えられ方に対して同一の統一体として構成される。――すなわち、絶対的なここというゼロ地点の物体である私の身体の周りに、変化する方位づけにおいて同一のものとして構成され、また、さまざまな感覚がもつ変化する現出の仕方や変化可能なパースペクティヴとして、ここそことというあらゆる個々の方位づけに属し、また、絶対的なここに結びついた私の身体にまったく特別な仕方で属しているもっと豊かな多様性に対して同一のものとして、構成される。これらすべてのことが私にとって、自分固有のものがもつ原本的《オリジナル》な性格、私自身の根源的な解明によって直接に近づきうるものの原本的《オリジナル》な性格をもっている。他方、他者の共現前においても、綜合的な体系は、彼のもつあらゆる現出の仕方、それゆえあらゆる可能な知覚とそのノエマ的内容を含めて〔私の原初的領分の場合と〕同じである。ただ、現実の知覚とそのうちで実現された与えられ方、部分的にはまた、その際に現実に知覚された対象は〔私の原初的領分の場合と〕同じではなく、まさに、そこから知覚されうるものであり、そこから知覚されるようにある、というだけである。同じようなことが、すべての自分固有のものとそれとは異なる《フレムト》ものについて当てはまり、たとえ根源的な解明が知覚において行われるのではないときもそうである。したがって、まず、私が〔私の第一の原本的《オリジナル》領分とは別に他者の〕共現前する第二の原本的《オリジナル》領分を、第二の「自然」やこの自然のうちの第二の身体物体〔他者自身の身体〕とともにもっていて、それから次に初めて、両者〔私の第一の原本的《オリジナル》領分と他者の第二の原本的《オリジナル》領分〕を同じ客観的自然の〔異なる〕現出仕方として捉えるということを私はどのようにやっているのかと問う、などということではない。そうではなく、共現前そのものが、共現前としての共現前にとって必然的に、共現前のために共に機能している現前と統一をなすこと(そもそもこのことによって、他者が、そしてその結果彼の具体的な自我《エゴ》(我)が私にとってそこにあることになる)によって、「私の」原初的自然と準現在された他者の原初的自然との同一性という意味はすでに必然的に確立されているのである。それゆえ、他者知覚《フレムト》について、さらには客観的な世界の知覚について、他者は私が見ているのと同じものを見ていると言われるのは、この知覚がもっぱら私に固有なものの領分の内部で行われるにもかかわらず、まったく正当である。このこと〔知覚がもっぱら私に固有なものの領分の内部で行われること〕はまさに、その知覚の志向性が私に固有なものを超越し、それゆえ私の我《エゴ》が自らのうちで他の我《エゴ》を構成する、しかも存在するものとして構成する、ということを排除するものではない。私が現に見るものは、記号ではないし、単なる類似物でも、何らかの意味での模像でもなく、まさに他者《アンデレ》なのである。そして、その際に現実に原本的《オリジナル》性格において捉えられたもの、そこにある物体性(しかも、その単に一表面だけであるが)は、他者自身の物体〔身体〕である。ただそれは、まさに私の場所から、この側面から見られているだけである。それは他者知覚《フレムト》がもつ意味の構成からして、原理的に私にとって原本的《オリジナル》には近づきえない心に属する物体的身体であり、両者〔彼の心と身体〕は、心理物理的な実在《レアリテート》の統一においてある。

しかし他方で、このように他者――いまや客観的な世界の内部に私自身と同様に存在している者――を知覚することは、次のような志向的本質をもっている。それは、知覚する者としての私は、私の原初的領分と他者のただ準現在されただけの原初的領分との間に前述の区別を見出すことができ、したがって、このノエマ的な二重の層構造をその独特な性格において追究し、連合的な志向性の連関を解明することができるということ、これである。客観的自然という経験現象は、現象的に構成された自然のうえに、他者経験から由来する、共現前するだけの第二の層をもつ。しかもこのことは、さしあたりまず、異なる《フレムト》〔他者の〕身体物体に関係する。これは言わば、それ自体で最初の客観なのである。ちょうど、異なる《フレムト》人間〔他者〕が構成という観点から言えば、それ自体で最初の人間(45)であるのと同様に。

客観性のこうした原現象(46)に対して、次のような事情はすでに明らかである。私が他者経験に覆いをかける〔それを括弧に入れる〕時、私は私の原初的領分の内部に異なる《フレムト》物体の構成、しかも最低の単層のみからなる現前的な構成をもつ。ところが他方で、そこに他者経験を付け加える時、私は共現前的に、つまり現前的な層との綜合的な覆い合いにおいて、他者自身にとって与えられるのと同じ身体と彼にとって存立している可能な与えられ方とをもつことになる。

以上のことから容易に理解できるように、下層において私によって経験され、また経験可能な自然客観はすべて、それが、一つの共現前的な(決して明確に直観的になることはない)層を得て、原初的な原本的《オリジナル》性格において私に与えられる層と綜合的に同じとして統一される。つまり、他者の可能的な与えられ方のなかで同じ自然客観を得ることになる。このことは、適宜変更《ムターティス・ムタンディス》を加えれば、人間世界や文化世界として私たちにとっていつもそこにあるような具体的な客観的世界がもつ、さらにその上に構成された高次の世界性に対しても繰り返される。

ここで、他者の統覚《フレムト》がうまく行った時、それは次のような意味をもつということに注意しなければならない。すなわち、まさに他者の世界つまり彼の現出体系の世界がそのまま、私の現出体系の世界と同じものとして経験されねばならないということ、そしてこのことは〔二つの〕現出体系の同一性を含んでいるということである。もっともおそらく私たちは、眼のみえない人や耳の聞こえない人といった異常なケースも存在し、それゆえ、現出体系がいつも絶対に同じというわけでは決してなく、層の全体(たとえすべての層ではないにしても)がさまざまに異なることがありうる、ということを知っている。しかし、異常なケースは、それ自身としてまず構成されねばならず、しかも、それはそれ自体で先行する正常なケースに基づいてのみ可能である。(47) このことは再び、客観的世界の構成的起源についてさらに高次の現象学的分析を行う、という新たな課題を示唆している。客観的世界は、私たちにとってはただ自分固有の意味の源泉からのみそこに存在し、さもなければ、私たちにとって意味も存在も持ちえないからである。客観的世界が存在を持つようになるのは、いったん成功した統覚による構成が、経験する生の進行を通じて、一貫してはいるが場合によっては「訂正を経て」繰り返し確立されていく調和において、調和的に確認されることによってである。この調和は、正常とその志向的変様である異常との間の区別を通じて、または、この異常の変化のなかで新たな統一体が構成されることを通じて、統覚が再編成されるときにも維持される。

異常という問題圏には、動物の問題や、「高次の」動物から「低次の」動物への段階系列の問題も属する。動物との関係では、構成という観点から言えば、人間が〔規範《ノルム》となる〕正常《ノーマル》なケースとなる。ちょうど、私自身が、構成という観点からすれば、すべての人間にとって原規範となるのと同様に。動物は、本質からすれば、私にとっては私の人間性の異常な「変様」として構成される。たとえ、その動物のなかで再び正常と異常とが区別されることになろうとも。どこでも問題になるのは、意味の構造そのもののなかに示されているような志向的変様なのである。これらのことはすべて確かに、もっとはるかに深くまで突き進む現象学的解明を必要とするが、ここでの目的にとっては以上の一般的な考察で十分であろう。

以上のような解明ののちには、次のことはもはや謎ではなくなる。つまり、私が自分のうちで他の自我を構成する、もっと根本的に言えば、私が私のモナドのうちで他のモナドを構成するにもかかわらず、私のうちで構成されたものがまさに他者として経験される(48)ことができるのは、どのようにしてであろうか。そしてそれとともにまた、そのことと不可分であるが、私が私のうちで構成された自然を他者によって構成された自然と(あるいは正確に言う必要があるとすれば、他者によって構成されたものとして私のうちで構成された自然と)同じものとして捉えることができるのはどのようにしてであろうか。〔これらは、もはや謎ではなくなる。〕

ここで綜合によって同じものとして捉えること〔同定〕は、私に固有な原本的《オリジナル》領分にとどまって同じものを捉えることよりも、もっと大きな謎というわけではない。たとえ、後者〔私に固有な原本的《オリジナル》領分において同じものを捉えること〕によっておよそ対象的な統一体が準現在させることという媒介を通じて私にとって意味と存在を獲得するのだとしても。ここで一つの有益な例を考察し、それを同時に、この先に続いていく考え、すなわち、準現在させることという媒介によって構成される結合という考えを際立たせるために活用することにしよう。私に固有な或る体験はどのようにして存在するもの、つまり、その同じ時間形態と同じ時間内容において存在するものという意味と効力を得るのであろうか。原本《オリジナル》は過ぎ去ってしまったが、反復して準現在させることにおいて私はそこに戻って来る。しかも、「こうして私は何度もできる」という明証をもって。しかし、これら反復されたもの自身は、明らかに順に継起するものであり、それらは互いに分け隔てられている。このことは、同じものとして捉える綜合がそれらを「同じ」という明証的な意識において結合することを妨げはしない。そして、そこには、同じ内容で満たされた、同じ一度限りの時間的形態が含まれている。それゆえ、「同じ」ということは、どこでもそうであるようにここでも、ばらばらの多様な体験が向かっている同じ志向的対象を意味し、それゆえ、あくまで非実質的《イレエル》なものとしてこれら体験に内在する[49]に過ぎないことを意味している。

これまでとは別の、それ自体非常に重要な場面は、あらゆる論理的に理念的《イデアール》な対象のように、精確な意味で理念的《イデアール》な対象の構成という場面である。多くの部分からなる生き生きした思考活動において、私は或る形成体、或る定理、或る数の形象を産み出す。また、別の時には、以前のことを思い出しながら産出を反復する。ただちに、そして本質からして、以前の或るものと現在の或るものを同じものとする綜合が現れ、また、任意という意識をもって遂行される反復のなかでいつも、新たに同じものとする綜合が現れる。それは同じ命題であったり、同じ数の形象であったりで、ただそれらが反復して産み出される、あるいは同じことであるが、反復して明証にもたらされるというだけである。それゆえここでは、綜合が（想起しながら準現在させるという媒介を通じて）、常に既に構成された体験流のうちで、生き生きした現在から私のそのつど関わってくる過去の内へと広がっており、それとともにそれら（現在と過去）の間に結合を打ち立てることになる。

ところで、以上によって、特別な意味で理念的《イデアール》と呼ばれた対象についての、それ自体もっとも重要な超越論的問題は解決されることになる。理念的《イデアール》な対象がもつ超時間性とは汎時間性のことである(50)、すなわち、あらゆる任意の時点で任意に産出する可能性と反復する可能性、の相関者であることが明らかにされる。このことはさらに、客観的時間をもち、また可能的な思考主体である客観的人間をもった、客観的な世界の構成が行われた後には、それがそれでまた客観化されることになる理念的《イデアール》な形象や、その客観的な汎時間性に対しても明らかに転用されることになる。こうして、時間空間的に個体化されたものとしての客観的な実在《レアリテート》との対比がはっきりしてくる。

さて、ここでふたたび他者経験という私たちの場面に戻るならば、他者経験はその複雑な構造において、前述のものと類似した、準現在させることによって媒介された結合を行っている。それは、具体的な我《エゴ》が絶え間なく生き生きと進行していく(純粋に受動的で、原本的《オリジナル》な自己現出としての)自己経験、それゆえその原初的な領分と、そのうちで準現在される異なる《フレムト》(他者の)領分との間を結合することである。他者経験がそれを行うのは、原初的に与えられた異なる《フレムト》(他者の)身体物体と、ただ別の現出する仕方で共現前するだけの同じ身体物体とを、同じものとする綜合によってであり、そこからさらに広がって、(純粋に感性的な原本的《オリジナル》な性格において)原初的にと同時に共現前的に与えられ確認された同じ自然を、同じものとする綜合によってである。このことによって、私の自我(そして、およそ私の具体的な自我)と異なる《フレムト》自我の共存、私の志向的な生と彼の志向的な生の共存、私にとっての「実在《レアリテート》」と彼にとっての「実在《レアリテート》」の共存、要するに、一つの共通の時間形式が原創設される。そのとき自ずから、それぞれの原初的時間性は、客観的な時間性について個々の主観がもつ原本的《オリジナル》な現出の仕方にすぎない、という意味を得ることになる。ここで私たちには、構成の観点からすると互いに関係している諸モナドが持つ時間的な共同性は、世界および世界時間の構成と本質的に連関しているのだから、それらと不可分であるということが分かる。

第五六節　モナド間の共同性は、高次の段階の構成による

以上によって、共同性が形成される、最初で最低の段階が解明された。それは、私すなわち私にとって原初的なモナドと、私のうちで異なる《フレムト》ものとして、したがってそれ自身で存在するが、私にとってはただ共現前によってのみ確認されるものとして構成されるモナド、との間で形成される共同性であった。他者が私のうちで他者として構成されるということは、他者が存在するもの、しかもそのように存在するものとして、私にとって意味と効力をもちうるための、唯一考えられる仕方である。他者が絶えず確認されるべき源泉から意味と効力をもつとすれば、他者がまさに存在する、と私は言わなければならないが、それはもっぱら、他者が構成される[51]という意味においてなのである。つまり、なるほど、私が私自身で存在するのとちょうど同じように、モナドもそれ自身で存在する。しかし、このモナドはまた共同性のうちにあり、それゆえ(すでに以前に使った表現を強調して繰り返せば)、具体的な我《エゴ》としての私、モナドとしての私との結合のうちにある。他のモナドがもつ体験から私がもつ体験へ、またおよそ彼らに固有で本質的なものから私に固有で本質的なものへと、いかなる実質的《レエル》な結合による橋渡しも行われない以上、他のモナドが実質的《レエル》に私のモナドから分け隔てられていることは確かで

ある。そのことに対応しているのが、まさに「実在的《レアール》」な分離であり、私の心理物理的な存在《ダーザイン》を他者の心理物理的な存在《ダーザイン》から隔てている世界内での分離、すなわち、客観的な身体のもつ空間性によって空間的なものとして現れる分離である。しかしながら他方で、あの根源的な共同性がなくなってしまうわけではない。たとえそれぞれのモナドが実質的《レエル》には絶対的に孤立した統一体であるとしても、他者の原初性が私の原初性のうちへ、非実在的《イレアール》に志向的に入り込んでくることは、決して、夢を見て入り込むとか、単なる一種の想像によって思い浮かべるとかいった意味で「非実在的《イレアール》」、ということを意味しているのではない。そうではなく、そこでは、存在するものと存在するものとが志向的な共同性のうちにあるのだ。それは、原理的に独特の仕方で結合していることであり、現実的な共同性であって、それはまさに、世界(すなわち、人間の世界と事象の世界)の存在を超越論的に可能にしているような共同性なのである。

こうして、共同性が形成される最初の段階が、そしてほとんど同じことであるが、原初的世界から出発して客観的世界が構成される最初の一歩が十分に明らかにされたので、より高次の段階がもたらす困難はそれと比べて小さいだろう。より高次の段階に関しては、全面的に解明するという目的のためには、細分化した問題圏を含む包括的な研究が必要であるが、ここでは、すでに固められた土台に基づいて容易に理解できる大まかな基本線を描くことで満足することにしよう。

私は、構成という観点からすると原モナドとなる私から出発して、私とは別のモナド、ないしは心理物理的な主体としての他者を得る。そこに含まれていることだが、私が他者を得るのは、単に私に対して身体的に対立しているものとしてだけではないし、また、他方、連合的に対になることによって心理物理的な存在《ダーザイン》(それは一般に、そして理解できることであるが、いまの段階の共同化された世界においても、その必然的に方位づけられた与えられ方によって、「中心項」となっている)に遡って関係づけられるものとしてだけでもない。むしろ、人間というのはすでに個々人として共同体の構成員という意味を伴っているので(それが動物の社会と呼ばれるものに転用される)、人間の共同体と人間の意味のうちには、〈相互に互いにとって存在する〉ということが含まれており、このことはまた、私の存在《ダーザイン》とあらゆる他者の存在《ダーザイン》とを客観化しつつ並置することを伴っている。他の人間達の間の一人の人間として、私と誰かとを並置するように。私が彼のことを了解しつつ、彼に固有なものの地平のうちに深く入り込むなら、私はすぐに次のような事態にぶつかるだろう。すなわち彼の物体身体《ケルパーライプ》が私の知覚の場にあるように、私の身体も彼の知覚の場にあり、私が彼を私の他者として経験するように、彼は一般に私を直ちに彼にとっての他者として経験するということ。同様にまた、多くの人達はまた互いに対して他者として経験され、さらに、私がそのつどの他者を経験することができるのは、単に他者としてだけでなく、自ら再び彼の他者に関係している者としてであり、また時には反復可能と考えられる媒介性において、同時に私自身にも関係している者としてでもあるということ。こうした事態にぶつかるのである。さらに、これも明らかなことであるが、人間は現実性においてのみならず可能性においても、自分の任意によって他者を次々に見出す者としてのみ、把握されることができる。とすれば、開かれた無限の自然そのものが、無限に多数であるかは分からないとしても、無限の空間のうちに分散している人間達を(もっと普遍的には動物達をも)可能な相互的共同性の主体として自らのうちに包括するものとなるだろう。

もちろん、超越論的な具体性をもったこの共同性には、同様に開かれた、モナド達の共同性が対応している。これを超越論的な間主観性と呼ぶことにする。それは、言うまでもなく、純粋に私のうち、つまり省察する我《エゴ》のうちで、純粋に私の志向性という源泉から、私にとって存在するものとして構成される。にもかかわらず、それは(「他者」という変様をもった)それぞれのモナドのうちで、異なる主観的な現出の仕方をもちながらも、同じものとして構成される。しかも、同じ客観的世界を必然的に自らのうちに担ったものとして構成されるのである。明らかに、私のうちで(同様に、私にとって考えられるあらゆるモナドの共同性のうちで）超越論的に構成される世界の本質には、次のことが属している。つまり、それが本質的にまた人間の世界でもあること、それが個々の人間の心のうちの志向的体験において、さまざまな程度の完全さをもって構成されるということ、そして、この志向的体験とは志向性の潜在的な体系のことであり、それは「心的生活」としてそれなりにすでに世界内部に存在するものとして構成されているということ、こうしたことである。客観的世界の心的な構成とは、例えば私の現実的および可能的世界経験として理解される。ここで「私の」とは、自分自身を人間として経験している自我の、ということを意味している。この経験は、さまざまな程度の完全さをもち、つねにその開かれた未規定の地平をもっている。この地平のうちには、すべての人間にとってすべての他者が、物理的に、心理物理的に、内部心理的に、開かれて限りなく近づくことができるものの領土として含まれている。そこにはうまく近づける場合とうまく近づけない場合があり、たいていはうまく近づけないのだとしても。

第五七節　内部心理的な解明と自我論的―超越論的な解明との平行性を明らかにする

以上のことから出発するなら、内部心理的な解明と自我論的―超越論的な解明との平行性を明らかにするのは、言い換えれば、すでに先に述べたように、純粋な心とはモナドのうちで行われるモナド自身の自己客観化[53]のことだという事実を明らかにするのは、困難なことではない。この自己客観化がもつさまざまな段階は、およそモナドにとって他者が存在しうるべきだとすれば、本質的必然性をもつことになる。

このことと関連して言えば、アプリオリには、超越論的現象学的な分析と理論はすべて――たったいま基本線の輪郭だけが描かれた、客観的世界の超越論的構成についての理論もまた――、超越論的な態度を放棄して、自然的な基盤のうえで行われることも可能である。それらは、このような超越論的な素朴さのうちに移されると、「内部心理学的」な理論となる。「純粋」な心理学、すなわち、もっぱら一つの心あるいは一人の具体的な〈人間としての自我〉の志向的に固有な本質を解明する心理学には、形相的にもまた経験的にも、超越論的現象学が対応しており、またその逆でもある。しかし、このことはまだ、超越論的に理解できるようにしなければならない事態である。

第五八節　より高次の間主観的な共同性を志向的に分析する際の問題区分。自我と周囲世界

人類、あるいはその豊かな本質に属する共同性の構成は、これまでに述べたことで、

もう完結したわけではない。しかし、最後に獲得された意味での共同性から出発するならば、共現前による他者経験という媒介によって他の自我のうちに入り込む自我の作用、それどころか、我―汝の作用[54]や社会的作用という性格をもつ特別な自我的―人格的な作用、あらゆる人間の人格的コミュニケーションがそれによって作り出される、こうした作用の可能性を理解することはきわめて容易である。これらの作用をそのさまざまな形態において注意深く研究し、そこからあらゆる社会性[55]の本質を超越論的に理解できるようにすることは、一つの重要な課題である。本来的なすなわち社会的な共同化によって、客観的世界のうちに、独特の精神的客観性として、さまざまな類型をもった社会的共同性がさまざまに可能な段階秩序をなして構成される。そのうちには、「高次の人格」という性格をもつ卓越した類型も含まれている。

さらに進むと考察の対象になってくるものは、これまでに示唆された問題圏と不可分で、或る意味でそれと相関的な問題、すなわち、特に人間的な周囲世界、しかもあらゆる人間とあらゆる人間の共同体にとっての文化的な周囲世界の構成という問題、そして制限されたものとはいえ、この周囲世界がもつ客観性の種類という問題である。私にとっても、また万人にとっても、世界は具体的には文化的世界としてのみ与えられ、それゆえ、万人にとって近づきうるという意味をもっているにもかかわらず、それがもつ客観性は制限されている。まさにこの近づきうるということそのものが、構成に関する本質的根拠からして、もっと正確な意味の解明によってまもなく明らかになるように、無制限のものではないからである。それは、ここでは明らかに、自然、身体、それとともに心理物理的な人間(或る普遍性において理解された人間であるが)、これらの構成的意味に本質的に属している性格、すなわち、万人にとって絶対に無制限に近づきうるという性格とは異なる。誰でも、しかもアプリオリに、同じ自然のうちに生きており、個人的および共同化された行為のなかで自分の生を他者と必然的に共同化することにおいて、この自然を文化的世界へ、すなわち人間的有意味性をもった世界へ——それがたとえまだ原始的な段階であるとしても——と形成してしまっている。このこともまた、確かに(世界構成の本質的形式の相関者として)無制限の普遍性をもつに至っている。しかしながら、このことは、アプリオリにもまた事実的にも、次のことを排除するわけではない。つまり、同一の世界に属する人間達が、互いに関係の薄い、あるいは互いにまったく関係のない文化的共同体にそれぞれ生きていること、したがって、彼らがそれぞれ異なる文化的周囲世界をそれぞれ具体的な諸生活世界[56]として構成しており、そのうちで、それぞれ相対的あるいは絶対的に分離された共同体が互いに影響を受けつつ、また影響を与えつつ生きているということ、これらを排除するわけではない。人間はすべて、まずはその核となるものからして、次にまだあらわにされていない地平をもちながら、自分が属する具体的な周囲世界やその文化を理解するが、それはまさに、この世界や文化を歴史的に形成している共同体に属する人間としてなのである。それをより深く理解すること、つまり、現在そのものの理解にとっても役立つ過去の地平まで開くような理解は、この共同体の出身者であれば、誰にとっても原理的には可能である。しかもそれは、この共同体の出身者にとってのみ可能な或る根源性においてであり、これは、この共同体と関係を持とうとする、別の共同体の出身者には閉ざされている。初め、彼〔異邦人〕は異《フレムト》なる世界に属する人間を、当然のように人間一般として理解し、何らかの文化的世界に属する人間として理解する。そこから出発して彼は、これから先の理解可能性を一歩一歩作り出して行かねばならない。彼は一般的に理解できるものから出発して、現在とそこからさらに歴史的な過去へとますます広がっていく層を後から理解するための通路をまず開かねばならず、それが次にはまた現在をより広く開示するのに役立つことになる。

どのような種類であれ、「さまざまな世界」の構成は、自分の体験流から始まって、その開かれた無限の多様をもって、さまざまな客観化の段階をもつ客観的世界に至るまで、「方位づけられた」構成[57]という法則にしたがって行われる。このように「方位づけられた」構成は、さまざまな段階においてであるが、もっとも広く解されるべき意味において、原初的〔一次的〕に構成されるものと二次的に構成されるものとを前提している。その際つねに、原初的なものは二次的に構成された世界のなかに、新しい意味層をもって入って行き、方位づけられた与えられ方のなかで中心項となる。この二次的に構成された世界も、「世界」である限りは必然的に、この中心項から出発して近づくことができ、秩序づけられて開示されることができるような、存在の地平として与えられる。このことは、第一の世界、すなわち、私たちが体験の流れと呼ぶ「内在的世界」についても、すでに同様であった。体験の流れは、ばらばらのものから成る体系として、原初的に構成された生き生きした現在のまわりに方位づけられて与えられ、それゆえ、その外にありながら内在的時間性のうちにあるすべてのものは、この生き生きした現在から出発して近づくことができる。もう一度、私たちが特別な意味で原初的と呼んだ領分に戻れば、そこでは、私の身体が、これを支配することによって初めて構成される「世界」である「自然」にとって、中心項として働く。同様に、私の心理物理的な身体が、互いの外にあるもの〔ばらばらのもの〕から成る客観的世界の構成にとって原初的であり、その方位づけられた与えられ方のなかで中心項として働く。もしも、私たちが特別な意味で原初的と呼んだ「世界」そのものが、客観的な世界の中心とならなかったとすれば、それは、この全体がその互いの外にあるものを何ら新たに作り出さないように客観化されてしまったことによる。しかし、実際にはそうではなく、さまざまな異《フレムト》なる世界が、私の世界のまわりに方位づけられて与えられる。それゆえ、それらは全体として一つの世界なのであって、それと言うのも、この世界は、私の世界に内在する共通の客観的世界とともに構成され、その空間時間的な形式は同時にその世界への通路がもつ形式という機能をもっているからである。

　文化的世界という前述の場面に戻るならば、それもさまざまな文化の世界として、普遍的な自然とその空間時間的な通路の形式という基礎のうえに、方位づけられて与えられる。それゆえ、この通路の形式は、文化的形象や諸文化がもつ多様に近づくことができるために、ともに機能しなければならない。

　こうして分かってきたように、文化的世界もまた、一つのゼロ地点となる項あるいは〔高次の〕「人格」との関係において、「方位づけられて」与えられる。ここでは、自我と私の文化〔自文化〕が、あらゆる「異《フレムト》」文化に対して原初的なものとなる。異文化は、私と私の文化的仲間〔同郷人〕にとっては、一種の他者《フレムト》経験においてのみ近づきうるものとなる。すなわち、異《フレムト》文化に属する人間とその文化への一種の感情移入においてであり、この感情移入は、これはこれでまた、志向的研究を必要とする。

ここでは、人間の世界と文化の世界そのものにその特別な意味を与え、それゆえ、それらを特別に「精神的」な述語を備えた世界とするような意味の層について、もっと詳しく研究することは、断念しなければならない。これまで行ってきた構成の解明は、さまざまな志向的な動機づけ連関を明らかにしてきた。それは、具体的で豊かな世界のまとまった下層が、すなわち、「客観的精神[58]」がもつあらゆる述語を捨象しても残存するような下層が、構成的に見るとそこで生じてきたような、そうした動機づけ連関であった。私たちは自然の全体を、すでにそれ自身で具体的統一的に構成されたものとして保持しており、そのうちに人間の身体や動物の身体が組み込まれているが、それに対して、心的生活は具体的にはもはや完全に組み込まれてはいない。なぜなら、人間存在そのものが意識において、人間のもつ有意味性の述語をいつもすでに備えたものとして存在する、実践的な周囲世界と関係しており、この関係を前提しているからである。

世界についてのあらゆるそうした述語が、或る時間的な発生から、しかも人間が何かを受け取ったり働き掛けたりすることに根ざした発生から成長してくるということ。このことについては、何ら証明の必要はない。そうした述語が、個々の主観のうちに起源をもちながら、共通の生活世界に所属し続けるものとして間主観的に効力をもつという
ことの前提になっているのは、人間達の共同体が構成されていることである。つまり、

具体的な周囲世界に入り込んで生きており、何かを受け取ったり働き掛けたりすることでこの周囲世界に関わっている、あらゆる個々の人間と同様に、一つの人間達の共同体が、要するに、これらすべてがすでに構成されていることである。人間の生活世界がこのようにたえず変化するなかで、人格としての人間自身も、彼らがそれと相関的につねに新しい習慣における固有なものを身につけなければならない限り、明らかにまた変化している。ここに至って、静態的かつ発生的な構成がもつ広範な問題(発生的構成というのは、謎に満ちた普遍的発生の問題の一部である)が、痛感されるようになる。例えば人格に関して言えば、形成されては再び放棄される習慣の多様に対して、人格的性格の統一が静態的に構成されるという問題ばかりでなく、「生まれつきの」性格という謎を遡って指示している発生的な問題もまた、痛感されるのである。

ここでは、このような高次の問題圏を構成に関わるものとして示唆し、それによって次のことを理解できるようにしたことで満足しなければならない。それは、疑いの余地がない我《エゴ》から出発して、超越論的現象学的な解明を体系的に進めることにおいて、最終的には世界の超越論的な意味が十分な具体性においてもあらわにされねばならず、このような具体性において、世界は私たちすべてにとって変わることのない生活世界となるのだ、ということである。世界は私たちにとって、それぞれの教育や発達に応じて、あるいはそれぞれどの国民、どの文化圏の構成員であるかに応じて、周囲世界的な個別形態において現れるが、上述のことは、こうしたあらゆる個別形態についても当てはまる。これらすべてのことには、本質的必然性が支配している。言い換えれば、まずは超越論的な我《エゴ》のうちに、次にはそのうちで開示されてくる超越論的な間主観性のうちに、それゆえ超越論的な動機づけと超越論的な構成の本質形態のうちに、その必然性の源泉をもつような、そうした必然的な様式が支配している。もし、これをあらわにすることに成功するならば、このアプリオリな様式は、最高の威厳をもった合理的説明、最終的つまり超越論的な理解可能性をもった合理的説明を獲得することになろう。

第五九節　存在論的説明と、それが構成に関わる超越論的な現象学の全体のなかで占める位置

一連の連関し合う詳細な分析によって、また部分的には、それと手を携えながら、拒みがたい新しい問題圏とそこから出発して要求される秩序の形式を粗描することによって、私たちは哲学的に基本的な洞察を獲得してきた。存在するものとしてあらかじめ与えられた経験世界から出発して、さらに形相的態度への移行によって、存在するものとしてあらかじめ与えられると考えられた経験世界一般について超越論的還元を遂行した。

言い換えれば、私たちは、あらかじめ与えられたものとそれに続いてあらゆる仕方で与えられるものを自らのうちで構成する超越論的な我《エゴ》へ、さらに、自己の形相的変様において超越論的な我《エゴ》一般へと遡って行った。

したがって、この超越論的な我《エゴ》は、自らのうちで世界を経験しつつ、世界を調和のうちに確認するものとして捉えられた。そのような構成の本質とその自我論的段階を追いながら、まったく新しいアプリオリが、まさに構成のアプリオリがはっきり見えるようになった。一方で、我《エゴ》について自分自身で、そしてその原初的で固有本質的な領分において行われる自己構成と、他方で、この固有で本質的なものという源泉からさまざまな段階で行われる、あらゆる異なるもの《フレムト》の構成。これら二つのことが別のものであることを学んだ。そこから帰結したのは、全体の構成は私固有の我《エゴ》において行われるが、その本質的形式においては普遍的な統一をもつということであった。そして、その全体の構成の相関者として、客観的に存在する世界は、私にとっても我《エゴ》一般にとっても、絶えずあらかじめ与えられたものであり、意味のさまざまな層をもって形成され続ける。と言っても、これは相関的でアプリオリな様式においての話だが。そして、この構成そのものが、一つのアプリオリなのである。「私の」我《エゴ》と私の本質的変様そのもののうちに志向的に含まれ、そこで志向的に動機づけられるものを、このように根本的に一貫して解明するなかで、次のことが示される。つまり、与えられた客観的世界が事実としてもつ一般的な構造、つまり単なる自然、動物、人間、さまざまな段階の社会、文化というような、その世界の構造は、きわめて広い範囲にわたって、またおそらく私たちが見通すことができるよりはるかに広い範囲にわたって、本質的必然性をもつということが。

そこから明白で必然的な帰結として生じるのは、実在的《レアール》な世界のアプリオリな存在論という課題は、まさにその普遍性に属するアプリオリを際立てることであり、それは拒みがたい課題であるが、他方では一面的であり、究極的な意味では哲学的な課題ではない、ということである。なぜなら、そのような(自然、動物、社会、文化のアプリオリのような)存在論的アプリオリは、なるほど存在的な事実に[59]、すなわちその「偶然性」における事実的世界に相対的な理解可能性を、つまりこのように存在することが本質法則から洞察される必然性という意味での理解可能性を与えはするが、哲学的な、すなわち超越論的な理解可能性を与えはしないからである。哲学というものは、究極的でもっとも具体的な本質的必然性からの説明を要求する。それは、あらゆる客観的世界が超越論的主観性に本質的に根を下ろしていることを明らかにし、それゆえ、世界を構成的意味として具体的に理解できるようにするものなのだ。そして、それによって初めて、そのように理解された世界に対してなお立てられねばならない「最高で最後の」問いがはっきりしてくる。

始まったばかりの現象学の一つの成果は、次のことだった。すなわち、純粋な、しかし同時に形相的な直観という現象学の方法は、直観から離れた概念を論理的に操作する一八世紀の存在論とは根本的に異なる、新しい存在論の試みに導いたこと。あるいは同じことだが、アプリオリな個々の諸学(純粋文法学、純粋論理学、純粋法理論、直観的に経験される自然の本質論、等)を具体的な直観から直接汲みながら構築するという試み、また、それらを包括する、客観的世界についての普遍的な存在論の試みへと導いたこと。これらのことであった。

この観点からすれば、さしあたり私たち人間の生活を取り巻く周囲世界と、本質からしてこの周囲世界に関係している人間そのものとから、まったく具体的に始めて、およそそのような周囲世界が持つ、きわめて内容豊かで、決して強調されたことのないアプリオリをまさに純粋に直観的に研究し、それを人間存在の本質構造とそのうちで相関的に開示される世界の諸層との体系的な解明のための出発点とするという、このような研究[60]の歩みを妨げるものは何もない。しかしながら、そこでまずもって獲得されるものは、なるほどアプリオリの体系ではあるが、それが——前述の意味で——哲学的に理解できるようなアプリオリとなり、究極的な理解の源泉に遡って関係づけられたアプリオりとなるのは、まさに構成に関わる問題圏が、哲学に特有な段階の問題圏として開かれ、それによって、自然的な認識基盤に代わって超越論的な認識基盤の上に立つ時である。そこには、すべての自然的なもの、直進的な仕方であらかじめ与えられたものが新たな根源性において再構築されること、それらが例えばただ後からやって来て、すでに決定されたものとして解釈されてしまうのではないということ、こうしたことが含まれている。およそ形相的な直観から汲まれた手続きが「現象学的」と呼ばれ、哲学的な意義を要求すること、このことが権利をもつのは、あらゆる真正の直観が構成に関わる連関のうちに位置づけられるときのみである。それゆえ、原理的(公理論的)な基礎となる場面を実証性において直観的な仕方で存在論的に確定することはすべて、アプリオリにも不可欠な予備作業として役立つことになる。それは、構成がもつ豊かで具体的な姿をそのノエシス—ノエマ的な二重性において際立てるための超越論的手引きを提供してくれる。

こうして構成に関わるものへ還帰することが、どのように重要な意義と、どのようにまったく新しいものを開示してくれるか(存在的な側面において隠された意味の地平がこの還帰によって開示されることを、ここでは度外視するが、もしそれを見落としてしまったら、アプリオリな確定がもつ価値を本質的に制限し、その応用を不確実なものとしてしまうだろう)。私たちの研究がもつ「モナド論的」な成果が、そのことを示していよう。

第六〇節　他者経験についての私たちの解明がもたらす形而上学的な成果

もし、究極的な存在認識が「形而上学的[61]」と呼ばれねばならないというのが真であるとすれば、私たちの研究の「モナド論的」な成果は形而上学的なものである。しかし、ここで問題になっているのは、通常の意味での形而上学では決してない。なぜなら、通常の意味での形而上学は、歴史的に堕落した形而上学であり、それは、形而上学が「第一哲学」として根源的に創設された時の意味にしたがうものでは決してないからである。現象学がもつ純粋に直観的で、具体的で、さらには疑いの余地がない立証の仕方は、あらゆる「形而上学的な冒険」とあらゆる思弁的な熱狂を排除する。

私たちの研究がもつ形而上学的な成果のいくつかを取り出して、そこから出てくる帰結を付け加えることにしよう。

私自身にとって疑いの余地なく与えられる我《エゴ》、絶対に疑いの余地がなく私によって存在するものとして措定されるべき唯一のもの、それがアプリオリに世界を経験する我《エゴ》であることができるのは、それが他の同様の我《エゴ》〔他者〕とともに共同性のうちにあり、我《エゴ》から方位づけられて与えられた、モナド達の共同体の構成員であることによってのみである。(62) 客観的な経験世界が一貫して立証されることは、他のモナド達が存在するものとして一貫して立証されることを含んでいる。また逆に、私にとっていかなるモナドの多数性も、顕在的あるいは潜在的に共同化されたものとして以外には考えられない。モナドの共同化のうちには、一つの客観的な世界を自らのうちで構成し、その世界のうちで自ら自身を――動物存在およびとりわけ人間存在として――空間化し、時間化し、実在化するということが含まれている。モナド達がともにあること、それらがただ同時にあるというだけでも、本質必然的には、時間的に同時に存在することを意味し、さらにまた、実在的《レアール》な時間性という形式において時間化されて存在することを意味している。

しかし、そこには、さらになお非常に重要な形而上学的成果が続くことになる。多くの分け隔てられた複数のモナド、すなわち互いに共同化されていない複数のモナドが共存していながら、そのおのおののモナドが自分に固有の世界を構成し、それゆえ、無限に分け隔てられた二つの世界、二つの無限な空間と空間時間が存在する、といったことが(そんなことを言う私にとって、また、私から出発して、そんなことを言うかも知れないと想定されるあらゆる人にとって)考えられるであろうか。これは明らかに、考えられることではなく、まったくの不合理である。そのようなモナドの集団はすべてもちろん一つの間主観性の統一として、しかも、他の集団との顕在的な共同性関係を場合によっては何らもたないような間主観性の統一として、アプリオリに、それぞれが場合によるとまったく別様に見える「世界」をもっている。しかし、これら二つの世界はそのとき必然的に、これら二つの間主観性がもつ単なる「〔二つの〕周囲世界」であるに過ぎず、それらは共通な唯一の客観的世界の単なる〔二つの〕アスペクトなのである。というのも、これら二つの間主観性というのは空中に浮いているわけではないのだから。それらはともに、私によって考えられたものとして、それらに対して構成的に働く原モナドである私と(あるいは、私自身の可能性変様というかたちで私と)必然的な共同性の関係にある。それゆえそれらは本当は、私自身をともに包括している唯一の普遍性に属しており、この普遍性は、共存するものと考えられるべきすべてのモナドとモナド集団を一つにまとめている。それゆえ、唯一のモナド共同体、つまり、あらゆる共存するモナドの共同体のみが実際には存在することができ、したがって、唯一の客観的世界、唯一の客観的時間、ただ一つの客観的空間、ただ一つの自然のみが存在することができる。そして、他のモナド達がともに存在することを含意するような構造が、およそ私のうちに備わっているとすれば、この唯一の自然が存在するのでなければならない。ただ、さまざまなモナド集団と諸世界が、私たちにとって見えない天体の世界にひょっとすると属しているかも知れないモナド集団が私たち自身に対して立っているのと同じように、それゆえ、私たちといかなる現実的な接触をも欠いているような動物との場合と同じように、互いにそういう関係に立っている、ということはありうる。しかし、彼らの諸世界は、開かれた地平をもった諸周囲世界ではあるが、その地平がただ事実的にのみ、ただ偶然的にのみ、彼らにとって開示されえないというだけである。

しかしながら、モナド論的な世界とそれに「生まれつき備わっている」客観的世界とがもつ、この唯一性の意味が、正しく理解されねばならない。無限に多くのモナド達とモナドの集団を考えることは可能であるが、だからと言って、これらの可能性がすべて共存可能なのではないし、さらにまた、無限に多くの世界が「創造される」ことは可能だったかも知れないが、それらは共存不可能という理由によって、多くが同時に可能というわけではない。こうライプニッツが言った時(63)、もちろん彼は正しかった。ここで注意しなければならないのは、私はさしあたり私自身を、この疑いの余地がない事実的な我《エゴ》を自由な変更において変更して考えることができ、そうして、私自身の可能的変様の体系を獲得することができるが、そうした変様のそれぞれは、それぞれ他の変様によって、また、私が現実にそうである我《エゴ》によって廃棄される、ということである。それはアプリオリな共存不可能性の体系を示している。さらに、「我あり」という事実は、他のモナド達が私にとって他のものであるかどうか、そしてどのような他のモナド達が私にとって他のものであるか、を指図する。私は他のモナドを見出すことができるだけで、私にとって存在すべきモナドを創造することはできない。もし私が自らを純粋な可能性へと変更して考えるなら、その純粋可能性がまた、どのようなモナドがその可能性に対して他のモナドとしてあるか、を指図する。そして、さらに先に進むと、具体的な可能性と見なされているすべてのモナドが共存可能な一つの全体を、すなわち一つの閉じられた「モナド世界」を粗描していること、そして、二つのモナド世界が私の我《エゴ》の二つの可能性変様や、何らかの前提をもって考えられた我《エゴ》一般の可能性変様と同様に、共存不可能であるということ、私はこれらを認識することになる。

このような成果、およびそこへと導いた研究の歩みを踏まえれば、伝統的にはあらゆる学問的限界の彼方にあるに違いなかった問い、すなわち、先にすでに触れておいた〔そして、次節で述べる〕問題がどうして意味深いものとなるか（それがどのように決定されるかはどちらでもよいが）、が理解できるようになろう。

第六一節　「心理学的起源」という伝統的問題と、その現象学的解明

人間の世界と動物の世界には、精神〔心理〕物理学的起源、生理学的起源、心理学的起源という、よく知られた自然科学的問題群が登場して来る。そこには、心的な発生という問題も含まれている。この問題は、子供の発達を通じて私たちが思いつくものであるが、それと言うのも、どんな子供もその発達のなかで自分なりに世界の表象を作り上げていかなければならないからである。子供にとって世界が現実的および可能的な経験の領土としてそこにあり、つねにあらかじめ与えられているのは、統覚から成る体系においてであるが、この体系は、子供の心の発達のなかでまず構成されなければならない。子供は、客観的に見れば、「世界へとやって来る」。しかし、子供の心的な生活は、どのようにして「始まる」ことになるのだろうか。

このように精神〔心理〕物理学的[64]に世界へとやって来ることは、身体物体的（純粋に生物学的）な個体発生と系統発生の問題に導くが、系統発生の方は、それはそれでまた心理学的な系統発生のうちに平行するものを持っている。しかし、人間と動物は心的な観点からすると、モナドが自己を客観化したものなのであるから、この個体発生と系統発生の問題は、超越論的で絶対的なモナドの対応する連関を指し示しているのではないだろうか。これらすべてのうちには、超越論哲学としての構成的現象学にとって、重大な本質問題が暗示されているのではなかろうか。

なるほど発生的な問題は――と言ってももちろんその最初の基本的な段階の問題がであるが(65)――、すでにかなりの程度、実際の私たちの現象学的な作業のなかに入ってきていた。この基本的段階とはもちろん、その原初的に固有で本質的なものにおける「私の」我《エゴ》という段階のことである。内的時間意識の構成や連合の現象学的な理論の全体がここ〔発生的な問題〕に属している。そして、根源的で直観的な自己解明において私の原初的な我《エゴ》が見出すものは、ただちにしかも本質的理由からして、他のすべての我《エゴ》にも適用される。ただ、それゆえ言うまでもなく、動物の誕生や死や世代連関のような、先に述べた生殖〔世代発生〕に関わる(66)問題はまだ触れられていないが、それは明らかにより高い次元に属するものであり、低い次元での途方もなく大きな解明の作業を前提とするので、まだ当分のあいだは作業に取り掛かる問題となりえないだろう。

しかし、ここで作業を行っている場面の内部には、哲学的伝統ともっと近い関係に導くような問題の分野があるので、このまだ非常に大きな問題の分野を少し詳しく(しかも、静態的問題と同様に発生的問題として)示唆しておこう。他者経験および客観的世界の構成に関して、これまで行った一連の志向的な解明は、超越論的態度の内部で私たちにあらかじめ与えられた基盤のうえで行われた。すなわち、構造的な分節化をもつ原初的な領分という基盤のうえであり、そこにおいて私たちはすでに一つの世界を、すなわち原初的世界を見出した。この世界が私たちにとって近づくことができるものとなったのは、「現象」として捉えられた具体的世界から出発して、その世界を自分固有なものすなわち内在的超越の世界へと還元する、あの独特の原初的還元を行うことによってであった。その世界は自然の全体を包括していたが、それは私の純粋な感性から生じる、私自身に属する自然へ還元することによってであった。しかしそれはまた、心理物理的な人間、さらにそのうちの心をも包括していたが、それについても同様の還元によってであった。「自然」に関して言えば、単に「見える物」「触れる物」等々といったものが属しているだけでなく、すでに或る程度は、空間と時間という普遍的な形式をもった、因果的性質の基体としての豊かな事物もまた、そこに属していた。明らかに、客観的世界の存在の意味を構成に関して解明することにとって第一の問題は、さしあたりこの原初的な「自然」と原初的な心身統一体の起源を解明し、その構成を内在的超越として解明することである。このことを詳論することは、極めて広範な研究を必要とする。

ここで私たちは改めて、空間表象、時間表象、事物表象の心理学的起源という、前世紀に何度も、重要な生理学者や心理学者たちによって論じられた問題のことを思いだす。(67)どれほど偉大な試みがそうした問題の重要な創設者という刻印を示していたとしても、それらはこれまで、現実的な解明に至ることはなかった。

しかしながら、そこから振り返って、これまで私たちによって輪郭が与えられ、現象学的な段階の体系にはめ込まれて来た問題圏に立ち帰るならば、次のことは明らかである。それは、近代の心理学全体と同様に認識論も、ここでは心理学的にも超越論的にも立てることのできる問題、すなわち静態的であれ発生的であれ、志向的な解明という問題の本来的意味を捉えていなかった、ということである。それどころか、「心的現象」を志向的体験とするブレンターノの説を受け入れた人々[68]においてすら、そのことは不可能であった。そこには、志向的な「分析」に特有なもの、意識それ自身によってノエシスとノエマについて開示される課題の全体、そして、それらにとって必要な原理的に新しい方法論、こうしたことに対する理解が欠けていた。「空間表象、時間表象、事物表象の心理学的起源」については、物理学や生理学は何も言うことができないし、そのほか実験的[69]であれ非実験的であれ、外部からの帰納という方法のうちで動いている心理学も同様である。それらはまったくのところもっぱら、私たちにとってすでに「手引き」としてあらかじめ与えられた(場合によっては、有益な実験によって特別にあらかじめ与えられることもあるだろう)現象について、その志向的構成を問うという問題なのである。しかも、その現象は、いま初めて志向的な方法によって、しかも、心的な構成の普遍的な連関において問われねばならない。ここでどのような普遍性が考えられているかは、私の我《エゴ》が自分固有《アイゲン》のものとそれとは異《フレムト》なるものという関係において展開する、さまざまな構成の体系的統一的連関が十分明瞭に示していよう。現象学はまさに、心理学にとってでも原理的に新しいものを形成することを意味している。したがって、その研究のきわめて多くの部分が、アプリオリで純粋な(すなわち、すべての心理物理的なもの〔そういう捉え方〕に汚染されていない)志向的な心理学に属することになる。この志向的な心理学は、すでに繰り返し示唆してきたように、自然的態度を超越論的態度へと変更することによって、「コペルニクス的転回[70]」を可能にし、そこにおいて、世界をまったく徹底して超越論的に見ることがもつ新しい意味を受け取り、すべての現象学的―心理学的な分析に、この意味を刻印することになる。この新しい意味が初めて、それら分析をすべて超越論哲学的に活用できるものにし、そのうえ、それらを超越論的「形而上学」のうちに組み込むことを可能にする。まさにこうすることで、近代哲学全体を惑わし麻痺させてきた超越論的心理学主義を究極的に解明し、それを克服することが可能になるのである。

以上の叙述によって、超越論的現象学にとってと同様に、それと平行する(「実証的」な学問としての)志向的心理学にとっても、一つの根本的な構造が粗描されていることが、いまや明らかとなった。その構造とは、形相的―心理学的な研究を、一方で、およそ一つの心がもつ具体的に固有で本質的なものを志向的に解明する研究と、他方で、そのうちで構成される異《フレムト》なるものの志向性を解明する研究とに分けることである。前者の研究分野に属するのは、「世界表象」の志向的解明、もっと詳しく言えば、普遍的な経験の世界として現に存在する世界が人間の心のうちで現れる「現象」の志向的解明、その主要部分ないし基幹部分である。この経験世界が個々の心において原初的に構成される世界へ還元されるとき、それはもはや万人にとっての世界ではなく、また、もはや共同化された人間の経験からその意味を受け取るような世界ではなく、もっぱら個々の心の、さしあたりは私の経験する生活の志向的な相関者、そして原初的な原本《オリジナル》的な性格において段階的に行われる意味形成の志向的相関者なのである。こうした意味形成を追いながら、志向的解明は、現象的《フェノメナル》世界のこの原初的な核を、構成という観点から理解できるようにしなければならない。この原初的な核とは、私たち人間が誰でも、とりわけ心理学者であっても誰もが、以前に述べたように「他者《フレムト》性」という意味契機を遮断することによって獲得できるものである。この原初的世界において、そのうちで還元されて現れる〈人間としての自我〉という、心理物理的な存在を捨象するときには、私に固有の「単なる感性」の自然として、原初的な単なる自然が残存する。ここに、経験世界の心理学的起源の根本問題として、それぞれの層(見える物、等)とその綜合的統一体から成る「物の立ち現れ《ファントム》」[71]あるいは「感覚物」の起源、という問題が現れてくる。それらは（いつもこの原初的還元の枠内においてであるが）、感性的に現出する仕方とその綜合の統一体として純粋に与えられている。「近くの物」と「遠くの物」というような、綜合的に互いに連関する変様態の形での「物の立ち現れ《ファントム》」は、まだ、原初的な心的領分に属する「実在的《レアール》な物」とはなっていない。「実在的《レアール》な物」とはむしろ、そしてすでにここにおいて、より高次に因果的な物として、すなわち、因果的な諸性質をもった同一の基体（実体）として構成されるものだからである。実体性と因果性とは、明らかに高次の段階に属する構成の問題を表している。ところで、感覚物の構成に関わる問題、および根本的にそれにとって本質的な空間性と時間性がもつ構成に関わる問題は、さきほど暗示した問題圏に属するが、それはただ、事物の現出がもつ綜合的連関（外観、パースペクティヴ的なアスペクト）を記述的に追求するものである。ただ、それは一面的であって、考慮すべき別の側面は、現出が、機能する身体へと志向的に遡って関係していることであり、ここではこの身体が、その自己構成において、また、その構成的な現出の体系の優れた固有性において記述されねばならない。

　このような仕方で進めていくと、解明のなかで常に新たな記述的問題が現れてくるが、それらはすべて、体系的に遂行されねばならない。たとえ、そのなかで真剣に取り扱われねばならないのが、実在的《レアール》な物の世界としての原初的世界の構成、およびそのなかでの(この世界の内部における)空間性と時間性の構成、という大きな問題だけだったとしても。すでにこれまでの論述が示しているように、これらは一つの非常に大きな研究分野を形成しているが、にもかかわらず、それは自然についての現象学全体の低次の段階に過ぎず、その自然は客観的であるとはいえ、純粋な自然であり、それ自身まだ具体的な世界にはほど遠いものである。

心理学に結び付けて話をすることは、原初的なものと異なるもの《フレムト》として構成されるものとの間の区別を純粋に心的なものへと持ち込むことになり、原初的な自然と客観的な自然の構成という構成に関わる問題圏を、たとえ一時的にであれ、心理学的なものとして粗描するためのきっかけを与えることになった。しかしながら、ふたたび超越論的な態度に立ち帰るならば、「空間表象」等の心理学的起源という問題圏についてのこれまでの粗描が、いまや逆にまた、超越論的現象学的に平行する問題のための粗描を与えてくれる。すなわち、原初的な自然および世界一般の具体的な解明という問題のための粗描である。——そして、これによって、超越論的現象としての世界の構成という、私たちが先に企てた問題設定における大きな欠落箇所が埋められることになろう。

　ここで、原初的世界に関わる研究の並外れて大きな複合群(これは一つの研究分野全体をなしていた)をまた、非常に広い意味で「超越論的感性論」[72]と呼んでも構わない。その際、このカント的な標題を借用するのは、理性批判〔『純粋理性批判』〕における空間と時間の論証が明らかに、たとえまだ明らかにされていない、極めて制限された仕方においてではあれ、感性的直観のノエマ的なアプリオリ[73]を目指していたからである。カントの言うアプリオリは、純粋感性的に直観的な(しかも、原初的な)自然の具体的アプリオリへと拡張され、構成に関わる問題圏へ組み込まれることによって、現象学的－超越論的に補足されることが必要である。もっとも、それと対になる「超越論的分析論」[74]というカント的な標題をもって、構成に関わるアプリオリのより高次の段階、すなわち客観的世界そのものとそれを構成する多様なもの(最高の段階においては、究極的には学問的な自然と世界を構成する「理念化《イデアリジーレン》」[75]し理論化する作用)の段階を名づけるのは、その標題の意味にふさわしくないであろう。私たちが言う最初の「超越論的感性論」を超える、次の段階に属するのは、他者経験の理論、いわゆる「感情移入」の理論である[76]。ここでは次のことだけを指摘する必要があろう。以前により低次の段階にある心理学的起源の問題に対して述べたのと同じことがここでも当てはまるということ、つまり、感情移入の問題は構成的な現象学によって初めて、その真の意味を獲得し、解決の真の方法を獲得したのだということ、これである。まさにそれゆえに、あらゆるこれまでの理論(マックス・シェーラーの理論(77)も含めて)は、本当の成果がないままだったし、また、どのようにして「他者」の他者《フレムト》性が世界全体にその「客観性」として移され、世界にこのような意味を初めて与えることになるのか、ということが認識されなかったのである。

なお、次のこともはっきりと指摘しておかねばならない。実証的な学問としての志向的心理学と超越論的現象学とを別々に扱うことはもちろん無意味であろう、そして、この点では明らかに、超越論的現象学には実際に遂行されるべき作業が割り当てられるのに対して、コペルニクス的転回を考慮しない心理学は超越論的現象学から成果を受け取ることになろう、と。しかし、次のことに注意するのも重要なことである。そもそも心と客観的世界は、超越論的考察においてそれらの存在の意味を失うのではなく、この存在の意味が、その具体的な全面性があらわにされることによって、根源的な理解可能性にもたらされるだけであり、それと同様に、実証的な心理学もその正当な内容を失うのではなく、素朴な実証性から解放されて、普遍的な超越論哲学のなかの一つの研究分野となるだけだ、と。こういう観点から見ると、素朴な実証性を超えて高められる一連の学問のなかで、志向的心理学はそれ自体で最初のものである、と言うことができよう。それどころか、志向的心理学は、他のすべての実証的な学問に対して優れた点をまだもっている。もし、志向的心理学が実証性をもちながら、志向的分析という正しい方法で建てられるなら、それは他の実証的な学問が抱えているような基礎づけの問題をもつはずがない。この問題は、素朴に構成された客観性がもつ、例の一面性から生じたもので、それが全面性へと至るためには、(78)最終的には世界を超越論的に見ることへ移行することが必要となる、そういう問題だったからである。要するに、志向的心理学は、隠された仕方ではあるが、超越論的なものをすでに自らのうちに持っているのだ。(79)——ただ、コペルニクス的転回を遂行するためには究極的な反省をしさえすればいいのであり、これがその志向的成果を内容的に変えることなく、ただその「究極的な意味」へと連れ戻してくれる。結局のところ、この心理学はこの一つの根本問題——一つだが唯一の基礎づけ問題だと抗議する人がいるかも知れないが——を抱えているだけで、それは、心という概念である。

第六二節　他者経験の志向的解明を概観的に特徴づける

この章〔第五省察〕を終えるにあたって、私たちがこの省察を始めるきっかけとなった非難に立ち帰ることにしよう。それは、現象学が初めから超越論哲学であるという要求を掲げ、それゆえそのようなものとして、客観的認識の可能性の問題を解決するという要求を掲げる限り、そのような要求に対して向けられた非難であった。さらに、この非難によれば、現象学は現象学的還元によって得られた超越論的我《エゴ》から出発し、そこに結び付けられているため、上の問題を解く能力を持たず、現象学はそのことを認めようとはしないが、超越論的な独我論に陥っており、異なる《フレムト》主観性と真の客観性への歩み全体は自ら認めてはいない形而上学によって、すなわち、ライプニッツの伝統を密かに借用することによってのみ可能だ、ということになる。

しかし、このような非難は、これまで行われた解明の後には、その根拠を失って、雲散霧消してしまう。何よりも注意されねばならないのは、どこにおいても超越論的な態度、すなわち超越論的な判断停止《エポケー》の態度が放棄されることなく、他者《フレムト》経験すなわち「他者《アンデレ》」の経験についての私たちの「理論」は、「他者《アンデレ》」という意味をその構成の働きから解明すること、経験の調和がもつそれに対応する綜合から「真に存在する他者」という意味を解明すること、これ以外の何ものであろうともしなかったし、これ以外の何ものでもあってはならなかったということ、こうしたことである。私が他者として経験の調和をもって確認したもの、その際それゆえに、恣意をもってではなく必然性をもって、一つの認識されるべき現実として与えたものは、超越論的態度においては、それ自身、存在する他者つまり他我《アルター・エゴ》であり、それはまさに私の我《エゴ》が経験する志向性の内部で立証される。実証性という側面から、私たちは次のように言うし、また、それを自明と考えている。私は、私固有の経験において私自身を経験しているばかりでなく、他者経験という特別な形態において他者を経験している、と。疑いを排除した超越論的な解明が示してくれたのは、こうした実証的な発言がもつ超越論的な権利ばかりではない。そうではなく、超越論的で具体的に捉えられた我《エゴ》(それは、超越論的な還元において、初めは未規定の地平を伴って、自分自身のことを気づくのだが)もまた、自分自身をその原初的で固有なあり方において捉えるばかりでなく、他者つまり他の超越論的な我《エゴ》をも超越論的な他者経験という形において捉えている――たとえ、もはや原本的《オリジナル》性格と端的な疑いの余地がない明証においてではなく、外的経験と同様の明証において与えられているのだとしても――、このことをも示してくれた。私は私の「うちに」他者を経験し、認識し、他者は私のうちで構成される――しかも、共現前によって反映されるのであって、原本《オリジナル》としてではない。そうである限り、拡張された意味においては、きっとおそらく次のように言うことができる。我《エゴ》、すなわち省察によって解明を行う者としての私は、自己解明によって、つまり、私が自分自身のうちに見出すものの解明によって、すべての超越を獲得し、しかも素朴な実証性をもって受け取られたものとしてではなく、超越論的に構成されたものとして、すべての超越を獲得する、と。それゆえ、超越論的な我《エゴ》としての私が、自分自身のうちから存在するものとして認識し、私自身のうちで構成されたものとして解明するものはすべて、私自身に固有で本質的なものとして属さねばならない、というような仮象は消滅することになる。そういうことは、「内在的超越」について当てはまることに過ぎないのだ。それというのも、固有で本質的なものにおいて我《エゴ》としての私に意味と存在を与えるのは、綜合的な顕在性と潜在性の体系であるが、この体系を表す標題としての構成とは、内在的な対象から成る現実の構成を意味するからである。現象学の端緒においては、初心者はまず現象学的還元を構成的な研究という普遍的な習慣として原創設する。まさにその態度においては、視野に入ってくる超越論的な我《エゴ》が確かに疑いの余地なく捉えられているが、それはまったく未規定の地平を伴っている。しかも、この地平は、世界および私が世界について知っていることのすべてが単なる現象となるはず、ということによってのみ一般的に結びついているに過ぎない。それゆえ、私がこのように始めるとき、そこにはすべての区別が欠けており、志向的な解明が初めて作り出すような区別、それでも私が見るところによれば、本質的に私に属しているような区別が欠けている。それゆえ、何よりも欠けているのは、私の原初的な本質と精確な意味で私に固有なものの領野についての自己理解であり、また、そのうちで異なるもの《フレムト》として、共現前するものとして、しかし原理的には私の原初的な領分そのものにおいて原本的《オリジナル》に与えられることがなく、いつか与えられうることもないものとして、他者経験という標題のもとに構成されるもの、これである。自分固有でないものも自分固有のもののうちで存在の意味を得る、しかも類比によって共現前するものとしての存在の意味を得る、このことを理解するためには、私はまず自分固有なものそのものを解明しなければならない。こうして、省察する者としての私は、初め、他の人間が総じて括弧に入れられているのだから、どうして私がおよそ他者へと、そして私自身へと至るべきなのか、が分からない。結局、人間および人間的人格としての私を「括弧に入れながら」、それでも私自身が我《エゴ》として保持されて残っているということを、私はまだ理解せず、それをただいやいやながら承認しているだけである。こうして、私はまだ、超越論的な間主観性について何も知ることができない。私は、不本意ながら、我《エゴ》である自分を一つの独我《ソルス・イプセ》と見なし、構成的な働きに対して最初の理解を得た後には、はやくも、あらゆる構成的な内実を、あいかわらずこの唯一の我《エゴ》がもつ自分固有の内実に過ぎないと見なすことになる。それゆえ、本章〔第五省察〕のこれまでのような解明が必要だったのだ。このような解明によって初めて、現象学的―超越論的な「観念論」のもつ豊かな本来的な意味が、私たちに理解できるものとなった。私にとって存在するものは、すべてその存在の意味をもっぱら私自身から、私の意識の場からのみ汲むことができる、というテーゼが根本的な有効性を保持しながらも、独我論という仮象は解消されることになった。この観念論は、モナド論であることが判明したのだ。ここに言うモナド論は、ライプニッツの形而上学を意図的に思わせるところがありながらも、超越論的還元において開示された超越論的な経験を現象学的に解明することから、もっぱらその内容を汲むものである。言い換えれば、あらゆる考えられる明証がそこに根拠づけられねばならない根源的な明証から、あるいは、あらゆる権利とりわけ認識上の権利がいつかそこから汲まれることができる根源的な権利から、その内容を汲むのである。それゆえ、現象学的な解明は、実際には形而上学的な構築〔でっち上げ〕のようなものでは決してなく、あからさまにであれ密かにであれ、歴史的な形而上学の伝統から前提や補助的な思想を借用して理論を築くことでもない。現象学的な解明があらゆるこれらの形而上学的構築〔でっち上げ〕と鋭い対立をなしている理由は、それが純粋な「直観」の枠内で行われること、言い換えれば、それ自身を与える充足によってのみ意味を解明するという枠内で行われることにある。とくに、現象学的な解明が実在的《レアール》なものの客観的世界に関して(同様に、純粋にアプリオリな学問の分野である、多様で理念的《イデアール》な客観的世界のそれぞれに関しても)行うのが何かと言えば——このことはしばしば、十分に銘記されていないが——、それは、この世界が私たちすべてにとって、あらゆる哲学的活動に先立って持っており、しかも明らかに、ただ私たちの経験からのみ持っている意味を解明すること、これ以外のなにものでもない。そして、その意味は、哲学によって覆いを取られはするが、決して変更されることはできない。しかも、その意味は、私たちの弱さからではなく、ただ本質必然性からして、あらゆる顕在的な経験のうちに、まだ原理的な解明を必要とする地平を伴っているのだ。

結　論

第六三節　超越論的な経験と認識とを批判的に吟味するという課題

第五省察のみならず、すでにそれに先立つ第三および第四省察の研究も、超越論的な経験という基盤のうえで行われて来た。しかも、本来の自己経験と他者経験という基盤のうえで。これまで、このような経験がもつ、根源的に生き抜かれた明証のおかげで、それら経験に信頼を置いて来たし、また同様にして、述定的な記述とおよそあらゆる超越論的学問的な経験の仕方とがもつ明証にも信頼を置いて来た。初めは、疑いの余地がない認識をそれのみが真に学問的な認識として実行する、という要求をあれほど真剣に掲げながら、その後、この要求を見失っていたとしても、決してそれを放棄してしまったわけではなかった。ただ、最初の現象学がもつ、途方もなく大きな問題圏の輪郭を描くことを優先させただけである。と言うのも、最初の現象学は、それなりの仕方でまだ或る素朴さ（疑いの余地がない素朴さ）をまとっているが、そこには、新しい種類の、より高次な学問の形成としての現象学がもつ、偉大で特有な働きが潜んでいるからである。したがって、そこでは、現象学がもつ、より進んだ、究極的な問題圏にまで突き進むことはしなかった。それゆえ、疑いの余地がないという性格が及ぶ範囲、限界、およびその様態を規定するという意図をもって、現象学が自己を批判的に吟味するという問題圏には立ち入らなかった〔第一三節参照〕。超越論的現象学的な認識について遂行されるべき批判的吟味の種類については、これまで述べてきた示唆が、少なくとも暫定的なイメージを与えてくれるだろう。例えば、超越論的な想起を批判的に吟味することによって、想起がもつ、疑いの余地がない内実が、どのように取り出されるか、を示唆するものとして。こうして、あらゆる超越論哲学的な認識理論は、認識批判として、究極的には、超越論的現象学的な認識（さしあたりは超越論的な認識）の批判〔的吟味〕[1]へと連れ戻される。そして、現象学は本質的に自分自身へと遡って関係を持つものであるから、この批判自身がまた、一つの批判を必要とすることになる。しかし、この点について言えば、超越論的な反省と批判そのものが反復されるという可能性が明らかであるにもかかわらず、そこには、何らかの困難やまったくの不合理をまとった無限後退などは、まったく成立しない。

第六四節　結　語

私たちの省察は、本質的な点においてはその目的を果たした、とおそらく言ってもよいであろう。その目的とは、絶対的な基礎づけに基づく普遍的な学としての哲学、というデカルト的な理念の具体的な可能性を示すことであった。この具体的な可能性を立証すること、つまり実際的な遂行可能性は――たとえ、当然のように、無限のプログラムという形態においてであるにしても――、必然的で疑うことのできない始まりと、同様に必然的に繰り返し実行される方法とを立証することを意味しており、この方法によって同時に、そもそも意味のある諸問題の体系が粗描されるのであった。実際、私たちは以上のようなところまでやって来た。ただ一つ残っているのは、最初から始める哲学として現れるべき超越論的現象学が客観的な個別諸学へと分岐することと、超越論的現象学が素朴な実証性において範例的にあらかじめ与えられた諸学に対してもつ関係[2]とを、容易に理解できる仕方で説明することである。ここで、この最後の点に眼を向けることにしよう。

日常の実践的な生活は素朴であり、すでに与えられている世界のなかに入り込んだまま経験し、思考し、価値づけをし、行為している。その際、経験することがもつ志向的な働きはすべて、それによって初めて事実が端的にそこに存在することになるものであるにもかかわらず、匿名的に行われる。経験している者自身は、それについて何も知らない。そこで働いている思考についても、同様に何も知らない。例えば、数、述定的な事態、価値、目的、作品といったものは、この隠れた働きのおかげで、一つ一つ積み上げられて現れるが、経験している者には、これら現れてくるもののみが視野に入る。実証的な諸学においても、事情は変わらない。それらは高次の素朴性であり、賢明な理論的技術によって形成された作品であるが、ただ、それらすべてが究極的にはそこから湧き出ているはずの志向的な働きが、解明されないままなのだ。学問というものは確かに、その理論的な歩みを正当化できることを要求し、いつも批判的吟味に基づいているが、その批判は究極的な認識批判[3]なのではない。究極的な認識批判とは、根源的な働きについての研究と批判的吟味であり、それがもつあらゆる志向的地平を露呈することなのである。というのも、これら地平によってのみ、明証の「射程」が究極的に捉えられ、それと相関的に、対象、理論的形成物、価値、目的といったものの存在の意味が評価されることができるからである。このような認識批判を欠いているからこそ、まさに現代の実証的な諸学の高次の段階において、さまざまな基礎づけ問題[4]や逆説や理解不可能性が現れることになるのだ。学問全体を貫いて、その対象領野と理論との意味を規定している根本概念は、素朴に生じたものであり、未規定の志向的地平を持っている。それら根本概念は、ただ荒っぽい素朴な仕方で遂行された、知られざる志向的働きの形成物なのである。このことは、単に個々の個別諸学だけでなく、あらゆる形式的な規範を扱う伝統的論理学についても当てはまる。歴史的に生成してきた学問から出発して、よりよき基礎づけへ進み、その意味と働きについてのよりよき自己理解へと至ろうとする試みはすべて、学者自身が行う自己省察の一部であろう。しかし、〔本当の意味で〕根本的な自己省察は一つだけしかなく、それは現象学的な自己省察なのである。根本的な自己省察とまったく普遍的な自己省察とは不可分であり、同時に、現象学的還元、それによって開示された超越論的な我《エゴ》の志向的な自己解明、直観的な形相学という論理的な形態における体系的記述、といった形をとった自己省察である現象学的方法から不可分である。しかし、この普遍的で形相的な自己解明とは、我《エゴ》と超越論的な間主観性に「生まれつき備わった」、構成についてあらゆる考えられる可能性を支配できるようにすることを意味している。

それゆえ、一貫して継続された現象学はアプリオリに、しかし、厳密に直観的な本質的必然性と本質的普遍性をもって、考えられる諸世界の形式を構成し、しかもそれらをおよそ考えられるあらゆる存在の形式とその段階の体系の枠内において構成する。にもかかわらず、それは根源的に、すなわち、それらの形式を構成する志向的働きがもつ、構成に関するアプリオリとの相関関係においてなのである。

現象学は、その前進にあたって、すでに与えられた現実や現実についての概念をまったく持たず、最初から自分の持つ概念を(それ自身根源的な概念において捉えられた)働きの根源性のうちから汲み取り、あらゆる地平を露呈する必要があるため、あらゆる射程の違いやあらゆる抽象的な相対性を支配できなければならない。それゆえ、現象学は、あらゆる学問分野の根本的意味を規定している概念の体系へ、自分で到達しなければならない。それらの概念は、およそ可能な存在の全体という形式的理念、それゆえまた、およそ可能な世界という形式的理念について、あらゆる形式的な境界設定を粗描するものであり、したがって、あらゆる学問にとって真の根本概念でなければならない。このように根源的に形成された概念については、いかなる逆説も存在しえない。同じことは、さまざまな存在の領域に関係し、また関係づけられるべき諸学問の構造、および構造的形式全体に関わるあらゆる根本概念についても、当てはまる。こうして、世界の超越論的な構成に関して、これまでの論述のなかで示唆的に粗描されてきた諸研究は、世界、自然、空間、時間、動物、人間、心、身体、社会的共同体、文化、等々といった概念の意味と起源(あるいは、根源からの意味)の根本的な解明のための端緒にほかならない。

いま特徴づけられた諸研究を実際に遂行することは、まだ研究されないまま実証的諸学の根本概念として機能している、あらゆるこれらの概念に導いて行かざるをえないが、これらの概念は、現象学においては全面的な明晰判明性において生じてきて、考えられるどのような疑わしさに対してももはや余地を残さないようになる。このことはもう明らかであろう。

いまや私たちは次のように言うこともできる。アプリオリで超越論的な現象学においては、その相関関係の研究による究極的な基礎づけによって、およそあらゆるアプリオリな諸学が生じてくる。そして、この起源において捉えられるなら、これらあらゆるアプリオリな諸学は、一つの普遍的なアプリオリな現象学そのもののなかに、その体系的な分岐として属することになる、と。それゆえ、この普遍的なアプリオリの体系はまた、超越論的な主観性、それゆえまた超越論的な間主観性に、本質においてもとから備わっている普遍的なアプリオリの体系的な展開、あるいは、あらゆる考えられる存在の普遍的ロゴスの体系的な展開と呼ぶこともできる。

このことがさらに意味しているのは、体系的に完全に展開された超越論的現象学は、それ自身で真実かつ真正の普遍的存在論[5]となるだろう、ということである。しかし、それは単に空虚な形式的存在論なのではなく、同時に、あらゆる領域的な存在可能性を自らのうちに、しかもそれらに属するあらゆる相関関係に応じて、含んでいるような存在論である。

この普遍的で具体的な存在論(あるいはまた、普遍的で具体的な学問論、存在についての具体的な論理学)はそれゆえ、絶対的な基礎づけをもつ、それ自体で最初の学問の全体であろう。順序から言えば、哲学的学問分野のそれ自身最初のものは、「独我論的」に制限された「自我論」、原初的に還元された我《エゴ》の「自我論」であり、その次に来るのが、この「自我論」に基づけられた間主観的な現象学、しかも、まずは普遍的な問いを扱い、それから初めてアプリオリな諸学へと分岐していくような普遍性における間主観的な現象学であろう〔第一三節参照〕。

これらアプリオリな学問の全体が、次には、真正の事実的諸学、デカルト的な意味における真正の普遍的哲学、すなわち絶対的な基礎づけをもつ、事実的な存在者についての普遍的な学、これらの学のための基礎となるだろう。事実がもつあらゆる合理性は、まさにこのアプリオリのうちに潜んでいるからである。アプリオリな学問とは、原理的なものについての学問であり、事実学は、究極的にまさに原理的に基礎づけられるためには、この原理的なものに立ち戻らねばならないのだ。ただ、アプリオリな学問は素朴な学問であってはならず、究極的な超越論的—現象学的な源泉から生まれて、そこから、それ自身に基づき、それ自身から正当化されるような、全面的なアプリオリへと、形成されているのでなければならない。

最後に、誤解が生じないように、次のことを指摘しておきたい。前にすでに詳論したように、現象学は、不合理な物自体を扱う素朴な形而上学をすべて排除するだけであって、およそ形而上学なるものを排除するわけではない。現象学は、例えば、誤った問いの立て方と方法においてであるが、古い伝統を内側から突き動かしてきた問題の動機を、力で押さえつけるものではないし、現象学は「最高かつ最後」の問いの前で立ち止まる、というものでも決してない。あらゆる世界内部的な客観性に先行し、それらを担っている、それ自体で最初の存在は、超越論的な間主観性であり、言い換えれば、さまざまな形式において共同体化されるモナドの全体である。しかしながら、事実的なモナドの領分のうちで、しかも、あらゆる考えられるモナドがもつ理念的《イデアール》な本質的可能性として、死や運命などといった偶然的事実性の問題(或る特別な意味で「有意味」なものとして要求された、「真正の」人間の生の可能性という問題であり、そのうちにはまた、歴史の「意味」の問題も含まれる)のすべてが立ち現れてくる。それらは、倫理的—宗教的問題だと言うこともできよう。しかし、それらは、私たちにとって可能な意味を持ちうるすべてのものがまさにその上に立てられねばならないような、そうした土台の上に立てられた問題なのである。

こうして、普遍的な哲学の理念は、デカルトや彼の同時代人が新しい自然科学に導かれて考えていたのとは、まったく異なる仕方で実現されることになる。すなわち、あたかもすべての存在者が計算による統一のうちにあるかのように、演繹的理論の普遍的体系としてではなく、現象学的学問分野の体系として――およそ学問なるものの根本的本質的な意味がそれとともに根本的に変わったのであるが――、しかも、我思う《エゴ・コギト》という公理ではなく、普遍的な自己省察という、最下層の基礎の上に建てられた、主題から言えば相関的な、現象学的学問分野の体系として、である。

換言すれば、最高の意味で究極的に基礎づけられた認識への、あるいは同じことであるが、哲学的認識への必然的な道は、普遍的な自己認識の道である。つまり、まずはモナド的な、次に間モナド的な、という段階を踏んだ自己認識の道である。私たちはこう言うこともできる。デカルト的省察を、あるいは同じことであるが、普遍的な自己認識を受け継ぐことは、哲学そのものであり、あらゆる自己責任(6)をもった真正の学問を包括することになる、と。

こうして、「汝自身を知れ《グノーティ・セアウトーン》」(7)というデルポイの神殿の言葉は、新しい意味を得たことになる。実証的な学問は、世界を喪失した学問である。世界を普遍的な自己省察において取りもどすために、まず世界を判断停止《エポケー》によって失わねばならない。アウグスティヌスは次のように言っている。「外に行こうとしないで《ノリー・フォラス・イレ》、汝自身のうちに帰れ《イン・テー・レーディ》。真理は人の内部に宿っている《イン・インテリオレ・ホミネ・ハビタット・ヴェリタス》(8)」と。

訳　注

序　論

(1)　デカルト記念講堂のこと。本書の第四省察までは、フランスのドイツ学研究所とフランス哲学会の招きにより、一九二九年の二月二十三日と二十五日、パリ・ソルボンヌ大学のデカルト記念講堂において「超越論的現象学入門」という題で行われた二つの講演と、パリからの帰国の途中、三月八―十二日にストラスブールに滞在して行われた講演と討論がもとになっている。

(2)　デカルトの主著『第一哲学についての省察』のこと(以下、『省察』と略す)。若きフッサールに同郷の先輩マサリク(後のチェコスロバキア初代大統領)は、デカルトと英国経験論とライプニッツを読むように勧めていたと言う。その後フッサールは、ハレ大学私講師時代のゼミナール(一八九二、一八九六年)、ゲッティンゲン時代のゼミナール(一九一三―一四年)、フライブルク時代のゼミナール(一九一六年)でデカルトの『省察』を使っている。また、一九二三―二四年の講義『第一哲学』のなかですでに、「デカルト的省察」という標題が使われていた(そこでは、むしろ「デカルトの省察」という意味で、だが)。

(3)　フッサールがここで、「新デカルト主義」という言い方をするには、二つの背景がある。一つは、本書のもとになった講演がデカルトの祖国フランスで、しかもパリ・ソルボンヌのデカルト記念講堂で行われたことが、フッサールがデカルトと結びつけて現象学の話をしようとするきっかけになったことは確かであろう。第二に、後に（本書二四頁）「さまざまな復興《ルネサンス》」と言われている時、何より念頭にあったのは新カント学派（新カント主義）であったろうが、それとの対抗意識がこの「新デカルト主義」という言い方のなかに込められているであろう。デカルトの省察を甦らせることこそ、「唯一実りのある復興《ルネサンス》」だというわけである。もっとも、「新」という言い方が含意しているように、フッサールはデカルトから多くを学んだが、それはあくまで批判的に学んだのであって、デカルトから単に何かを借用したり継承したりするだけでよいとは考えていなかった。『デカルト的省察』のうちには反デカルト的な省察が潜んでおり、デカルト的なものと反デカルト的なもののせめぎあいによってこそ、本書は成り立っている。

（4）デカルトは『省察』でこう述べている。「もろもろの学問において堅固で朽ちることのないものを私がいつかは定着させたいと願うならば、一生に一度は〔断固として〕すべてを抜本的に覆してしまって、最初の土台からあらためて始めなければならない」と。なお、デカルトの著作からの引用は、いくつかの邦訳を参照しながらも、適宜変更を加えて使用した。訳者諸氏の寛恕を請う。

（5）フッサールが念頭に置いているのは、次のような箇所と思われる。「哲学という言葉は、知恵の研究を意味すること、知恵は単に実務における思慮深さのみをさすのではなく、生活を導くうえでも、健康を維持し、さまざまな技術を開発してゆくうえでも、人間が知ることのできるあらゆる事柄についての完全な知識をさすこと、そして、この知識がそのように完全なものであるためには、それが第一原因から演繹される必要があり、したがって、そのような知識を獲得しようと努めるためには、これがとりもなおさず哲学することなのですが、これらの第一原因すなわち原理の探求から始めなければならない……。」

(6) cogitatio　デカルトの有名なテーゼ「我思う、ゆえに我あり(Cogito, ergo sum.)」で使われている「コギト(cogito)」という語は、原形が「コギターレ(cogitare)」となる動詞の、一人称単数「エゴ(ego)」を主語とする人称変化形であるのに対し、「コギタチオ(cogitatio)」というのは、同じ動詞「コギターレ」から派生した、動詞の名詞化の形である。

(7) 原文では、一般的な人称代名詞である ich と、その名詞化である das Ich と、ラテン語の人称代名詞である ego、およびその頭字を大文字化した Ego が、使い分けられている(どこまで厳密に使い分けられているかは、難しいところだが)。本訳書では、ich を「私」、das Ich を「自我」、ego および Ego を「我《エゴ》」とした。それぞれの違いについては、本文のさまざまな文脈から読みとっていただきたい。

(8) デカルトは『省察』でこう述べている。「ほんのわずかでも疑いの余地があるものは、まったく偽であることを私がはっきり知っているのと同じように、これを払いのけながら、進むことにしよう」(第二省察)。これはふつう、「方法的懐疑」と呼ばれている。

(9) 一八三一年のヘーゲルの死によって、それまでドイツ講壇哲学の牽引的役割を果たしてきたヘーゲル学派が解体し、デカルト以来の近代哲学の伝統が停滞期を迎えた。他方、そのなかからマルクス、キルケゴール、あるいは実証主義といった現代哲学の源流となる動きが登場してくる。フッサールもまた、そのような混沌とした時代の哲学に直面していた。なお、編者シュトレーカーの注によると、この箇所は草稿MⅡ5では次のようになっていた。「前世紀の半ばから、私たちがヨーロッパの哲学を学問の統一という観点から眺めようとすれば、それ以前の時代に比べると、哲学の衰退は紛れもない事実である。目標の設定、問題設定と方法において、この統一は失われてしまった。」

(10) 本書がパリで出版された一九三一年から三年後、一九三四年九月プラハで開催された第八回国際哲学会議のために「哲学の現代的課題」と題する哲学書簡を寄稿した際、フッサールは開催校になっているプラハ大学のエマニュエル・ラートゥル教授宛に添付した手紙にこう書いた。「哲学者達の共同作業の古いスタイルにもはや希望はない。真の哲学者達が本当に結びつくのはその志においてのみである。各人は研究においてさしあたりそれぞれの孤独に向かうべきである。」しかし、フッサールはこう続けていた。「初めはまったく孤独だが、ラディカルな反省を経た哲学者達はふたたび互いに出会うことができ、相互の批判と援助において共同性が自ずから形成されるであろう」と。

(11) デカルトの『省察』の標題に使われている「第一哲学」という言い方は、アリストテレスが『形而上学』において、「或る不動の実体を対象とする学」(「神学」と考えられる)および「存在をただ存在として研究すること」(後に、「存在論」と呼ばれるようになる)を「第一の哲学」と呼んだことを念頭に置いて使われている。

(12) 「復興《ルネサンス》」ということでフッサールが念頭に置いていたのは、一八六〇年にオットー・リープマンが発した「カントに帰れ！」という呼びかけから始まった新カント学派のことであろう。フッサール自身、同学派のうちマールブルク学派に属するナトルプ、カッシーラー、西南ドイツ学派に属するラスク、リッケルトをはじめ、多くの同学派の哲学者と交流があり、彼らから学びつつも、彼らと距離を置いたところに自らの現象学的哲学を展開していった。現象学の標語として有名になった「事象そのものへ！」という言い方も、右の「カントに帰れ！」という標語との対決に発しているとも言えよう。

(13) 現象学的還元の原型が初めて講じられた一九〇五年の講義『現象学の理念』でも、「われわれに出発点を与えてくれるのはデカルトの懐疑考察である」として考察が始まる。しかし、そこでも、「デカルトにおいては一つのことが発見されながら、それが捨てられてしまった」と、フッサールは初めから、デカルトの議論を借りながらも、それを批判し改造して使おうとしていた。

第一省察

(1) デカルトは、学問を「一本の樹」に喩えていた。「哲学全体が一本の樹のようなもので、その根は形而上学、幹は自然学、この幹から出る枝は他のすべての諸学で、これは大別して三つの主要な学、すなわち医学、力学および道徳にまとめられます。」(『哲学の原理』仏訳者への手紙）後に出てくる「普遍学」という構想も、ここから由来する。

（2） 前注に引用した「一本の樹」の比喩にも見られるように、この樹の幹となるのはあくまで「自然学」であって、枝となる「道徳」もまた幹となる「自然学」に基づいて初めて可能になる。フッサールはそこに、「自然科学的な方法が精神的な秘密も解明しなければならない」（『危機』）と考える自然主義を読みとり、その「素朴な一面性」を指摘している。この点については、後に（本書第一〇節）詳論される。

（3） この「幾何学の秩序にしたがって」という表現は、スピノザの主著『エチカ』（詳しくは、『幾何学の秩序にしたがって証明されたエチカ（倫理学）』）によって有名なもの。それに先立つスピノザの著作『デカルトの哲学原理』（副題に、「スピノザにより幾何学的方法で証明されたもの」とある）にも見られる。

（4） 「ノエマ」という語は、ギリシア語「ノエイン」という動詞の過去分詞形で、同じ動詞の名詞化である「ノエシス」と対概念をなす。「ノエイン」は、ラテン語の「コギト（原形はコギターレ）」に対応する語で、「コギト」と同様に「思う、思惟する」と訳すことができる。それゆえ、「ノエシス」を「思うこと、思惟すること」とし、「ノエマ」を「思われたこと、思惟されたこと」とすることもできる。フッサールは、後述される現象学的還元において捉えられるようになる志向的な体験を、自然的あるいは自然主義的な歪曲を排除して、与えられるままに捉えたものを、「ノエシス」と「ノエマ」という相関的な術語で呼んでいる。ここでは、「事実として与えられている諸学」が持っている「理念」を与えられるがままに捉えたのが「ノエマ的な現象」と呼ばれている。

(5) 一九一一年の論文「厳密な学としての哲学」でも、「文化現象としての学問」と「妥当な理論体系としての学問」が区別され、そこからさらに、「時代に対する目標」に答える「世界観哲学」と、「永遠に対する目標」に答える「学問的哲学」とが、「決して混同されてはならない二つの理念として峻別」されていた。

(6) デカルトは、「学問とはすべて確実かつ明証的な認識である」(『精神指導の規則』)とし、「きわめて明晰かつ判明に私の知得するところのすべては真である」(『省察』)としていた。一九世紀には、心理学主義的な考え方のなかで、明証感情が真理の主観的指標とされた。これに対して、フッサールは『論理学研究』において心理学主義を批判しつつ、明証を現象学の立場から捉え直そうとした。

(7) 間接的判断は直接的判断を前提しており、これに基づけられることになる。間接的判断は「事象から離れて」思念することであるのに対し、直接的判断は「事象への近さ」において、事象が「それ自身」として現前している。このように事象そのものが現前している場をフッサールは「明証」と呼んだ。これが後に出てくる「原本的《オリジナル》性格」にもつながっていく。

(8) フッサールは『論理学研究』第一巻において、心理学によって論理学を基礎づけようとする「心理学主義」に対して批判を展開する際、論理学の課題と心理学の課題の間には根本的な差異があり、それを「理念的《イデアール》」と「実在的《レアール》」という対概念によって説明していた。

(9) vorprädikativ 「述定(Prädikation)に先立つ」の意。フッサールは、『論理学研究』第二巻第五研究でも、表現における「名指すこと」と「陳述(述定)する」ことの区別を、表現に先立つ「表象」(われわれにとって何かが対象となること)と「判断」(この対象について何かが思惟されること)の区別に由来するものとしていた。「前述定的」とは「主述をもった表現に先立つ」という意味で、それに対し「述定的」とは「主述をもった表現という形で」という意味で用いられている。

(10) Universalwissenschaft　デカルトは、「どんな特殊な質料にも付与されていない順序と尺度とについても探究がなされうることをすべて明らかにするような、ある種の一般的な学問がなければならない」として、それを「普遍数学(Mathesis universalis)」と呼んだ(『精神指導の規則』)。Mathesis という語は、もとのギリシア語 mathemata では、「学ぶべきもの＝学」というくらいの意味しか持たず、必ずしも「数学(Mathematik)」を意味しなかったが、デカルトはこの語ではっきり算術と幾何学を中心とする「数学」を考えていた。それに対しフッサールは、超越論的現象学こそ、この「普遍学」の理念を実現するものと考えている。

(11) 「明証」の原語 Evidenz は、語源的には、「ex(外へ)」と「videre(見る)」から来ている。

(12) 日常生活のなかには、そのつどの日常的実践にそれなりに役立つ明証と真理があり、「日常的・実践的な状況真理」(『危機』)があるが、それは、「学問的認識」(エピステーメー)を求める立場からすれば、特定の時期、特定の人に、特定の状況においてのみ通用する「主観的・相対的」な思いなし(ドクサ)に過ぎない。

(13) 古代ギリシアにおいては、学問と哲学の区別はなかった。そこにおいて成立した「真正な学問」の理念は同時に「哲学」の理念でもあった。フッサール自身はそうした脈絡に言及していないが、現代ドイツを代表する現象学者の一人クラウス・ヘルトはフッサール現象学と古代ギリシア哲学とのつながりに着目している。

(14) 「より先なるもの」と「より後なるもの」という用語は、アリストテレスに由来し、「アプリオリ(より先なるものから)」と「アポステリオリ(より後なるものから)」もそこから派生した術語である。他方、「それ自体として(an sich)」は、一つにはカントやヘーゲルのそれぞれ独自の用法が、またもう一つには、チェコの哲学者・数学者ボルツァーノの「真理自体(Wahrheit an sich)」「命題自体」という思想がフッサールの念頭にあったものだろう。ここでは、「われわれ(認識する者)にとってより先なる/後なる認識」が問題ではなく、「それ自体としてより先なる/後なる認識」という順序が問題になっているわけである。

(15) adäquat 一般には「適当な、妥当な」などとも訳されるが、もともと、中世スコラ哲学以来の対応説的真理観を表す、「真理は事物と知性との合致である(veritas est adaequatio rei et intellectus)」という言い方から由来し、「ピッタリと合致=一致する」というニュアンスを持つので、「十全な」とした。

(16) デカルトは、哲学は「第一原因すなわち原理の探究から始められねばならない」として、この原理の条件を二つ挙げている。一つは、その原理が「明晰で明証的であり、……その真理性を疑うことができない」こと、もう一つは、「他のあらゆる事物の認識はこの原理に依存しており、したがって、この原理は他の事物なしに認識されるが、逆に他の事物はこの原理なしには認識されない」こと、である(『哲学の原理』仏訳者への手紙)。

(17) 次の箇所を参照。「夜は眠り、そして睡眠中には、そうした狂人たちが目覚めているときに夢想するのと同じことのすべてを、あるいはまた時折はそれよりもいっそう真実らしからざることを夢想する……覚醒は睡眠からけっして確実な標識によって区別されることのできないということ……。」(『省察』第一省察)

(18) transzendental 元来カントが『純粋理性批判』で用いた語である。カントにおいては、「対象にではなく、対象を認識するわれわれの認識の仕方に、この認識の仕方がアプリオリに可能であるはずであるかぎりにおいて、これに一般に関与する一切の認識」が「超越論的」と呼ばれる。それは、「超越的(transzendent)」の対概念として使われるので「超越論的」と訳されるが、同時に「経験的(empirisch)」の対概念としても使われるため「先験的」と訳されることもある。本文のこの箇所で、フッサールはデカルトが行った「大きな転換」をカントの「超越論的」という用語を使って捉えようとしているわけだ。

(19) Lebensumwelt フッサールは『イデーンI』において、自然的態度の世界を「周囲世界(Umwelt)」と呼んでいた(因みに、これは、同時代の生物学者ユクスキュルが使い、「環境世界」と訳されている語であり、また、その後、現代においては、環境破壊や環境保護などという文脈で普通に「環境」と訳されている語でもある)。やがて、それは、晩年の『危機』においては、「生活世界(Lebenswelt)」として特別な意味合いをもって使われるようになる。本書では、この「生活の周囲世界」とともに「生活世界」という語も出てくるが、『危機』に見られる「生活世界」の思想はまだ前面に出てきていない。

(20) もともと「中止、抑制」の意のギリシア語で、古代の懐疑主義ピュロン派において中心概念として使われた。ただし、フッサールはこれを懐疑主義的に使うのではなく、ここにあるように、客観的世界の存在についての態度決定を「差し控える」「禁止する」、それゆえ存在の信念を「働かせない」「括弧に入れる」こととして使っている。必ずしも「判断」に関わることではないが、古代懐疑主義的な響きももたせて「判断停止《エポケー》」とした。

(21) 次の箇所を参照。「思惟するものとは何であるか。つまり、疑い、知解し、肯定し、否定し、欲し、欲せず、また想像もし、そして感覚し、するものである。」(『省察』第二省察)

(22) geradehin「まっすぐに」の意。「反省(Reflexion)」(原語には「反射」の意もあり)が向きを変えて自分に戻ってくるのに対して、対象へ端的に、無反省的、忘我的に没頭している状態をこの語で形容している。

(23) Reduktion　この箇所にも見られるように、「還元」とはもとのものへと連れ戻すという意味であって、自然科学において使われるように、何かを切り詰めるという意味ではない。

(24) Horizont「地平線」とも訳せるが、「線」そのものが重要なのではなく、主題的に関心が向かっている対象の周辺に、背後に、非主題的に広がっている背景を指している。ここで語られている、「規定可能な無規定性の地平」は、『イデーンI』以来、フッサール現象学にとって重要な概念となっていたもので、本書でも後に(第一九節)詳しく論じられることになる。

(25) エティエンヌ・ジルソン(一八八四―一九七八)は、フランスの二〇世紀最大の中世史家の一人で、デカルト哲学に対する中世哲学の深い影響から研究を始めた。

(26) アレクサンドル・コイレ(一八九二―一九六四)は、ロシアに生まれフランスで活躍した科学史家・哲学史家。ゲッティンゲンでフッサールに学んだのち、パリ大学で哲学を学び、フッサールがパリ講演をした時も、聴衆の一人として居合わせていた。デカルトとアンセルムスの研究で学位を得たのち、科学史研究に転じた。

(27) せっかく発見した「我《エゴ》」を「世界の小さな末端」と解釈してしまった、というのがフッサールがしばしばデカルトに向ける批判点である。デカルト自身、「私が事物の総体〔宇宙〕の部分をなすに過ぎない、ということを否定することができない」(『省察』第四省察)と述べている。

(28) デカルトは、「我あり」を発見し、その「我」を「思惟するもの(res cogitans)」と規定したのち、それをさらに、「魂(mens)あるいは霊魂(animus)あるいは知性(intellectus)あるいは理性(ratio)」と伝統的な用語を使って言い換えている(『省察』第二省察)。

(29) Erfahrungswelt　本書では、これまで「周囲世界」とか「生活の周囲世界」と呼ばれていたものと基本的には同じと考えられる。それが一方では、本書第七節にも見られるように「自然的態度の世界」として捉えられていると同時に、他方では、本書第五八節の「生活世界」を経て、『危機』での「生活世界」の議論につながっていく。

(30) Ich, dieser Mensch, bin.　デカルトも、「我あり、我存在する」と述べたあと、それではその「我とは誰か」と問い、これまでは「人間」と考えてきたが、しかし、この答えはいっそう困難な問題へと落ち込むことになるとして、「思う〔思惟する〕我」へと導いていく。フッサールにとっても、「人間」というのは「世界」を前提しており、ところがこの「世界」を括弧に入れたのだから、ここで見いだされた「我」は「世界」を前提する「人間」という意味を持ち得ない。ここで使われた「人間としての我がある」という言い方が、本書第四省察以降では、「人間としての自我(das Mensch-Ich)」と略されて使われることになる。

(31)　inner　ここは原文でイタリック体になっている。デカルトは「思う〔思惟する〕我」を発見した後の第三省察冒頭で、「感覚したり想像したりするものが私の外においては無であろうとも、感覚および想像と呼ぶ思惟の仕方は、私の内にあると確信している」と述べていた。これは、その後、フッサールの師フランツ・ブレンターノにおいて、「内的知覚の明証」という形で受け継がれていた。しかし、フッサールは『論理学研究』第二巻補遺においても、「内的知覚と外的知覚は、これらが自然的に理解されている限り、まったく等しい認識論的性格をもつ」として、この「内的知覚の明証」説は維持しがたい旨を述べており、この論点はその後の展開においても絶えず繰り返されている。

(32)　psychophysisch　フッサールはこの語を、『イデーンI』以来、自然的態度に基づきつつ、それから派生してデカルト的な物心二元論(心身二元論)的な考え(それゆえ、自然主義的な態度)に基づいて捉えられていることを表すものとして使うとともに、後に述べるフェヒナーの「精神物理学(Psychophysik)」とのつながりも念頭に置きながら使っている。

(33)　ここから、心理学的自我と超越論的自我とが区別される。この問題は、後論される(志向的、現象学的)心理学と(超越論的)現象学の区別にまでつながって行く。

(34)「超越論的」と「超越的」とは、対をなす相関的な概念である。「世界の超越性」に属するものは「超越的」と呼ばれ、その根拠に関わる問題は「超越論的」と呼ばれる。

(35) reell　これは本来のドイツ語の real(実在的)に対応するフランス語の形で、意味としてはほとんど real と同じように使われるのが普通であるが、フッサールは両者を使い分けている。「実在的《レアール》」とは区別され、意識の生そのものに実質的に属する(内在する)ものを言うので、「実質的《レエル》」とした。「実在的《レアール》」を特徴づけるのは「時間性」だと考えるフッサールにとって、意識の「内」も「外」に劣らず「実在的《レアール》」と呼びうるが、それは通常の用法からすると奇妙に聞こえる恐れがあるため、フランス語の形「実質的《レエル》」を使うようになったと思われる。

(36) Empfindungsdaten　英語では sense data(感覚与件)であり、この語は、英国経験論の伝統において「感覚の観念」「感覚印象」などと呼ばれていたものが、フッサールの当時は、「感覚与件」と呼ばれるようになっていた。フッサールが『論理学研究』において、ロック以来の「感覚主義(Sensualismus)」との対決のなかで「志向性」の理論を確立していく時、その攻撃の対象となったのが「感覚与件」という考え方であった。

(37) Transzendenz irreellen Beschlossenseins　直訳すると、「非実質的に含まれているという超越性」となる。『イデーンI』でも、「物が意識に対してもつ超越性とか「自体存在」とかいう言い方に騙されてはならない。物的なものの超越性の本当の概念は、知覚の本質内実から以外には汲まれることができない。……自体的に存在する対象とは、決して、意識にまったく関わらないようなものではない」(第四七節)と述べられ、また、「物の超越性は、直観の進行における無際限性に表現されている」(第一四九節)のであって、知られざる「物自体」の超絶性なのではない。

(38) Korrelation　フッサールは『論理学研究』の時期に「志向性」の思想を獲得していくが、それは言い換えれば、ノエシスとノエマ(コギトとコギタートゥム)の「相関関係」という思想を獲得していくことでもあった。フッサールは晩年の『危機』のなかで、こう述べている。「経験対象とその与えられ方という、この普遍的な相関関係のアプリオリを最初に思いついたとき(それは、私が『論理学研究』を推敲していた、ほぼ一八九八年の頃であるが)、それは深く私のこころを動かしたので、それ以来私の全生涯の仕事は、この相関のアプリオリを体系的に完成するというこの課題によって支配されてきた。」

第二省察

(1) デカルトはせっかく発見した「思う(思惟する)我」を「世界の小さな末端」である「人間としての我」と捉えてしまった。それは、フッサールの言う「超越論的な主観性」を捉え損ない、世界内部の「超越的な主観性」としてしまったものである。

(2) 「超越論的」という用語は、カントにおいては、「先験的」とも訳されることに見られるように、「経験的」という語と対立するものでもあった。したがって、「超越論的経験」(あるいは、「先験的経験」)という言い方は、カントの用語法から言えば、矛盾する奇妙な言い方である。しかし、フッサールにとっては、「超越論的主観性」は「経験」の場を離れたところにあるわけではなく、あくまでも「経験」という場のなかで機能しているものとして見いだされるのであり、そのような問いの場こそが「超越論的経験」と呼ばれている。

（3）Retention「未来予持（Protention）」と対になって使われる。それぞれ、re-（後ろに）とpro-（前に）に、In-tention（志向）のtention（緊張、張られていること）をつけた造語。過去を主題的に振り返る「想起」、未来を主題的に見通す「予期」に対して、過去把持と未来予持は、時間的幅をもった現在の地平をなす、「たったいま」過ぎ去ったものを「まだ」保持する、あるいは、「いますぐに」来らんとするものを「もう」先取りする、非主題的な働きを指している。その意味で、原語には「過去」や「未来」という語は含まれていないことに注意。

（4）「アプリオリ」は、アリストテレスに遡る用語であるが、カントが『純粋理性批判』において、「経験に先立つ」という意味で使い、フッサールも基本的にはこのカントの用法を継承している。とりわけ、「本質」「形相」に関わり、「可能性」に関わるものが「アプリオリ」と呼ばれる。

（5）「自我論」と「独我論」はどちらも日本語では「……論」となってしまうが、前者は「自我についての研究・学問」の意であるのに対し、後者は「我一人のみが存在するという主張・考え方」の意であることに注意。ちょうど、例えば、認識論というのは認識についての研究・学問であるが、経験論というのは認識の源泉は経験にあるという主張・考え方である（それゆえ、経験主義とも訳される）のと同様。ここでは簡単に「一種の独我論と宣告するかのように見える」と言われている問題が、本書第五考察へと導くことになる。

(6)　Intersubjektivität 「相互主観性」とも訳される。フッサールは本書第五考察で突然、他者の問題、間主観性の問題を論じ始めたわけではない。そのきっかけは、現象学的還元の思想が芽生えたという一九〇五年ゼーフェルトでの考察から始まり、最晩年に至るまで、さまざまな問題との関連で繰り返しこの問題に取り組んでいる。

(7)　これは、このままではデカルトの著作には出てこない言い方である。デカルトのテーゼは、「我思う、ゆえに我あり(Cogito, ergo sum.)」として有名だが、これもこのままの形では『省察』に出てこない(それに近いのは、『哲学原理』の「我思う、ゆえに我あり(Ego cogito, ergo sum.)」である)。

(8)　初期のフッサールは、「現象学は記述的心理学」であると考えていたが、まもなく「現象学は記述的心理学」ではないと宣言する。そして、一九二五年の『現象学的心理学』や一九三〇年の「『イデーン』への後書き」では、ここに見られるように、一方では、現象学的心理学(ここに言う純粋心理学)と超越論的現象学は「平行関係」にあるが、他方では、両者は「微妙ではあるが根本的な差異」によって厳密に区別されねばならない、と主張するに至る。

(9)　『論理学研究』第一巻のほとんどは、心理学主義批判に当てられているが、そこで批判された心理学主義とは、論理学の基礎づけには心理学が必要だとする考え方であった。いまここでは、学問の基礎づけの役割を果たすべき超越論的現象学を、純粋とはいえ心理学と混同し、超越論的な基礎づけを心理学へと求めることが、「超越論的な心理学主義」と呼ばれている。

(10)　これは、意識の志向性を表すテーゼとして有名になったもので、志向性について語る時、ハイデガーやサルトルもこのテーゼを使っている。

(11) われわれがごく普通に日常的な生活を送っている時、そのことを意識しないまま、すでに世界の存在そのものを信じている(「世界信憑」と呼ばれる)という態度をとってしまっている。本書ではこれまでずっとただ「自然に」という言い方だけがされていたが、ここで初めて「自然的な態度」という『イデーンI』以来定着した表現が使われる。

(12) cogitatum 「コギト(cogito)」の原形「コギターレ(cogitare)」の過去分詞形。序論の注(6)で触れた「思うこと《コギタチオ》」と相関関係をなす。

(13) フッサール現象学の根本概念であり、現象学に対する評価も批判もこれをめぐって行われるが、すでにフッサール自身においてその思索の進展とともに拡大され深化されて使われており、「意識とは何かについての意識である」という、当初、人口に膾炙した定義だけではもはや充分ではない。とりわけ本書(第一四節)でも「思うこと《コギト》と思われたこと《コギターートゥム》」(あるいは「ノエシスとノエマ」)との相関として語られる一方で、他の箇所(第九・一九節など)で論じられる「地平」についての考察は、そうした相関の図式をはみ出すものも持っており、フッサールのかつての助手ルートヴィッヒ・ラントグレーベも強調したように、この「地平志向性」の発見は「志向性」の思想を決定的に飛躍させるものだった。ここから本書でも後に出てくる「受動的綜合」や「運動感覚《キネステーゼ》」への道が開けることになるが、その時、この志向性はもはや「自我的」というより、「自我に先立つ(vor-ichlich)」何かをも表現しようとしている。超越論的主観性が自然的態度においては「匿名的」に機能しているという考えも、ここから理解すべきである。

(14)　同様の主張は、『イデーンI』では次のような「あらゆる原理の原理」と呼ばれていた。「すべての原的に与える働きをする直観こそは、認識の正当性の源泉である。われわれに対し「直観」のうちで原的に(いわばその生身のありありとした現実性において)呈示されてくるすべてのものは、それが自分を与えてくるとおりのままに、しかしまた、それがその際自分を与えてくる限界内においてのみ、端的に受け取られねばならない。」(第二四節)

(15)　『イデーンI』のフッサールは、デカルトの方法的懐疑を通じた「思う我」の発見にならって、現象学的還元を説いたが、そこで使った「世界を無化した後の残余(Residuum der Weltvernichtung)」としての「純粋意識」という言い方は、誤解を招くものであった。『危機』のフッサールは、『イデーンI』の「はるかに手短な道」を「デカルト的な道」と呼び、それは「大きな欠陥」をもっていたと反省している。本書は、同じ「デカルト的な道」を再度辿るものだが、右のような反省を踏まえながら辿り直そうとしている。

(16)　異なるのは「態度(Einstellung)」であって、実体的に異なる二つの自我があるわけではない、言い換えれば、自然的態度にある自我が態度変更を行えば超越論的自我となる、ということであろう。しかし、他方では、それが「一種の自我分裂」(本書七二頁)だとも言われるわけで、それが「同じ自我」であるという言い方には問題が残る。

(17)　Sensualismus　英国経験主義の伝統を、とくに「感覚与件」を中心に継承しようとする傾向を指している。

(18)　Gestaltqualität　フッサールと同じく、ウィーンでブレンターノやマイノンクに学んだオーストリアの哲学者・心理学者であり、ゲシュタルト心理学の先駆者の一人でもあるエーレンフエルスが提起した概念で、感覚要素やその総和を超えるもの(つまり、ゲシュタルト心理学の言う「ゲシュタルト〔形態〕」)を指そうとしている。本文のすぐ後に触れられる「全体は部分に対してそれ自体で先立つものだ、という理論」もゲシュタルト心理学のものである。

(19) Atomismus 「原子論」と訳すべきところかも知れないが、ここでは物理学における原子論ではなく、心理学における原子論(意識を感覚与件という構成要素に分解し、それの総和として説明しようとする考え方で、ゲシュタルト心理学が批判しようとしたもの)を指しているので、「要素主義《アトミスムス》」とした。

(20) 同様の主張を『危機』では次のように述べている。「意識の生において直接与えられているものは感覚与件では決してなく、すでにデカルトが見いだしたようなコギト、すなわち言語的に刻印され、なじみの形態をもった志向性(「私は緑の樹を見ている」「私は葉のそよぎを聞いている」等々)である。」(第六八節)

(21) Synthesis 一般に、或るものと別の或るものを結びつけることを言うが、ここでは、それが「意識の原形式」と言われる。カントは『純粋理性批判』で「多様なものの結合は悟性の働きであり、われわれはこれを一般に綜合と名づける」と述べていた。フッサールについて言えば、ここで考えられているのは、意識の「能動的」な働きとしての「綜合」であるが、本書では後に(第四省察第三八節)、「受動的」な「綜合」についても論じられることになる。

(22) 空間的場所としては、私が動くことによって、先ほどまでそこだった地点が今はこことなり、ここだった地点がそことなる。ところが、「私の身体」(自己の身体)がここと言われるのは、それとは異なり、私がどれだけ動いても、「私の身体」はいつもここにあって、そこになることはない。それをフッサールは「絶対的なここ」と呼んだ。

(23) もともと、絵画の技法としての遠近法を指す用語であるが、フッサールはおよそ視覚において、或る視点からの展望として見られる現象、したがっていつも或る「側面」だけが現出するような現象を「パースペクティヴ」と呼んでいる。もちろん、それは視覚だけでなく、聴覚についても比喩的に語られようし、さらにフッサールは、このような「空間的なパースペクティヴ」のみならず、「今」を原点として過去と未来へと広がる時間のあり方をも、「時間的なパースペクティヴ」と呼んでいる(『内的時間意識の現象学』)。

(24) ブレンターノが『経験的立場からの心理学』(一八七四年)において、「物的現象」と「心的現象」を区別し、「心的現象」を特徴づけるために使った「対象の志向的(ないしは心的)内在」という用語を、フッサールは換骨奪胎しつつ継承・発展させて、「志向性」という現象学の中心概念として彫琢していった。

(25) フッサールは、時間そのものと(内的)時間意識を区別し、客観的とみなされた時間そのものは内的時間意識から構成されたものと考えた。時間の現象学は、フッサールが長い間にわたって、考察を続けたテーマの一つ。

(26) ideell　これはドイツ語の ideal(理念的)に対応するフランス語の形。フッサールは、ideal(理念的)を real(実在的)の対概念として使い、ideell は同じフランス語形の reell(実質的)の対概念として使っている。したがって、志向的体験に実質的《レエル》には含まれず、その意味で実質的には体験を超越しているもの、しかし同時に「まったく固有の意味でそのうちにある」もの、志向的には「内在する」もの、すなわち志向的対象をこの ideell という語で形容している。

(27) Fundierung 『論理学研究』以来の用語で、「AなしにはBがありえない」時、「BはAに基づけられている」と言う。その逆は成り立たない時は、「一方的基づけ」とも言う。

(28) 『イデーンI』においても、「顕在的体験は、非顕在的な体験の庭に取り囲まれている」と述べられ、「コギト」というのは、この「顕在的」な様相のみを表していた。「非顕在的体験」もまた「志向的体験」であり、「志向性は顕在的な様態において遂行されていなくとも、すでに背景において非顕在的・潜在的な様態において発動している」のである。同書で「地平」という考えが登場するのも、こうした脈絡においてである。

(29) ここでは einwohnen が使われているが、「内在」の意では、Immanenz, immanent が使われることが多い。一九〇五年の講義『現象学の理念』で初めて現象学的還元について講じた時すでに指摘された重要な論点の一つが、還元によって、「実質的《レエル》な内在」ばかりか、「志向的な内在」(これは、「実質的《レエル》」には「超越」と言わざるをえないが)も現象学の扱うものとなるということであった。

(30) Analyse 「分析」とは、デカルトにおいても「入り組みかつ不明瞭な諸命題を、段階的により単純なものに還元」することであった。その後、自然科学において使われる時も、或る物質を要素に分析＝分解することを意味するのが普通であるが、フッサールはここでも述べられているように、必ずしもそういう意味で使ってはいない。

(31) anonym　もともと「名前のない」の意。自然的態度においてわれわれは、そのつどの対象に直進的に向かい、世界のうちに素朴に生きることで自己を忘却しているため、そこにおいて常にすでに超越論的主観性が作動し機能しているにもかかわらず、それは隠蔽されたままである。それをフッサールは「匿名的《アノニム》」と呼んでいる。

(32) デカルトは、心(anima, âme)と物(corpus, corps)の二つを実体とし、それぞれの属性を思惟(cogitare)と延長(extensio)とした。しかし、フッサールは、延長というのは物の一つの層に過ぎないと考え、第一に「時間的物(res temporalis)」、第二に「延長物(res extensa)」、第三に「物質的物(res materialis)」という三つの層を考えている(『イデーンI』第一四九節)。

(33) Kategorie　アリストテレスが述語の最高類として使ったのに始まるが、カントにおいては、人間の経験一般の可能性の制約として、感性の形式(時間・空間)と並んで、悟性の形式が十二の範疇《カテゴリー》とされた。フッサールにおいては、意味範疇と対象範疇を含め、形式的本質が一般に「範疇」と呼ばれる(『イデーンI』)。しかし、何よりもフッサールにおいて、この語を有名にしたのは、感性的な直観と並んで、そのような範疇的なものが与えられる「範疇的《カテゴリアル》直観」を認めたことである(『論理学研究』第二巻第六研究)。これがハイデガーの存在論の着想にも影響を与えた(『現象学へ入っていった私の道』)。

(34) Ursprung　処女作の『算術の哲学』から晩年の草稿『幾何学の起源』に至るまで、フッサール現象学のキーワードの一つ。もっとも、初期から晩年までフッサール現象学の展開とともに、その位置づけは変わって行った。

(35) ヘラクレイトスは古代ギリシアのソクラテス以前の哲学者。「万物流転《パンタ・レイ》」の思想が有名。ここでフッサールもこの思想を踏まえながら、「意識の流れ」を「ヘラクレイトス的な流れ」と呼んでいる。

(36) Leitfaden 『イデーンI』以来、フッサールがよく使う用語の一つ。もともとカントが『純粋理性批判』において、純粋悟性概念(カテゴリー)を体系的に見いだすために伝統的論理学の判断表を「手引き」とした時に使った用語。フッサールがこの後に述べるように、形式的存在論と質料的存在論を「手引き」として超越論的な構成の理論を組み立てようとする時、その手法はカント的な「手引き」の使い方とも言える。

(37) フッサールは、伝統的な(狭い意味での)形式的論理学のみならず、アプリオリな形式的本質に関わる、その他の形式的な「普遍数学」(算術、解析学、多様体論)を包括する学問分野全体を「形式的存在論」として構想していた(『イデーンI』第八節)。また、このような「形式的論理学(形式的存在論)」を「手引き」にしながら、超越論的現象学へと導いていくのが、パリ講演と同時期に出版された『形式的論理学と超越論的論理学』である。

(38) フッサールにとって、存在論とはさまざまな存在のアプリオリな本質についての考察であった。しかも、アプリオリな本質には「形式的」なものと「質料的」なものがあると考え、それぞれに対応して「形式的存在論」と「質料的存在論」を構想した(『イデーンI』第八節)。したがって、フッサールの「存在論」は、ハイデガーが『存在と時間』で展開したような、存在者(Seiendes)と存在(Sein)との「存在論的差異」に基づく「存在論」とは、発想からして異なる。

(39) Region　前出の「範疇」が形式的本質であるのに対し、「領域」とは質料的な本質を指す。それぞれ、前者によって形式的存在論が形成され、後者によって質料的存在論が形成される。

(40) Konstitution　超越論的現象学は「超越論的主観性における世界の構成」を解明するもので、「構成」はその中心概念の一つではあるが、フッサールの用法は必ずしも明確ではなく、あたかも「自我が世界を構成＝創造する」かのような誤解も生み、フッサール自身が「意味形成」と「創造」の間で動揺していたという、フッサール晩年の助手オイゲン・フィンクの指摘もあり、その解釈をめぐって議論されてきた。考慮すべきなのは、フッサールがしばしば「構成される(sich konstituieren)」という再帰動詞の形を使っていることである。なお、「構成的(konstitutiv)」という形容詞をフッサールは、このような「構成の問題に関わる」ものを形容するのに使っているので、むしろ「構成に関わる」と訳した。

(41) Chaos　フッサールは、「無意味」な「感覚の束」なるもの(『イデーンI』)をしばしば「カオス」という語で呼んでいた。それに対抗して、「何かを意味においてもつことがあらゆる意識の根本特性である」(『イデーンI』)と主張すること、それが「志向性」の根本思想である。

(42) カントは、「構成的(konstitutiv)な原理」と「統制的(regulativ)な原理」を区別していたが、ここのフッサールの「統制的」という語もそれを念頭に置いていると考えられる。

(43) als ob　新カント学派隆盛の時代に、マールブルク学派と西南学派のどちらにも属さず、独自のカント解釈を展開したファイヒンガーの『かのようにの哲学(Philosophie des Als Ob)』

(一九一一年)を念頭に置いているものと思われる。

第三省察

(1) フッサールは、『論理学研究』の或る箇所で、第一版では「心理学的起源」と区別して「論理学的起源」と書いていたが、手沢本ではそれを「認識論的起源」と書き換え、さらに第二版ではそれを「現象学的起源」と書き換えていた。さらに、本書では、後に「発生的現象学」(第四省察参照)が説かれるようになると、「現象学的起源」はまた新しい含意を持ち始める。

(2) Ich kann「我思う(Ich denke)」と形は同様であるが、身体的能力も含めて、私がもっている能力に基づく可能性を示す時にフッサールがしばしば用いる言い方。

(3) 「構成」の問題について、この箇所での言い方にも注意する必要がある。一方では、「自らのうちに不可分に……「この現実に存在する」世界も担っている」と言われるが、他方では、それはあくまでも「意識に対しては超越的であり、また超越的にとどまるということ」が強調されている。

第四省察

(1) フッサールは現象学確立の初期においては、発生的心理学と区別された記述的心理学に近いものとして現象学を考えていたが、その後、現象学を記述的心理学からはっきり区別するようになる。ところが、現象学の思想の展開のなかで、「発生」の問題が、初期の「心理学的発生」

の問題とは異なる次元の「超越論的な発生」の問題として浮上してくる。

（2）Substrat　アリストテレス以来の伝統のある哲学用語で、ギリシア語の hypokeimenon(「下に置かれているもの」の意)の訳語として使われたラテン語 substratum に由来する。さまざまな属性が語られる時、それらの担い手として、下に置かれて考えられるのが、「基体」である。

（3）Person　この語には、中世キリスト教以来の伝統があるが、フッサールがこの語を使う時、ロックが「人格(人物)の同一性」を論じたこと(『人間知性論』)、カントが理性的存在者(他者)を「物件(Sache)」でなく「人格(Person)」と見なすよう論じたこと(『道徳形而上学原論』)、そして、シェーラーが人格を「対象化されえない作用中心」と考えたこと(『倫理学における形式主義と実質的価値倫理学』)、これくらいを念頭に置いていると考えられる。フッサール自身は、「人格」の問題を「人格主義的態度」とともに、『イデーンII』で考察していた。ロックは、「人格」を「理知と省察をもち、自分自身を自分自身と考えることのできる、思考する知能ある者」と定義していたが、この定義を満たしさえすれば、人間以外の(ないしは、以下の)動物といえども「人格」と呼ぶことができる。同様にしてフッサールも、「人間以下の「人格」」と述べている。

（4）ライプニッツの主著『単子論《モナドロギー》』の中心概念で、万物の構成要素、不可分の単純実体だが、古代ギリシア以来の「アトム」とは違って、非物的・精神的な実体で、ギリシア語の「モナス(単一の)」から由来するため、邦訳では「単子」と訳されてきた。フッサールがそのライプニッツの用語をここで使うのは、静態的に捉えられた抽象的な純粋自我に対して、発生的に捉えられた具体的な自我の姿を表すためであるが、のみならず、フッサール現象学がデカルト的・独我論的な自我論《エゴロギー》にとどまるのではなく、ライプニッツ的・多元論的な単子論《モナドロギー》へと展開されることをも表している。

(5) フッサールは、一九二〇年代になると、盛んに発生的現象学について語るようになる。そこから見ると、『イデーンI』の時期の現象学は、「静態《スタティッシュ》的」な現象学でしかなく、それに続いて、それを「手引き」としながら、「静態的な」構造そのものの発生を問う「動態《デュナミッシュ》的な発生的現象学」が必要となる。しかし、それは、「心理学的発生」の問いとは異なり、あくまでも現象学的還元において考察されるような「超越論的発生」への問いとなる。

(6) 一九二五年の講義録『現象学的心理学』でも、「本質直観」の説明をするのにこの「自由変更」の理論を論じている。それは、事実に基づきながら、それを想像のなかで自由に変更していき、不変のものとして残るものが本質だ、という理論である。これによって、『論理学研究』や『イデーンI』の時期に主張された「本質直観」が、実は、発生的なプロセスをもつことが明らかにされた。これも、発生的現象学の一環として展開された議論の一つと言えよう。この理論は、晩年の遺稿『経験と判断』でもっと詳しく論じられる。

(7) 形相《エイドス》は質料《ヒュレー》とともに、アリストテレス以来の伝統的哲学概念。しかし、フッサールは、それをプラトンのイデアやカントの理念《イデー》とも近づけつつ、「本質」ともほとんど同じ意味で用いている。また、事実から本質への還元を「形相的還元」とも呼んでいる。フッサールにとって、

「形相的」というのと「理念的《イデアール》」というのは、ほとんど同義である。

（8）Allgemeines　「個別的なもの」に対する「普遍的なもの」のこと。中世には、「普遍」をめぐる「普遍論争」があったが、それは、古代ギリシアのプラトンとアリストテレスによる「イデア」をめぐる論争が、舞台を変えて再燃したものでもあり、フッサールが『論理学研究』で取り組んだのも、実はそうした伝統的問題を再び取り挙げ直したものとも言える。そこでフッサールは、「理念的《イデアール》」な性格をもつものとして「普遍」についても論じている。

（9）Begriff　前注で触れた「普遍論争」においても「概念論(conceptualism)」という考え方があったが、問題は「概念」とは何か、にある。フッサールは、「普遍」は直観される対象であるのに対し、「概念」は言葉の意味であり、後者は前者に合わせて作られると考えている。

（10）streng　これは「精密な(exakt)」と区別して使われる。フッサールは「哲学」を「厳密な学」として構想したが、それは、当時の、自然科学的な方法を哲学にも適用しようとする「自然主義」が目指す「精密な学」すなわち「自然科学的哲学」とはまったく異なる（「厳密な学としての哲学」）。

（11）『イデーンI』の緒論では、経験科学としての心理学から超越論的現象学に至るためには、第一に「形相的還元」、第二に「超越論的還元」という二つの還元が必要である、と述べられていた。本文に言う、「形相的直観」は前者、「現象学的還元」は後者に対応する。

（12）形相的還元は経ているが、超越論的還元には至らないような段階に、形相的な心理学が成立しうる。そして、それは、超越論的現象学と平行するものでありながら、「微妙な差異」（しかし、決定的な差異)によって区別される。一九二五年の『現象学的心理学』も、そのような超越論的還元の前に存在しうる学としての現象学的心理学について論じたもの。

(13) Positivität 本書冒頭から繰り返し「実証的(positiv)な諸学」という言い方がなされて来た。ドイツではヘーゲルの死後、それまでの思弁哲学(形而上学)に代わって実証主義が興隆し、その影響のもとに、心理学や社会学のような社会科学が成立していった(「科学としての心理学」など)。フッサールは、そういう時代状況のなかで、一方では実証主義の精神に共鳴しながらも、他方で間違った実証主義を批判しようとした。「範疇的直観」という思想もそのなかから出てきたものであった。その意味でフッサールは、自らの現象学こそ「真の実証主義」であると考えていた(『イデーンI』)。

(14) 『イデーンI』で辿った道は『危機』では「デカルト的な道」と呼ばれて、欠陥をもっていたことが反省されることになるが、一九二三—二四年の『第一哲学』第二部「現象学的還元の理論」でもすでにそのことが指摘され、さまざまな「非デカルト的な道」が模索されていた。そのうちの一つが、ここで粗描されている「心理学を越える道」で、他にも、「論理学(あるいは、形式的存在論)を越える道」(『形式的論理学と超越論的論理学』)や「質料的存在論を越える道」(『イデーンII』)が考えられる。

(15) もともとアリストテレスが人間を「ロゴスをもった動物」としたのに由来する。ところが、「理法、論理、言葉、理性、等」と広い意味の広がりをもっていた「ロゴス」というギリシア語が、「ラチオ」というラテン語で訳された時から、それはほとんど「理性」という意味しか持たないような「理性的動物《アニマル・ラチオナーレ》」という意味に狭められて伝えられてきた。

(16) Motivation　フッサールは『イデーンII』において、自然科学的・自然主義的態度と精神科学的・人格主義的態度を対比させ、前者においては自然の「因果性」が探究されるのに対し、後者においては精神・人格の「動機づけ」が探究されるとした。「動機づけ」は、精神的世界において或るものを別のものと結びつける法則のことである。

(17) Strömen　動詞「流れる(strömen)」の名詞化。フッサールは時間を論ずるにあたって、しばしば「流れ」というメタファーを使う。前出の「ヘラクレイトス的な流れ」もそこに由来する。しかし、すべてが跡形もなく流れ去っていく、というのではない。流れるものが保持され、「沈殿」していくという別のメタファーも使われる(『内的時間意識の現象学』)。

(18) ブレンターノ門下で、フッサールの兄弟子にあたるシュトゥンプフの著した『空間表象の心理学的起源』(一八七三年)は、問題設定そのものにおいてフッサールに影響を与えた。『論理学研究』はこのシュトゥンプフに捧げられていることからも、その影響が窺えよう。

(19) 「人格」は、狭義には「個人」を指すが(「人間」のみならず「人間以下のもの(動物)」も「人格」たりうる)、広義には「国家、教会」のような高次の「主体」にも使える。

(20) 「静態的《スタティッシュ》」という語をフッサールは、「発生的」や「動態的」の対概念として使っている。

(21) Passivität　普通は passiv という語は「受身」を意味するが、フッサールはこの語を、単なる「受容性(Rezeptivität)」とは考えていない。「能動的(aktiv)」な自我の活動がまだ(始まって)ない段階をこの語で呼んでいる(『受動的綜合の分析』『経験と判断』参照)。

(22) 一九一八—二六年の講義録と草稿から編集された『受動的綜合の分析』において主題的に論じられたテーマ。そもそも、感性と悟性、受動性と能動性というカント的な二元論の図式で言えば、「受動的綜合」というのは、木に竹を接ぐような矛盾した概念である。しかし、フッサールはあえてそのような概念を使って、受動性の段階で能動的な自我の働きがないままにすでに働いている綜合という、カント的な図式では捉えられないような事態について語ろうとした。

(23) Explikation 一般的には「解明」や「説明」と訳されることもあるが、特有の意味で使われるため「開明」「顕示」や、さらには「説明開陳」や「顕現化」などと訳されることもある。それは、この箇所のように、フッサールがこの語で、対象の端的な把握に続いて、それを展開して、その内部の部分や契機を全体との関連で明らかにする過程を指す時で(『経験と判断』に詳論されている)、ここでは「展開」とした。

(24) Urstiftung 発生的現象学の脈絡において使われるようになった用語で、理念的《イデアール》な意味もその発生を辿ると、最初にその意味・理念が確立された場面に行き当たる。その場面をフッサールは、「原創設」と呼んだ。

(25) フッサールによれば、経験は絶えず「対象—地平」という構造をもっているが、地平は、まったく未知の暗黒に埋没しているのではなく、「類型的(typisch)にあらかじめ親しまれたものとして、未規定的一般性において予料」されている。しかし、それもあくまで類型的な既知性であって、それはいつも「あてはずれ(Enttäuschung)」によって未知性へと変わりうる。地平はそのような或る「既知と未知の構造」をもっているのである(『経験と判断』)。

（26）Assoziation　当時、「感覚与件」に基づく「要素主義」から出発する心理学は、要素と要素をつなぐ原理として「連合（連想）」を持ち出した。しかし、フッサールは、それとはまったく異なる仕方で、「志向性を表す標題」としてこの「連合（連想）」を見直そうとしている。

（27）ヒュームは、その主著『人間本性論』において、「或る観念が別の観念を即座に思い出させる」働きとして「連合」を論じ、人間本性の原理の一つとした。因みに、フッサールと同時代の哲学者・心理学者で、彼がその著作からいろいろ学んだTh・リップスは、ヒュームの『人間本性論』のドイツ語訳を出版しており、フッサールもこれを読んだと考えられる（フッサール・アルヒーフに保存されたフッサールの蔵書にも同訳書が入っている）。

（28）フッサールは一九一一年の論文「厳密な学としての哲学」において、一方の自然主義（自然主義的哲学）と他方の歴史主義（世界観の哲学）をともに退けて、その狭間を縫って「厳密な学としての哲学」を構想していた。また、『イデーンII』では、自然主義的態度と人格主義的態度を対比させながら、構成の現象学を展開した。それらにおいて、自然主義とは、すべてを自然（しかも自然科学的に考えられた自然）と考え、人間や精神をも、この自然の一部として説明できるとする考え方のことである。

（29）一九二〇年代以降、フッサールは「発生的現象学」を盛んに論じるようになったが、単純に「静態的現象学から発生的現象学へ」という転換を図ろうとしたのではなかった。発生的な考察によって静態的な考察が無用になったわけではなく、後者は前者に先行し、それに手引きを与える不可欠の段階である。発生の問題が「超越論的な問題」となるためには、静態的な考察を経なければならず、それを経ることなく素朴に発生の問題を扱おうとするなら、容易に自然主義・心理学主義・生物学主義へと転落することになろう。しかし、同時に他方で、静態的分析は至るところで発生の問題に突き当たり、発生的分析によって補足される必要が露呈してくる。それゆえ、フッサールにとって重要なのは、「静態的か発生的か」という二者択一ではなく、「静態的かつ発生的」な考察なのである。

(30) 「超越という問題」こそ、「超越論的」な現象学の中心問題と言えるが、伝統的認識論は問題を根本的に間違って立てていた。それを正しく立てるためにこそ、現象学的還元、とりわけ世界信憑を括弧に入れるという超越論的な還元が必要になったのである。本書第一一節も参照。

(31) デカルトによって明証性の基準とされたのが、「明晰さ」(それ自身がはっきりしていること)と「判明さ」(それが他のものからはっきり区別されること)であった。しかし、これらはあくまでも「私にとって」の特徴であって、それがどうして「客観的な意味」を得られるのか、それがここで提起されている問題である。

(32) デカルトは、「我あり」の確実性から、「我のうち」にある「生得観念」としての「神」、その存在の必然性、そしてその神の「誠実」を通じて、外界の存在を証明しようとした。

(33) 前節で立てられた問いは、問いの立て方自体から間違っている、と言うのである。つまり、「内在」と「超越」という図式を間違って立てておいてから、その間違って想定された「内在」から間違って想定された「超越」への問いを立てる、ということをしているわけである。「内在」と「超越」の問題を正しく立て直すためにこそ、「現象学的還元」が必要だったわけだ。

(34)「意識」というのは、「志向性」によって「自らを越えて思念する」というあり方をしているのに、それを閉じられた「島」や「容器」のような「カプセル化した心というような不合理」(『現象学的心理学』)を想定し、そこからどうして抜け出られるかという問いそのものが、誤って立てられた問いにほかならない。ヘルトによれば、「志向性の概念によって、いかにしてさしあたり無世界的な意識が自分の彼方にある外的世界への関係を結ぶことができるのか、という近世「認識論」の古典的な問題が原理的に廃棄される」ことになる。

(35)「超越論的主観性の外部というのは無意味(Unsinn)」というここの主張についてはいろいろと議論がある。フッサールが主張するのは、そのような「外部」を想定して、いかにしてそこに至るか、という問いを立てることがそもそも間違いで、それは実は「無意味」な問いを立てていたのだ、ということである。論者のなかには、この「外部」にこそ「他者」を見ようとする者もいるが、フッサールは、「他者」をそのように考えてはいない。彼にとって「他者」とは「他の(fremd)超越論的主観性」であり、それは、ともに「超越論的間主観性」を形成するものであって、「超越論的主観性の外部」という時の「超越論的主観性」とは「超越論的間主観性」だということになると、その「外部」に「他者」がいるわけではない。

(36)フッサールはここで、「超越論的な間主観性」と「事実的な間主観性」とを区別している。彼にとって重要なのは、前者の問題であった。しかし、晩年のフッサールに学んだ後、アメリカに亡命したアルフレッド・シュッツは、間主観性の問題は超越論的な次元の問題ではなく、事実性の次元、生活世界の次元の問題であると考え、生活世界についての現象学的社会学を構築していった。

(37) ここで念頭に置かれているのは、カント『純粋理性批判』における「物自体(Dinge an sich)」の思想であろう。それが、さきほどからの、近世認識論において誤って想定された「超越」の代表として挙げられている。

(38) 「すべては私の内の観念である」というバークリのような主観的(経験的)観念論とは異なり、カントは、感性の形式(空間・時間)や悟性の形式(カテゴリー)の「経験的実在性」と「超越論的観念性」を両立させる超越論的観念論を説いたが、フッサールは、「すべては超越論的主観性の内にあり、その外部というのは無意味である」という自らの主張を、用語だけはカントから借りて「超越論的な観念論」と呼んでいる(すぐ後に自ら述べるように、内容としては「カント的な観念論ではない」にもかかわらず)。

(39) 伝統的には、事物(外界)が意識(主観)から独立してそれ自体で実在すると主張するのが実在論《レアリスムス》で、これに対し事物(外界)は意識(主観)に何らかの形で依存しており、真に存在すると言えるのは意識(主観)のもつ観念のみと主張するのが観念論《イデアリスムス》である。伝統的には、両者が交互に勝敗を繰り返してきたが、それらはともに机上の空論としてであり、そうした議論としてここでフッサールは、実在論に対抗する観念論を唱えたいわけではない。

(40) dialektisch Dialektik の形容詞形。Dialektik は、プラトンの「対話術(dialektike)」に由来するが、近代ドイツにおいては、定立(テーゼ)と反定立(アンチテーゼ)が同等の権利をもって成立する「仮象の論理学」を意味するカントの Dialektik(「弁証論」と訳される)と、定立と反定立を綜合（ジュンテーゼ）によって止揚する「運動の原理」を意味するヘーゲルのDialektik（「弁証法」と訳される）という二つの流れがある。ここでフッサールがこの語で考えているのは、カント的な「弁証論」と思われる（別の箇所では、プラトンの「対話術」を指すのにDialektikを使う場合もあるが、ヘーゲル的に使う場合は見あたらない）。

（41）　フッサールは自らの現象学を「作業哲学（Arbeitsphilosophie）」と呼んでいた。彼にとって、「超越論的観念論」というのは単に議論のための議論、あるいは自己主張のための議論なのではなく、具体的な作業をするための手がかりと見通しを与えてくれる指針、作業の姿勢を表す標題なのである。

（42）　中世スコラ哲学に由来する言葉で、フッサールと同時代の新スコラ哲学者たちの間で好んで用いられた。フッサールは「厳密な学としての哲学」において、「時代に対する目標」に答えようとする「世界観哲学」に対して、「永遠に対する目標」に答えようとするところに「厳密な学としての哲学」を据えようとした。

（43）　本書のもとになったパリ講演の演題は「現象学への序論（Einleitung）」であった。フッサール晩年の助手フィンクによれば、フライブルク時代に公刊された三冊の著作（『形式的論理学と超越論的論理学』『デカルト的省察』『危機』）は、どれもこれも「序論」という性格をもっており、一度も「序論」を完全に仕上げることがなかったところに「悲劇的イロニーの影が潜んでいる」という。

（44）　Seiendes　この語は、ハイデガーにおいては、「存在（Sein）」と「存在者（Seiendes）」との存在論的差異という厳しい対立のなかで使われる言葉であるが、ここではそのような対立が必ずしも意識されてはいない。

第五省察

（1）Vorstellung　この語は、デカルトの言う「私のうちの観念(ideas in me, idées en moi)」やロックの言う「心の中の観念(ideas in the mind)」に対するドイツ語訳として、ライプニッツの時代に哲学用語となった。しかし、フッサールによれば、この概念がこれまで、「心理学、認識論、論理学をすっかり混乱させてきた」(『論理学研究』)という。そこで彼は、同時代の数学者・論理学者ゴットロープ・フレーゲの(「意味《ジン》」および「指示対象《ベドイトウング》」との対立における)「表象」についての主張や、ブレンターノ門下のトワルドフスキーの「表象の内容」と「表象の対象」の区別という考え方などからも学びつつ、「心の中の観念」としての「表象」を退けて、「意味を通じて対象に関わる」こととして志向性を確立していった。

（2）「超越論的主観性の外部」として「物自体」を想定するような主張が考えられている。

（3）フッサールは『論理学研究』においてもこう述べていた。「哲学者はまさに《自明なこと》の背後に最も困難な諸問題が隠れていることをも当然承知していなければなるまい。逆説的ではあるが、しかし深い意味をこめて、哲学とは平凡な事柄についての学であるとさえ言えるほどである」と。

（4）「形而上学」という語をフッサールは、否定的なニュアンスで使う場合と肯定的なニュアンスで使う場合があるが、ここは否定的な用例。独断論的な仮説を暗黙の前提とし、いわば上から理論を展開するような理論が、「形而上学的」と呼ばれる。しかし、それは本来良き意味での「形而上学」の「歴史的に堕落した」形態(本書二四八頁)である。

(5) Fremderfahrung　正確には、「異他《フレムト》なるものの経験」というべきであろうが、文脈からして、「他者についての経験(Erfahrung des Anderen)」を語っている場面では、「他者経験」とした。

(6) 「手引き」については、第二省察の注(36)参照。ここで「経験される他者」(経験的な他者、経験の対象としての他者)を「手引き」として「超越論的な他者」の探究へと向かうことになる。そこから、どこまでが「手引き」となっている「経験される他者」の解明なのか、どこからがそれを「手引き」として得られた「超越論的な他者」の解明なのか、がはっきりしないという事態も生じる。『間主観性の現象学』第三巻には、フッサールが『デカルト的省察』のドイツ語版のための改訂を準備して執筆した草稿が収録されている。その内容を本訳書で充分紹介することはできないが、一つだけ、同巻の編者イゾ・ケルンの指摘していることを紹介すれば、フッサールは『デカルト的省察』を仕上げて数カ月の後、「原初的《プリモルディアル》」という概念の二義性に気づいたという。すなわち、「超越論的他者の反省的―哲学的基づけ(基礎づけ)と、自分固有のモナドと異なるモナドの間の超越論的な関係が問題になっているのか」、それとも「自然的、内世界的な感情移入の基づけ(動機づけ)の構成的分析が問題になっているのか」という二義性であり、これが第五省察の思索の歩みそのものに二義性を生じさせている。そこからケルンは、「自然的な他者経験の超越論的・構成的な分析だけですでに方法的に超越論的他者としての他者を獲得できたとフッサールは信じてしまった」と指摘している。

(7) ドイツ語のfremdには、「異なる(strange, alien)」と「他の(other)」という二つの意味が含まれている。両方の意味を日本語で表すために「異他なる」という、こなれない訳語が使われることもある。本書では、その場に応じて、「異なる」「異質の」「他の」などと訳し分けた。フッサールにとって、「他者(der Andere, die Anderen)」の問題が「異文化(fremde Kultur)」の問題とつながっていくのも、このfremdがもつ両義性のゆえにである。

(8) 次の「感情移入」と訳した用語はもともと、リップスが使っていたもので、フッサール自身、一九一〇年頃それから影響を受けながらも、批判的であった。にもかかわらず、それを放棄してしまうのではなく、換骨奪胎して使おうとしている。

(9) Einfühlung　もともと美学において使われていたこの概念を、リップスは心理学および社会学の根本概念として広義にとらえ、他我問題に対するJ・S・ミル以来の類推説を批判しつつ、感情移入説を展開した。リップスにおいても、そこから学んだフッサールにおいても、この概念によって単に感情の次元のみを問題にしているわけではないため、「自己移入」と訳されることもある。しかし、それをリップスは「本能的」な次元にあると考え、また「共感(Sympathie)」と結びつけて論じていたし、またフッサールの場合も、それが「類推」のような知的次元にあるのではないという意味において、「感情移入」という訳語も捨てがたい。

(10) ここで、他者経験の問題が実はそれだけではなく、客観的世界の構成という問題につながってくる、という見通しが語られる。このことは、『イデーンII』で、「私たちが共通の周囲世界にいることと、私たちが人格的な結びつきにあること、二つのことは関係し合っている」と記した時にすでに洞察されていたことである。

(11)「万人にとってそこにある」といっても、「精神的客観」あるいは「文化的客観」の場合、特定の文化に属する人々にとっては「客観的」な意味をもっていても、異文化に属する人々にとってはそのような意味をもたないことがありうる。「異文化」の問題については、後に論じられる(本書第五八節参照)。

(12)「経験される他者」を「手引き」に「超越論的な他者」を解明しようとするわけだが、「超越論的な他者」(つまりここに言う「異なる主観の超越論的な意味」)が解明されて初めて、客観的世界の構成が明らかになるわけで、とすると、その前に「手引き」とする他者は、「客観的な世界のうちの他者」(ここに言う「客観的な他者」「世界の内部に存在する他者」)という意味をまだ持っていないような他者である。

(13) Eigenheit　形容詞 eigen から派生した名詞形。eigen は、fremd と対概念をなす。fremd の場合と同様、「私(の)」と「他者(の)」という対概念においてのみならず、「自文化」と「異文化」という対概念においても使える語である。「固有」というだけでは、「私」と「他者」という対比で使われるニュアンスが出にくいので、「自分固有の」とした。

(14) Abstraktion　ここでは、「具体」と対比される「抽象」の意味ではなく、むしろ何かを「捨象」することで、別の何かを「抽象」するという意味である。

(15) ここに言う「自然研究者の主題となるような自然」とは、『イデーンII』の冒頭で、「自然科学的態度」の相関者として、「意味述語の排除」によって得られる「単なる自然」(「単なる」の原語 bloß は、「裸の」と訳すこともできる)と呼ばれていたものである。

(16) 前注で触れたように、同じ「単なる自然」という言葉が使われながらも、フッサールがここで行おうとしている「自分固有の領分への還元」という「独特の主題的判断停止《エポケー》」によって得られる「単なる自然」と、「自然研究者の主題となるような自然」としての「単なる自然」とは異なり、前者での「抽象」の意味と後者での「抽象」の意味は異なる。

(17) ラテン語とフランス語で思考・執筆したデカルトにとって、物体と身体はともに一語(ラテン語では corpus、フランス語では corps)で表される。デカルトの著作の邦訳を見ると、文脈によって「物体」と「身体」が訳し分けられているが、原語は一つなのである。それに対し、ドイツ語には、ラテン語・フランス語と語源を同じくする「物体(Körper)」(これも「身体」を表す場合もあるが)とは別に、「身体(Leib)」という語があり(これは、「生きる(leben)」と語源を同じくしており、その意を汲んで、「生ける身体」と訳すこともできる)、フッサールは早い時期から(一九〇七年の講義録『物と空間』)、両者を使い分けていた。因みに、仏訳では、Körper には corps を、Leib には corps organique(有機的物体または生体)を、英訳では、前者に body を、後者には animate organism(生きた有機体)をそれぞれ当てている。

(18) Kinästhese　ギリシア語の kinesis(運動)と aisthesis(感覚)から作られた造語である。当時の心理学界でも「或る特別な筋肉感覚」としての「運動感覚」が論じられていたが、フッサールはそれを根本的に異質な現象学的概念へと改造して使った。「筋肉感覚」は、すでに特定の生理学的・解剖学的知識を前提する概念であるが、「運動感覚《キネステーゼ》」は、そうした知識をすべて判断停止《エポケー》した後にも残存する、換言すれば、「筋肉」という物体的身体の客観的な運動の手前にある、主観的な動きの感覚である。それは、運動について持つ感覚なのではなく、むしろ、運動すなわち感覚であるような、動く感覚である。それはまさに、ラントグレーベ門下のウルリッヒ・クレスゲスの言うように、現象学的還元によって獲得される「純粋現象」であった。

(19)　原語はIch tueとIch kannであり、ここでは「私はする」「私はできる」としたが、デカルトの「我思う(Ich denke)」との対比のなかで、「我《エゴ》」を身体的なあり方を含めて考えていることを表している。特に、「私はできる」は前注の「運動感覚《キネステーゼ》」的意識について論じる時に、よく使われる。

(20)　一方の手で他方の手に触れる時、「触れるもの(主観)」と「触れられるもの(客観)」が反転する。これはメルロ＝ポンティが『知覚の現象学』で「二重感覚」と呼んだもので、フッサールは、『物と空間』や『イデーンII』でも、この現象について論じていた。また、この文脈において、「手」が「客観から機能する器官(Organ)へ」となる一方で、「機能する器官から客観へ」と転換すると述べている。「機能する(fungieren)」とは、構成的に働くこと、言わば超越論的な働きを意味しており、その意味で、ここにおいて、「手」という「私の身体」に超越論的な機能が帰せられていると言えよう。

(21)　der körperliche Leib　注(17)で述べた「物体」と「身体」の違いを踏まえながらも、「物体」的に捉えられた「身体」のことをこう呼んでいる。

(22) vorgegeben　本書では唯一この箇所で引用符つきになっているが、他の箇所では引用符なしで頻出する語である。その主語になるのは、ある時は「諸学」、ある時は「物」「対象」「自然」「世界」(こういう場合には、時間的な意味で「あらかじめ与えられている」というより、例えば本書一九九頁の場合のように、空間的な意味で「眼前に与えられた」と解釈したほうがいいかも知れない)、さらには「日常世界」「経験世界」、ある時は「基盤」などで、「私」が主語になっているのはこの箇所のみ。この語は、『危機』や『経験と判断』において「生活世界」を論じる時に、それが学問以前に、能動的な主観の働きに先立って、常にすでに与えられている様を表すのによく使われるようになる。

(23) ヘルトが、処女作『生き生きした現在』で中心テーマとしたことによって有名になったが、フッサールの時間論において根源的な在処と考えられたもので、超越論的主観性のもっとも核心となる場とも言える。それが「生き生きした《レベンディヒ》」と形容されるのは、現在が瞬間的な点からなるのではなく、過去把持と未来予持の地平を持ちながら、「立ち止まりつつ流れる」現在だからである。この語句は、一九〇五年の講義録『内的時間意識の現象学』でも一度だけ(それゆえ、確立した用法としてではなく)登場するが、それが、『間主観性の現象学』の編者ケルンによれば、一九三〇年夏に、「あらゆる存在の根源的な場としての流れる生き生きした現在」への還元として登場することによって、フッサールの間主観性の問題は変貌を遂げていくという。

(24) 「内在的な超越」という言い方は、矛盾するようであるが、『イデーンI』でも、「純粋自我」

が、現象学的還元の後の「内在」の場に見いだされる「超越」として、「内在における超越」と呼ばれていた。他に、志向的対象についても、志向的には「内在」(志向的な相関者となる)だが実質的《レエル》には「超越」(「我」の体験を構成する要素ではない)だとして、「内在的超越」と呼ばれる。

(25) primordial　ラテン語の primordium(始まり、始原、原初)から派生した形容詞であって、それゆえ、prius＋ordo(第一の順序)から派生したものではない。しばしば「第一次的」とも訳されて来たが、ここでは「原初的」とする所以である。なお、『フッサール全集』版では、primordial と primordinal という二つの表記が混在していたが、「哲学文庫」版では、「primordial が語源的に正しい造語法である」として、この表記に統一されている。

(26) フッサールが本書で立ち向かっているのは、超越論的な次元における間主観性の問題である。それは、「客観的な世界を間主観的に構成する」こと、言い換えれば、客観性をもつとされる世界のその客観性が、超越論的には主観性において、しかも間主観的に構成される、その仕方を解明する、ということである。

(27) Harmonie　ここでは、ライプニッツ哲学の中心概念である「予定調和(harmonie préétablie)」を念頭に置いているものと思われる。ライプニッツにおいて、この概念は、モナドと宇宙の間、精神と物体の間、自然と恩寵の間、これらをつなぐキーとなっている。フッサールはそれを念頭に置きながらも、その形而上学的性格を取り除いて使おうとしており、経験の分析においても、経験が全体としては矛盾に陥ることなく進行していくことを、「調和」あるいは

「調和的一致(Einstimmigkeit)」と呼んでいる。

(28) フッサールは、「構成(Konstitution)」とは区別して、「構築(Konstruktion)」という語を、根拠のないまま上から理念を無理矢理押しつけて作り上げてしまう、という意味で使っている。

(29) Vergegenwärtigung　その動詞形 vergegenwärtigen は、ふつうは「ありありと思い浮かべる」と訳される。しかし、ここでは Gegenwärtigung に前つづり ver-(ここでは「結果」の意)がついた形として使われているので、それとの関連も考えねばならない。そのため従来は、この対語 Gegenwärtigung - Vergegenwärtigung に対して、「現表象—表象」(山本)、「根源的呈示—想像的呈示」(舟橋)、「現在化—準現在化」(『現象学事典』)という訳語が当てられてきた。本訳書では、gegenwärtigen を「現在させる」とし、それに対して、vergegenwärtigen を「準現在させる」(つまり、「現在してはいないが、あたかも現在しているかのように、現在に準ずるようにさせる」の意)、その名詞形 Vergegenwärtigung を「準現在させること／働き」とした。この語でフッサールが考えているのは、過去に関わる「想起」、未来に関わる「予期」、非現実に関わる「想像」など、要するに、現在に関わる「知覚」の「変様」として、それに準じて変様された現在に関わる働きである。

(30) Gegenwärtigung　動詞 gegenwärtigen を名詞化した形。gegenwärtigen は普通に使われる言葉ではない。Gegenwart(現在)、gegenwärtig(現在の、現在している、居合わせている)に由来する gegenwärtigen を「現在させる」、その名詞形 Gegenwärtigung を「現在させること／働き」とした。因みに、この Gegenwärtigung という語でフッサールが考えているのは、現在に関わる「知覚」のことである。

(31)　原語はそれぞれ Dasein と Mitdasein。これらがハイデガー『存在と時間』で独特の意味合いをもつ術語として使われていることはよく知られている。フッサールは、一九三一年に『デカルト的省察』のフランス語版がパリで出版された後、ドイツ語版のために改稿を構想し、その段階で『存在と時間』に集中的に取り組み、同年の「カント講演」などではハイデガー批判を展開していくことになる。しかし、フランス語版の原稿を執筆していた時点では、『存在と時間』のことをそれほど意識していたとは思えない。したがって、この箇所でもハイデガー的な用語が使われているのは、それ以前に『存在と時間』に目を通していたことの残響とは言えても、直接的な関係は薄い。

(32)　Analogieschluß　類比(Analogie)を使った推論(Schluß)という知的操作である。他者(他人の心)についての知を類推説によって定式化したのは、J・S・ミルであったが、それに対して批判を加え、「いかなる推論でもなく、或る根源的で、それ以上遡ることのできない本能的事実」として「感情移入」を主張したのがリップスであった。

(33)　Apperzeption　Perzeption(もとはラテン語 perceptio で、「知覚」の意)に前つづり Ad-(「方向・接近・隣接・接着」の意)が付け加えられたもの。もともとはライプニッツが、対象を判明に知覚するとき、その知覚作用自体にもわれわれは気づく、このことを「統覚」と呼んで哲学的概念として定着させた。その後、カントは、感性的直観の多様が悟性により結合される場合の、統一を形成する主観の根源的働きを「統覚」と呼んだ。フッサールは、カントの用法を踏まえながらも、或るものの端的な把握としての「知覚」と区別して、さまざまな把握を取りまとめて統一的に知覚することを「統覚」と呼んでいる。

(34) Leib-Körper　注(17)に述べた、「身体」と「物体」の区別を踏まえながらも、その両面をもつと捉えられているものをこう呼んでいると思われる。

(35) Paarung　「対(Paar)にすること／なること」を指す。後に述べられるように、フッサールはこれを「受動的綜合の一つの根源的形式」として考えており、その意味で、「対にする」より「対になる」とした方が適切と思われる。また、このあと、「対になること」は「連合と呼ばれる受動的綜合の一つの根源的形式」とされるが、「連合は受動的発生の原理である」(本書第三九節)とも言われており、フッサール自身ここで論じているのは「静態的な分析」(本書第四八節)であると断りながらも、発生的現象学に属する問題圏に踏み込んでしまっている。

(36) 同様の表現を盛んに使いながら、メルロ゠ポンティは「見えないもの」について論じている(『見えるものと見えないもの』参照)。

(37) intentionale Modifikation　「変様」とは、フッサールが『論理学研究』以来、よく使ってきた用語で、本書でもこれまで目立たない仕方で既に使われてきている。しかし、ここでは特に、「現在させる働き」と「準現在させる働き」の間に、また、「現前」と「共現前」の間にも、後者は前者の「志向的変様」という関係がある、それゆえ、「自分固有のもの」と「異なるもの」の間にも、同様な「志向的変様」の関係がある、という点が強調されている。しかし、このような主張は、その後、フィンクによって、「原様態(Urmodalität)の優位」を主張する「思弁的思考（形而上学）」として批判されることになった。

（38）「他者は、現象学的には私の自己の「変様」だとすると「私の」というのが先にあるのでなければならないだろう。ところが、この括弧内では、「対になること」によって初めて「私の」という性格を受け取るのだとすると、それに先だって「私の」という性格があるわけではないことになる。「対になること」によって初めて、「私の」と「他者の」が言わば同時に生成してくるわけである。「我は汝との対比のなかで初めて構成される」（『間主観性の現象学』第一巻）という言い方も、この脈絡で理解されよう。

（39）ここでもフッサールは、一方では「異なるもの《フレムト》」を「自分固有《アイゲン》のもの」の「志向的変様」と言いながら、他方では、にもかかわらず、「異なるもの」は「自分固有のもの」を「超越している」と言う。矛盾を感じさせる言い方である。本書第四四節でも、フッサールは、他我《アルター・エゴ》を我《エゴ》の「反映」と呼びつつ「反映とは呼べない」とし、「類似物」と言いつつ「類似物」ではないとしていた。後の第五五節でも、「記号ではないし、単なる類似物でも、何らかの意味での模像でもなく、まさに他者なのである」と述べている。

（40）Orientierung　ここでは、世界が「私の身体」を原点（「ここ」）とし、その周りにあらゆる方向へと広がった「そこ」として配置されて現出してくる、その現出の仕方を指している。

（41）「或る物体〔他者の身体〕」と「私の身体」が「対になること」によって、「私の身体」の意味が「その物体」へと被せられる。これが、他者経験の基礎となるわけだが、そのことは、その裏で同時に、「その物体」の意味が「私の身体」にも被せられ、「私の身体」も同様に一つの

「物体」として捉えることが可能になることでもある。この「私の身体を他の物体と同様なものとして捉えること」についてもフッサールは様々な考察をしている(『間主観性の現象学』参照)。

(42) ここでは「思い出させる(erinnern)」という語や、「呼び起こす(wecken)」という語が使われている。ふつう、これらの語は「想起(Erinnerung)」の場合に使われる語であるが、ここでは、「連合」としての「対になること」を特徴づける語として使われている。フッサールは『イデーンII』や『受動的綜合の分析』でも、「動機づけ」や「連合」について語る時、aがbを「動機づける」「連合〔連想〕させる」と同じ意味で、aがbを「思い出させる」や「呼び起こす」という語を比喩的に使っていた。

(43) このことが、「絶対的なここ」と呼ばれていたわけである。

(44) wie wenn ich dort wäre　ヘルトによれば、この表現は、「想像」を表す「非現実の接続法」(現実にはそうではないが、あたかも……であるかのように)と「想起や予期」を表す「可能の接続法」(いまはそうではないが、過去あるいは未来において現実に……であるのが可能なように)の「混交態」であり、他者経験において両者が一緒に働いているかのようにフッサールは考えた。しかし、現実に関わるものと非現実に関わるものとが一緒に働くのは不可能だとし、ヘルトはそこにフッサール他者経験論の「挫折」を指摘した。

(45) フッサールは「人間」という語をこういう脈絡で使う。つまり、それは構成の或る段階において現れる概念であり、まずは「我」においてではなく、「他者」において使われる概念である。したがって、超越論的には、派生的であって、根源に据えることができない概念である。

(46) Urphänomene Phänomen(現象)に前つづり Ur- がついたもの。Ur- は、「起源」の形容詞形 ursprünglich(本書では、「根源的」と訳した)と同じ意味なので、「根源的現象」と訳してもよい。フッサールは、とくに一九二〇年代以降、発生的現象学を論じる脈絡において、この語のみならず、さまざまな語にこの前つづり Ur- をつけて使うようになる。これらをまとめて、「原……」と訳すことにし、ここでも「原現象」と訳した。

(47) 語源からすれば、「異常(anormal)」は「正常(normal)」に否定の a- がついたもので、「正常」は「規範、基準(Norm)」から来ている。その意味で、「正常」とは「基準にしたがっていること、基準になること」であり、「異常」とは「基準からはずれていること」である。「正常」と「異常」という日本語には、特有の価値づけが加わっているが、ここでは、右のような原意のみから理解すべきであろう。ただし、ここでもフッサールは、「志向的変様」という概念を使い、「異常」は「正常」の「志向的変様」であると考えている点は、議論の余地があろう。

(48) 先にも(本書第二八節)、「構成」の問題について、「うちに担っている」ということと「超越的である」ということが両立するように述べられていたが、ここ他者経験の場面においても、「うちで構成される」ということと「まさに他者である」ということが両立している、あるいは、両立しうる(すべき)こととして考えられている。

(49) 「非実質的《イレエル》なものとして体験に内在する」とは、「実質的《レエル》なものとしては体験に内在しない、つまり超越的」であり、「志向的あるいは観念的《イデエル》（志向対象的）には体験に内在する」ということを意味する。

(50) フッサールは『論理学研究』の時期には、「実在的《レアール》なもの」と「理念的《イデアール》なもの」の間には「永遠に橋渡しのできない根本的な相違」があると考え、そのメルクマールを「時間性」に置き、「理念的《イデアール》なもの」を「超時間性（Überzeitlichkeit）」によって特徴づけていた。しかし、その後、「発生的現象学」に基づいて展開された「自由変更」の理論において、「理念的《イデアール》なもの」を「自由変更のなかでの不変なるもの」として捉えるようになり、「超時間性」（時間を超えていること）に代わって「汎時間性（Allzeitlichkeit）」（すべての時間に広がっていること）によって特徴づけられるようになった。

(51) ここでは、もっぱら「他者が構成される」こと、つまり「構成された他者」が論じられている。しかし、フッサールの本来の目的である「超越論的間主観性」を解明するためには、むしろ、「客観的な世界を共に構成している他者」つまり「構成する他者」が明らかにされねばならない。その後のフッサールの考察は、その方向に向かって行った（『危機』および『間主観性の現象学』第三巻参照）。

(52) 「モナド」という語はライプニッツから借りてこられたものだが、ライプニッツにおいては、「モナドには物が出たり入ったりすることのできるような窓がない」と述べられていた。にもかかわらず、モナドがそれぞれの視点から宇宙全体を表出している、それぞれの表出の間に対応があり同一の宇宙を表出していることは、神による「予定調和」に委ねられていた。それに対してフッサールにおいては、確かに「実質的《レエル》」にも「実在的《レアール》」にもモナドは「窓」を持たず、分離されているが、「志向的」には「窓」を持っている。それが彼の解明しようとしている「他者経験」なのである。この他者経験を通じて同一の客観的世界が構成されることこそ、「モナド間の調和」と呼ばれたのであった。

(53) Selbstobjektivierung　ここでは、内部心理学の扱う「心」が超越論的現象学の扱う「モナド」の「自己客観化」によるものだと言われている。この議論は、その後拡大され、およそ経験的・内世界的《ムンダン》な主観性と超越論的主観性の間の関係を説明するのにも使われるようになる(『危機』参照)。

(54) Ich-Du-Akte　『フッサール全集』版には、この語句が欠落しており、同版に基づく従来の邦訳にも欠落しているが、仏訳・英訳にはともに入っている。「我―汝」という言い方は、マルティン・ブーバーの『我と汝』(一九二三年)を思い起こさせるが、フッサールの『年代記』にも『書簡集』にもブーバーの名は出てこないし、蔵書にもブーバーの著書・論文は一つもない。もちろん、弟子の誰かから話に聞いたという可能性はある。しかし、フッサール自身、間主観性の問題を論ずる早い時期(一九〇八年)から、「我と汝」という言い方をしており、また、「我は汝との対比のなかで初めて構成される」(『間主観性の現象学』第一巻)ということすら述べている(一九一四年頃)。したがって、ここの用法も、ブーバーからの影響ではなく、フッサール自身の思索のなかで培われてきたものと見るべきだろう。

(55) フッサールは間主観性の現象学が「社会性」の本質を超越論的に理解できるようにしてくれ

ると述べる。現代ドイツを代表する現象学者の一人ベルンハルト・ヴァルデンフェルスは、この辺りの議論を踏まえつつ、しかしフッサールの超越論的現象学には批判を加えつつ、社会哲学の基礎づけを構想した(『対話の中間領域』)。

(56) ここでは複数形 Lebenswelten で使われている。フッサール自身の「生(Leben)」という語との連関や、ディルタイの「生の哲学(Lebensphilosophie)」との連関を考えると、「生の世界」と訳した方がいいかも知れないが、シュッツ以降の議論の広がりも考慮して、ここでは一般に流布している「生活世界」という訳語を使っておく。本書第一省察でも「生活の周囲世界(Lebensumwelt)」が論じられていたが、そこでは、どちらかと言えば、「知覚世界」や「経験世界」として使われていた。それがここでは、「文化世界」としての「生活世界」が語られている。フッサールの著作・講義録を遡って「生活世界」概念の先駆的形態を探っていくと、一方に知覚世界としての生活世界が、自然科学と精神科学の根底にある「前学問的経験世界」として論じられている(『イデーンI』『現象学的心理学』)が、他方では、文化世界としての生活世界が、「精神的世界」(『イデーンII』)や「文化的周囲世界」(本書のこの箇所)として論じられている。これら二つの系列をどう考えるかは、クレスゲスが『危機』の叙述に指摘した「生活世界の二義性」とともに、議論の分かれるところである。因みに、本書ではこの語が使われているのは、すべてこの第五八節においてであり、『危機』におけるような「生活世界からの道」は、まだ構想されていない。

(57) 「方位づけ」については、注(40)で触れたが、そこでは「ここ」から「そこ」へという空間的な意味しか持たなかった。ところが、ここではそれが、現在から過去(あるいは未来)へという時間的な意味へ、さらに、自文化から異文化へという文化論的意味へと、比喩的に拡大されて使われている。同じことは、「パースペクティヴ」という語についても行われる。

(58) ディルタイが、ヘーゲルの用語を借りつつ、それを思弁哲学から解き放ち、「精神科学における歴史的世界の構成」を論ずる際に使った用語。フッサールは、「厳密な学としての哲学」では、ディルタイの「世界観哲学」を「歴史主義」として批判していたが、次第にその「文化世界」「精神世界」の基礎づけの試みを評価するようになった。

(59) 「存在論的(ontologisch)」と「存在的(ontisch)」という用語は、先に出てきたDasein, Mitdasein, Seiendesと同様、ハイデガーの『存在と時間』で使われる用語として知られているが、必ずしもここでそれを念頭に置いているとは思われない。両語とも、フッサール自身、ハイデガーとは別に、早い時期から使っている(『イデーンI』参照)。「存在的」は「ノエマ的」あるいは「ノエマの存在性格に関わる」というほどの意味で、それゆえ、むしろ事実的な性格を持つのに対し、「存在論的」は「さまざまな存在(ないし存在者)のアプリオリな本質」を考察する「存在論」に関わるというほどの意味である。

(60) 『危機』では、このような研究を「生活世界についての学」ないし「生活世界の存在論」と呼んでいる。

(61) ここに「形而上学的」の積極的な用例が見られる。本書のもとになった一九二九年二月のパリ講演の後、前年にフライブルク大学を退官したフッサールのポストを継いだハイデガーは、同年七月就任講演「形而上学とは何か」を行った。しかし、フッサールはその講演の内容に現象学からの逸脱のみを感じ取り、そこでハイデガーが使った「形而上学」についての考えから影響を受けることはなかったと思われる。

(62) ここでフッサールは、超越論的な我《エゴ》が超越論的でありうるのは、モナド達の共同体の構成員としてのみであること、したがって、超越論的主観性の考察は必然的に超越論的間主観性の考察とならざるをえないこと、を主張している。『間主観性の現象学』第三巻に収録された「第五省察の初稿」でフッサールは次のように記していた。「このようにして超越論的主観性は間主観性へと拡張される。あるいはむしろ、本来的に言えば、それは拡張されるのではなく、超越論的主観性がただよりよく理解されることに過ぎない」と。超越論的主観性は初めから間主観性としてあった、ただそれが隠されていただけだというわけである。

(63) ライプニッツは、「共存可能性(Kompossibilität)」について、「可能的なものがことごとく現実的であるとは限らない。ただ共可能的(compossible)なもの、すなわち他の実現されるものと適合するものだけが現実的である」と説いた(河野与一訳『単子論』岩波文庫、訳注参照)。フッサールはこの考えを「発生」の問題として考えようとした。

(64) psychophysisch　本書では、これまで「心理物理的」と訳してきた。しかし、この箇所では、この語によって、当時フェヒナーが『精神物理学綱要』(一八六〇年)によって始めた、「心と物の平行論」を説く精神物理学(Psychophysik)が念頭に置かれていると思われるので、「精神物理学的」とした。

（65）　フッサールはここで、「発生的な問題」がこれまでにも「最初の基本的な段階」すなわち「自我論」的段階においては入ってきていたと述べている。逆に言えば、その次の段階になる「間主観性」の段階においては、そういう問題にまで至らなかったことを述べていることになる。

（66）　generativ　Generation（世代）と語源は同じ。Genesis（発生）に関わるのがgenetisch（発生的）であるのに対し、generatio（Zeugung）（生殖）に関わるのがgenerativなので、「生殖〔世代発生〕に関わる」とした。この語は本書では唯一この箇所にしか出てこないが、『危機』のなかではたびたび登場し、最近のアメリカの研究者（スタインボック）によって注目されている。

（67）　「心理学的起源」については、本書第四省察第三七節参照。「前世紀に何度も……論じられた」ということでフッサールが念頭に置いているのは、生理学者ヘルムホルツ、生理学者・心理学者ヴント、物理学者・哲学者マッハ、哲学者アヴェナリウスらのことと思われる。

（68）　ブレンターノは多くのすぐれた学徒を輩出せしめた。ここで念頭に置かれているのは、シュトゥンプフ、マルティ、マイノング、トワルドフスキーらであろう。

（69）　一九世紀の実証的な諸学の興隆のなかで、ヴントは、一八七九年ライプツィヒ大学哲学部に世界初の実験心理学の研究室を開設した。そこから「科学としての心理学」が始まったと言われる。

（70）　「コペルニクス的転回」とは、カントが『純粋理性批判』で、伝統的な認識論に対して行った発想の転回（認識が対象に従うのではなく、対象が認識にしたがう）を指すために、それを天動説から地動説へのコペルニクスによる転回になぞらえたもの。フッサールは『イデーンI』(一九一三年)の時期には、現象学的還元をもっぱらデカルトの方法的懐疑と関連づけながら説明しており、「超越論的」というカントに由来する用語を使いながらも、「コペルニクス的転回」という言い方を現象学的還元を形容するために使ってはいなかった。この言い方をそういう文脈で使い始めるのは、一九二四年の論文「カントのコペルニクス的転回」(『第一哲学』第一巻所収)からと思われる。本書冒頭でデカルトについて言われた「主観への転向」(第一節参照)が、ここにおいてカントの「コペルニクス的転回」へと結びつけられることになる。

(71) Phantom　この語は日常用語としては「幻影、幻」といった意味で使われるが、フッサールは特殊な意味で使っている。すなわち、「色と形をもった物」ではあるが、まだ後述の「実体性・因果性」を持たないような物を指している。要するに、第二省察の注(32)で述べたように、フッサールは物(その知覚)を三つの層において考えているが、これは第二の「延長物」に対応するものと言えよう。

(72) カント『純粋理性批判』の「原理論」は、感性に関わる「超越論的感性論」と悟性に関わる「超越論的論理学」とに分かれている。「超越論的感性論」は、主に「感性の形式」として時間と空間を論ずるものであった。しかし、フッサールは感性の段階における超越論的なるものをもっと広く解し、ここでは原初的世界の構成に関わる問題をすべてそのうちで考えようとしている。パリ講演と前後して出版された『形式的論理学と超越論的論理学』の「結語」においても、「超越論的感性論」の構想に触れ、それを「純粋経験の世界の形相的問題」ないし「感性的世界のロゴス」を扱うものと規定している(さらに、手沢本ではそこに「生活世界」という語を付け加えている)。

(73)　カントは、空間と時間を「直観の形式」または「感性の形式」と呼び、それらは「こころのうちにアプリオリに備わっている」とか、「主観の性状として、主観のうちのその座を有する」とか述べていた。しかし、他方で、それらは「現象に関しては客観的である」とも言う。つまり、「経験的実在性」と「超越論的観念性」を同時に主張しているわけである。その辺りの事情を、ここでフッサールは、「極めて制限された仕方」ではあれ、「ノエマ的なアプリオリ」を目指していた、と述べているのである。

(74)　悟性に関わる「超越論的論理学」は二つに分かれており、悟性のアプリオリな認識要素を分解(＝分析)するのが「超越論的分析論」であり、その誤った使用について論じるのが「超越論的弁証論」である。しかし、ここでもその名称を、フッサールはカントから離れて使おうとしている。ここでフッサールのカントに対する姿勢について、少し付け加えておこう。本書を大幅に改訂したドイツ語版を構想していたフッサールは、一九三一年フランクフルト、ベルリン、ハレの各カント学会で行った講演「現象学と人間学」を機に、一九三五年のウィーン講演およびプラハ講演を通じて『危機』の「新しい道」へと転じていった。それは、「デカルト的な道」に対して言えば、「カント的な道」と言えるかも知れない。しかし、フッサールは早い時期から、カントに学びながらも、批判的であり、『第一哲学』でもこう述べていた。「カントを現象学的な眼で見ることは、彼を新たに理解し直すことであり、彼の先を見通す直観の偉大さに驚くことであるが、かと言ってそれは、彼を模倣したり、カント主義やドイツ観念論の単なる復興《ルネサンス》を弁護することでは決してない」と。『危機』も、「カントの暗黙の前提」として「生活世界」を指摘するところから「新しい道」が始まる。

(75) 日常生活のそれぞれの状況に相対的な、具体的な多様の世界のなかから、時間と状況を越えて成立するような理念《イデー》を取り出し、むしろそれによって日常的世界を説明するようになることを、フッサールは「理念化《イデアリジーレン》」と呼んだ。本書では、この箇所で一回だけ括弧つきで使われるだけだが、『危機』においては、ガリレイの「自然の数学化」から始まった「生活世界の忘却」の文脈で盛んに用いられることになる。

(76) 本書第二省察の冒頭(六四頁)でもすでに、超越論的現象学が「自我論《エゴロギー》」と「間主観性の現象学」という二つの段階をもつことが示唆されていた。ここでは、それが、「超越論的感性論」と「他者経験の理論」の二段階として表現されている。

(77) シェーラーは、一九〇六年にミュンヘン現象学サークルを設立し、当時フッサールの現象学サークルと合流して、一九一三―二〇年『哲学および現象学研究年報』の編集者の一人となり、同誌に『倫理学における形式主義と実質的価値倫理学』(一九一三―一六年)を発表した。ここでフッサールが念頭に置いているのは、同じ一九一三年にシェーラーが出版した『同情感情(Sympathiegefühle)の現象学、および、愛と憎しみについて』である。

(78) フッサールは、「自然科学的な方法は精神的な秘密も解明しなければならない」(『危機』)と考える自然主義を「一面的」と呼ぶ。いま問題になっているのは、それに対する意味での「全面性」である。

(79) フッサールは、一九二五年の講義録『現象学的心理学』や、一九二七年の「ブリタニカ論文」、一九二八年の「アムステルダム講演」でも、同様な趣旨で、言わば「心理学を通って超越論的現象学に至る道」を描いている。『危機』の第三部のBも「心理学から出発して現象学的超越論哲学へ至る道」と題されている。これは「心理学を越える道」と呼ばれている。因みに、メルロ＝ポンティも『知覚の現象学』で同様の趣旨を述べており、同書も一つの「心理学を越える道」を辿ったものと言える。

結　論

(1) 本書で結局立ち入ることのできず残されたこの問題は、第六省察として構想されていたが、もはや老年のフッサールは自らまとめることができず、晩年の助手フィンクにその作業を委ねた。フッサールの草稿を素材としながら、フィンクが一九三二年に執筆した「第六デカルト的省察の構想」が、現在では『超越論的方法論の理念』(一九八八年)として刊行されている。因みに、「超越論的方法論」とは、カントが『純粋理性批判』を大きく二つに分けた時、「超越論的原理論」(「超越論的感性論」と「超越論的分析論」はともにここに含まれる)の後に置いた後半部分を名づけたものである。

(2) 『論理学研究』においても、現象学は、一方で論理学を基礎づけるとともに、他方で心理学をも基礎づけるものとして構想されていた。さらに、超越論的現象学と諸学との関係については、「現象学と諸学の基礎」というタイトルをもつ『イデーンIII』のテーマでもあった。

(3) ロックの『人間知性論』からカントの『純粋理性批判』に至る近代哲学の課題は「認識批判」であった。フッサールが現象学的還元の着想を得た頃の覚え書きにも「理性の批判」という語が見られる(『現象学の理念』参照)。

(4) フッサールはもともと、数学の研究から学究の道に入った。博士論文「変分法論考」、教授資格論文「数の概念について」はともに数学の論文であった。処女作『算術の哲学』から、哲学へと関心を移していった。フッサールが数学を学んでいた一九世紀末は、数学の分野では、数学の基礎づけをめぐる論争が公理主義・直観主義などさまざまな立場から行われ、非ユークリッド幾何学の登場に象徴されるように、古代ギリシア以来の数学の基礎が揺るがされるという「危機」の状況にあった。超越論的現象学につながるフッサールの発想の根底には、このような数学の基礎づけをめぐる危機を救う、という目標があったわけである。

(5) フッサールはアプリオリな本質の学として、形式的存在論と質料的存在論を考えていたが、それはあくまでもそこから超越論的現象学へと入っていくための「手引き」としてであった。しかし、ここでフッサールは、超越論的現象学が「体系的に完全に展開された」あかつきには、それは「普遍的存在論」となると、存在論というものをもっと大きなものとして構想している。

(6) 本書は、「自己責任」への言及で始まり、「自己責任」への言及で終わっている。フッサールにとって、「我《エゴ》」や「主観性」に根拠を求めようとすることは、いつもこのような「実践的」「倫理的」な問題を背景にもっていたと言えよう。

（7）　古代ギリシア、デルポイの神殿の玄関の柱に刻まれていたという言葉で、（神が人間に向かって）「身のほどを知れ」（自分が死すべき存在であることを忘れるな）という意味の格言と解されていた。しかし、（プラトンの描く）ソクラテスは、それを「自分の無知を知」り、「自分の魂を配慮」し、いかに生きるべきかを考察することを命じる要求と捉えた。いまそれをフッサールは、普遍的な自己認識の道こそが哲学の道である、という意味と解しようとしている。

（8）　ラテン教父アウグスティヌスの『真なる宗教』からの引用。しかし、本書でたびたび現れてきたように、「外」と「内」という言い方は、誤解を招く恐れがある。フッサール自身、『論理学研究』で理念的《イデアール》なもののありかを「意識の外」に求めるのも、「意識の内」に求めるのも退け、まさにそのような議論のなかから、「意識の志向性」という思想を確立してきた。そして、それを近代的な「外」か「内」かという誤った問題の立て方を退けて、問題を正しく立てるためにこそ、現象学的還元が必要なのであった。その点で付け加えておくべきこととして、アウグスティヌスは、ここで引用された文に続けて、次のように述べていた。「そしてもし汝の本性が可変的であるのを見いだすなら、汝自身をも超越せよ」と。アウグスティヌスは自己の「内部」に止まるのではなく、そこから自己を超越する道を探る。フッサールも本来ならむしろ、ここの部分まで引用することによって、自らの超越論的なものの探究をそれに喩えるべきだったであろう。

解説

一　フッサール現象学誕生から百年

フッサール現象学の誕生を告げる『論理学研究』(第一巻一九〇〇年、第二巻一九〇一年)が出版されて百年になる。もちろん、百年という線引きそのものにさして意味があるわけではなかろう。しかし、この一見地味な書物が出版され、みるみるうちに脚光を浴び、共鳴者たちの運動を作り出し、それが空中分解し、舞台を移して再燃し、復興が謳われ、批判が集中し、超克が称揚され、終焉が告げられ、さらに散らばった舞台で再登場し、再度あるいは再三再四のルネサンスが叫ばれ、批判と反批判が繰り返され……という歴史が一巡りし、もはや現代思想とは呼ばれなくなり、押しも押されもせぬ一つの古典として位置づけられる。そのために必要な期間をおよそ百年と考えることはできよう。つまり、いま「フッサール」は古典となったわけだ。

ここに、フッサールの主著の一つ『デカルト的省察』が岩波文庫に収録されるのも、それが古典の一つと認められた証しとも言える。もちろん、これまでにも岩波文庫では、『純粋現象学及現象学的哲学考案』上・下巻(『イデーンI』)が一九三九・四一年に刊行され、それが一九九七年、岩波文庫創刊七十年に際し記念復刊されている。一九三九年と言えば、フッサールがこの世を去った翌年であり、当時の訳者は、「過去的なると同時に永遠的なるものといふ意味に於いて「古典」の名を賦与しても敢へて過当ではあるまい」と記してはいたが、今風に言えば、フッサールの書物は当時にあってはまだまだ「現代思想」に属していたと言うべきであり、それからさらに六十年を経た今、ようやくフッサールは真の意味で古典と呼ばれるにふさわしくなったと言うべきだろう。

二　フッサールの生涯と著作

エトムント・フッサールは、一八五九年四月八日、当時オーストリア帝国のモラヴィア地方東北部プロチョエフ(ドイツ語では、プロスニッツ)という町に、洋品店を営むユダヤ人の父の次男坊として生まれた。現在はチェコに属しているこのプロチョエフでは、その中心にある広場が「マサリク広場」と呼ばれ、その東にある少し小さい広場が「フッサール広場」と呼ばれている。前者は、旧チェコスロバキア建国の父であり、初代大統領となったマサリク、かつて同郷の先輩として若きフッサールにブレンターノの講義を聴くことを勧め、フッサールが哲学に転向するきっかけを作ったトマーシュ・ガリッグ・マサリクにちなんだものである。ユダヤ人街にあったフッサールの生家は、社会主義時代にユダヤ人街の町並みとともに取り壊されてしまったそうで、現在は唯一、「フッサール広場」の名前として故郷の町に痕跡を残している。

ウィーン郊外に一年間、プロチョエフに近い町オルモイツ(ドイツ語では、オルミュッツ)でその残りの期間ギムナジウムに通った後、ライプツィヒ大学に進学し(プロイセン主導のドイツ帝国が成立した直後だから、外国留学ということになる)、そこで二年間、数学、物理学、天文学、哲学を学んだが、数学に特に興味を感じ、ベルリン大学に移って、ヴァイヤーシュトラウスのもとで数学を学んだ。しかし、故国オーストリア帝国で学位を取った方がいいという彼の勧めもあって、ウィーン大学に移り、一八八二年、ケーニヒスベルガーのもとで博士論文「変分法論考」を提出し、学位を取得した。翌年ベルリン大学に戻って、ヴァイヤーシュトラウスの助手になった。その後、一年志願の兵役に服したり、ウィーン大学に戻ってブレンターノの哲学の講義を聴いたり、プロテスタントの洗礼を受けたり、という経緯の後、哲学に転向していった。ブレンターノのもとで学んだが、彼の勧めでハレ大学のシュトゥンプフのもとで教授資格論文「数の概念について」を提出した後、マルヴィーネと結婚し、ハレ大学の私講師として教壇に立つことになった。

ハレでは、一八九一年、処女作『算術の哲学』を出版した。さらに、関心を算術から論理学へと広げて行き、一九〇〇年には、フッサール現象学の出発点となった『論理学研究』の第一巻、翌一九〇一年には、同第二巻を出版した。そして、これが認められて、同年、ゲッティンゲン大学の員外教授に就任、一九〇六年には、四十七歳にしてようやく正教授に昇任した。この頃からフッサールは、現象学のさまざまな問題圏へと入っていった。『論理学研究』は多くの共鳴者を得て、ゲッティンゲンに現象学派ができたばかりでなく、ミュンヘンからも賛同者がやってきた。一九一一年『ロゴス』誌の創刊号に掲載された論文「厳密な学としての哲学」も、同時代の哲学潮流と対決しながら現象学を説くものとして歓迎を受けた。一九一三年には、こうした現象学派の人々の活動の場として、フッサールが編集する『哲学および現象学研究年報』(以下、『年報』と略記)が創刊され、その創刊号にフッサールの『純粋現象学と現象学的哲学のための構想』第一巻(以下、『イデーンI』と略記)が掲載された(この『年報』には、その後も、第一巻の第二分冊と第二巻には、シェーラーの『倫理学における形式主義と実質的価値倫理学』、第八巻には、ハイデガーの『存在と時間』が掲載されるなど、重要な著作を生み出していくことになった)。

翌年、第一次世界大戦が始まり、息子の一人と多くの親しい人たちを失うが、その大戦のさなか、一九一六年にフッサールは、フライブルク大学正教授に迎えられた。フライブルクでは新しい生産的な時代を迎えたが、一九二八年に同大学を退官するまで、ついに一冊の著書も著すことがなかった。しかし、この「沈黙の時代」は、フッサールにとって、非生産的な時代では決してなく、豊富で多彩な思索が行われた時期であった。この時期の思索について、現在では『フッサール全集』において、一九二三―二四年の講義録『第一哲学』、一九二五年の講義録『現象学的心理学』、一九一八―二六年の講義録『受動的綜合の分析』、その他の論文・草稿類が刊行されることにより、その全容が明らかになってきたが、生前の著作としても、その成果は、大学退官後に一気に吹き出ることになった。

まずは、退官直前の一九二八年の『年報』第九巻に、ハイデガーの編集により一九〇五年以来の講義草稿から『内的時間意識の現象学』が出版され、翌一九二九年の『年報』第十巻には、この頃一気に執筆された『形式的論理学と超越論的論理学』が掲載され、翌一九三〇年の『年報』第十一巻には、ギブソンによる『イデーンⅠ』の英訳のために執筆された「『イデーン』への後書き」が掲載された。翌一九三一年には、『デカルト的省察』のフランス語版が出版された。フッサールが編集する『年報』は、創刊以来、続々と現象学関係の業績を送り出して来たが、ハイデガーとシェーラーをはじめとして少しずつ協力者たちが離れていき、一九三〇年の第十一巻を最後に、一九三三年の政治的状況はフッサールのドイツでの出版計画をすべて絶ってしまった。

他方、一九二二年にイギリスのロンドンで講演「現象学的方法および現象学的哲学」を行ったのを皮切りに、一九二八年にはオランダのアムステルダムおよびフローニンゲンでの講演、一九二九年にはフランスのパリおよびストラスブールでの講演、一九三一年にはドイツのフランクフルト、ベルリン、ハレでの講演、一九三五年にはチェコスロバキアのプラハおよびオーストリアのウィーンでの講演と、国際的に活躍することとなった。そして、この最後の講演を契機に「新しい序論」の構想が生まれ、それが一九三六年にユーゴスラビアのベオグラードで刊行された国際哲学雑誌『フィロソフィア』に一部のみ発表されることになった『ヨーロッパ諸学の危機と超越論的現象学』(以下、『危機』と略記)であった。

プラハ講演の後、当時プラハ大学にいたラントグレーベは、フッサールをプラハのドイツ系大学に迎えるための招聘状をもってやってきたが、フッサールはこの申し出を断った。「ドイツではとてもやっていけない、故郷へ帰ることはできないものか」と考えていたフッサールであったが、その故郷チェコスロバキアへ帰る夢も消え、異国ドイツに骨を埋める覚悟であっただろう。一九三八年四月二十七日、フッサールは、晩年の二十二年間を過ごしたフライブルクにて生涯を閉じることになった。今もドイツ西南部フライブルクのロレッタ通りにある、かつてのフッサールが住んでいた家には、「現象学の創始者エトムント・フッサールは一九一六年から一九三八年までここに住んでいた」と彫られた記念の看板が掲げられ、フライブルク郊外の墓地には、妻マルヴィーネ、息子ゲルハルトとともに眠るフッサールの質素な墓がある。

三　本書の成り立ち

フッサールは一時期この『デカルト的省察』を自分の「主著」と、さらには「ライフワーク」とすら考えていたほどであったが、本書が出版に至った経緯は単純なものではない。初めに出版されたのは、一九三一年、パリのコラン社からフランス語訳としてであり、フッサールが七十一歳の時であった。しかも、一九二九年に書き上げた原稿が二年後にやっと出版された時、フッサールはすでにこのフランス語版に不満を感じていた。もともと一九二九年にすでに予告していたドイツ語版の出版も延び延びとなり、ドイツ国内の読者の関心に合わせた改訂を考えて推敲を重ねていた。しかし、その後、「新しい体系的著作」からさらに「新しい序論」へとフッサールの関心は移り、さらにそこへ、一九三三年の政治的状況が加わって、結局、改訂ドイツ語版は生前には出版に至らなかった。それは、およそフッサールと彼の著作の間の関係を象徴的に物語っているとも言える。本書の成り立ちを、『フッサール全集』版の編者シュトラッサーによる序論および同全集補巻の『年代記』などを手がかりに、もう少し詳しく見てみよう。

『デカルト的省察』のもとになったのは、フランスのドイツ学研究所とフランス哲学会の招きにより、一九二九年の二月二十三日と二十五日、パリ・ソルボンヌのデカルト記念講堂で「超越論的現象学入門」という題で行われた二つの講演と、パリから帰国の途中、三月八―十二日にストラスブールに滞在し、関心を持つ五、六十人の集まりの前で行われた講演と討論であった。ソルボンヌでは、講演の後、レセプションがあり、参加者のなかには、レヴィ＝ブリュールやアレクサンドル・コイレもいた。他に、シェストフ、エマニュエル・レヴィナス、ガブリエル・マルセル、ユージェーヌ・ミンコフスキー、パトチカらも、その講演を聴いていた。ストラスブールでは、主催したジャン・エラン(ドイツ語読みでヘリングとも記される)のほかアルベルト・シュヴァイツァーも参加していた。ともに講演はドイツ語で行われたが、ソルボンヌでは、フランスの聴衆が理解できるよう、「講演要旨」が作成され、そのフランス語訳が配布された。ストラスブールでは、テキストなしに自由に、『論理学研究』と『イデーンI』以後のフッサールの思想展開について話した。ストラスブールでの講演は、ソルボンヌ講演と内容は似ていたが、まったく同じではなかった。とりわけ、叙述の後半部にある間主観性の問題にはるかに多くの分量が当てられたようだ。

これら一連のフランスでの講演は「予想外の成功」であった。彼が引き起こした生き生きした関心を前にして、フッサールはこの「超越論的現象学入門」を包括的な省察へ仕上げようという考えが浮かび、帰国後さっそく、その作業に取り掛かった。ほとんど二カ月の間、休みのない創造意欲のなかで執筆したテキストは、『デカルト的省察』という標題を持つことになった。フランスの読者に彼の思想を知ってもらうことが重要であったので、彼は翻訳者を探してくれるよう、ストラスブールのエランに依頼した。彼はそのためにレヴィナス博士とG・ペッフェール女史を選び、モンペリエ大学のコイレが翻訳全体に目を通すことになった。

しかし、このほとんど一気に書き上げられたかに見えるテキストも、実は、何度も書き直されたものだった。校訂によって明らかになったところによると、最初のタイプ草稿は少なくとも三度変更を加えられた。最初に手を加えたのは何より第一―第三省察の箇所であり、第四とりわけ第五省察は二度目および三度目の書き直しの対象となった。原初性、感情移入、他者経験、社会性、間主観性といった問題が論じられる第五省察は、この時期にまったく新たに書き直された。最終的には、第五省察として、初めの四つの省察全体とほとんど同じだけの分量になるテキストが新たに付け加えられた。こうして、膨れ上がった第五省察をもつ、いかにもバランスを欠いた五つの省察が出来上がったわけだ。

フランス語への翻訳用原稿をストラスブールに送ってしまった(一九二九年五月)後、ドイツの読者を考慮して少し手直しをしたドイツ語版を、彼の編集で刊行が継続されていた『年報』に発表するつもりでいた。しかし、彼はストラスブールに送ったテキストに満足していなかったようで、オリジナル草稿の余白におびただしい鉛筆による訂正を書き込んでいる。しかも一部は文体的な訂正であったが、一部は根本的な書き換えの必要なものだった。フッサールは、ドイツ語版のためには根本的に書き直されねばならないと考えるようになっていた。

ところが、この時期フッサールは、生涯のなかでも最も生産的と言えるほど、多くの仕事を同時にこなしていた。

パリ講演の前年(一九二八年)三月、フッサールはフライブルク大学を退官し、名誉教授となったが、後任となったハイデガーは十月からしか来られないとのことで、四月からの夏学期はまだフッサールが「現象学的心理学入門」(一九二五年の講義の反復)を開講することになった。そんな四月、前述のように、オランダのアムステルダムとフローニンゲンで「現象学と心理学、超越論的現象学」と題する講演を行った(シェストフがこの講演を聴いて感銘を受け、フランスに講演に行くことをフッサールに勧め、それによって翌年のパリ講演が実現することになる)。その年の冬学期にもフッサールは「感情移入の現象学」と題する演習を開講したが、それが彼の大学での最後の授業となった。この継続のなかで、翌年二月、パリ講演が行われたわけである。

ところがその一方で、一九二八年から一九二九年にかけての同じ冬、フッサールは、それと並行して、「論理学の著作」を「急いで書き下ろし」ていた。それは、かつて『論理学研究』によって現象学派に結集しながら、『イデーンⅠ』によって離れていった人々に対して、その後の現象学研究の成果を踏まえて、論理学の問題を現象学的に解きあかすもので、一九二九年七月発行の『年報』第十巻に掲載された『形式的論理学と超越論的論理学』であった。しかも同時に、これと問題として密接に関連する、一九一〇年代以来の草稿の編集をルートヴィッヒ・ラントグレーベに託していたが、その原稿にも目を通していた。これは、生前にはもはや出版されることなく、一九三八年、フッサールの死後、ラントグレーベによってプラハで『経験と判断』として出版されることになる。ここで彼が辿っていた、超越論的現象学に至る「論理学を超える道」はパリ講演では背景に沈んでいた。

パリ講演ではむしろ、『イデーンI』で辿った「デカルト的な道」を辿り直すことになったが、本書にみられるように、そのなかでもたびたび「現象学と心理学」というテーマに立ち帰っており、前述の一九二五年講義以来の「心理学を越える道」が混在していた。一九二九年秋、ドイツ語版のための『デカルト的省察』の拡張に取り掛かった時も、フランス語訳のもとになったドイツ語テキストをそのまま出版するのではなく、「自然科学的人間学(ないし心理学)と精神科学的なそれとの関係」から出発する「第二序論」を付け加えることを考えていた。そこには、ドイツの読者のために、当時のドイツ哲学の状況への対決が盛り込まれようとしていた。

この点でフッサールにとって重要になっていたのは、ハイデガーおよびシェーラーとの対決、そしてディルタイとの関係であった。一九二七年のブリタニカ論文共同執筆の決裂にもかかわらず、なお期待をかけていたハイデガーには、就任講演「形而上学とは何か」(一九二九年七月)ですっかり失望し、改めて『存在と時間』『カントと形而上学の問題』および『根拠の本質について』(一九二九年刊行された『フッサール古希記念論文集』に掲載された)を読み返している。また、一九二八年五月に急逝したシェーラーの遺稿とも言える『宇宙における人間の地位』や、遡って『価値の転倒』を読んで抜粋を取っている。さらに、ディルタイの弟子ゲオルク・ミッシュからフッサールの古希を記念して送られてきた『生の哲学と現象学』を一気に読んでいる。この頃、ギブソンによる『イデーンI』の英訳が出版されることになり、そのための「序論」を執筆したが、それが、『年報』第十一巻(一九三〇年十二月)に「『イデーン』への後書き」として掲載された。そのなかでも、また、一九三一年六月、フランクフルト、ベルリン、ハレのカント学会で行われた講演「現象学と人間学」にも、当時のドイツ哲学の状況を示すものとして、「実存の哲学」「新しい人間学」「生の哲学」が挙げられているが、そこには、このようなハイデガー、シェーラー、ディルタイとの対決が影を落としている。

他方でフッサールは、一九二八年以来、ラントグレーベに代わって助手を務めるようになったオイゲン・フィンクに、一九一七―一九一八年に執筆された大部な「ベルナウ時間草稿」の編集を依頼していた。これは一九三二年頃には、「すでに統一あるテキストにまとめられ」、一九三三年頃には「ほとんど出来上がって」いた。それを第一巻とし、一九二九―一九三五年に執筆された晩年の時間論をその第二巻として出版する予定であった(これらは、現在でも未刊のままであり、晩年の時間論を収録した「C草稿」も、ヘルト『生き生きした現在』などに引用された断片から垣間見ることができるだけである)。

さらにフッサールは、一九三〇年春には、出版計画の変更をし、「大きな体系的著作」の構想を練り始めた。そして、それをフィンクにも依頼し、この頃、フッサール自身の手になるものと、もう一つフィンクの執筆した詳しいものと、二つの構想案が作られている。しかし、押し寄せる年齢的限界は、この大きな構想を実現する夢を次第に崩していき、ドイツ語版のための『デカルト的省察』の改訂を優先させるべきか、それともこの「大きな体系的著作」を優先させるべきか、フッサールは二度三度と両者の間で揺れ動くことになる。

こうして、「時間研究」「大きな体系的著作」「ドイツ語版『デカルト的省察』」という三つの計画が、フィンクとの作業のなかで同時並行して進んでいた。『年報』の次の巻にはと思っていたが、前述の「後書き」が掲載された第十一巻を最後に、続く第十二巻は一九三一年になっても一九三二年になっても発行されることがなく、一九三三年にはナチス・ドイツの政治下、ユダヤ系のフッサールは書いたものをドイツで出版する可能性が失われていった。こうして、フッサールが亡くなるまで、もはやドイツ語版『デカルト的省察』は日の目を見ることがなかった。

一九三二年フッサールは、『デカルト的省察』の必要と思われる書き直しのための提案をフィンクに依頼した。フィンクは当時、まったく新しい第一省察と、第二省察のための一連の新しい節と、第三―第五省察のための数頁とを下書きした。彼はさらに、「超越論的方法論の理念」についてまったく新しい第六省察を執筆した。当時フッサールは、フィンクの第六省察も含めて共著として新しい『デカルト的省察』を出版することを考えていたが、これはついに実現することがなかった。一九七五年フィンクが亡くなった後、このフィンクによる『第六省察』が一九八八年に『フッサール全集』の補巻として出版された（新田義弘・千田義光訳、岩波書店、一九九五年）。

一九三八年四月二十七日、フッサールが七十九歳で亡くなった後、フッサールの蔵書と四万五千頁に及ぶ草稿は、ベルギーの神父H・L・ヴァン・ブレダによって、ナチスの手に落ちるのを逃れてベルギーのルーヴァンへと救出され、フッサール・アルヒーフが設立された。戦後、ラントグレーベやフィンクの助力も得て遺稿の整理が行われ、歴史的校訂版『フッサール全集』の刊行が開始された。一九五〇年、その第一巻として出版されたのが、本書『デカルト的省察』であった。それは、長い間、フッサール自身が「主著」として出版を計画しながら先送りされ、当時のフッサールを知る多くの人々から待ち望まれていた出版であった。

四　本書の概観

本書が『デカルト的省察』と名付けられるに至った所以は、フッサールがそこでデカルトの『第一哲学についての省察』に潜む動機に「永遠の価値」を見いだすところから考察を始めているからである。フッサールはここで、デカルトの精神を復権させつつ、デカルトを越えて超越論的現象学へと進んでいく、「新デカルト主義」を主張する。フッサールはすでに一九一三年刊行した『イデーンⅠ』において、現象学的還元をデカルトの「方法的懐疑」になぞらえて説き、それによって得られる「純粋意識」の領野をデカルトの「コギト」(ないし「コギタチオ」)と「コギタートゥム」という語で呼んでいた。そこで辿った道は、後に『危機』において「デカルト的な道」と呼ばれて批判されることになるが、すでに一九二三―二四年の講義『第一哲学』第二部においては、それに代わる「新しい道」が模索され、ラントグレーベによれば、そこで「デカルト主義からの訣別」が行われていた。にもかかわらず、それから五年後のパリ講演で、デカルト主義を徹底することによってデカルトを克服するという道がふたたび辿られたのは、その講演がデカルトの母国フランスで、しかもソルボンヌのデカルト講堂で行われたことと無関係ではあるまい。

フッサールが過去の哲学者の名前を自らの著書に冠したのは、唯一この『デカルト的省察』のみであるが、彼はデカルトから単に何かを継承したり、デカルトを単に復権したりすればいいとは考えていなかった。「新デカルト主義」は、「まさにデカルト的な動機を徹底して展開するために、デカルト哲学のよく知られている学説全体をほとんど拒否せざるをえない」かも知れないのだ。したがって、『デカルト的省察』のなかには実は「反デカルト的省察」が含まれており、それはデカルト的なものと反デカルト的なもののとのせめぎあいにおいてこそ成立している。ここでは、本書の内容を詳しく紹介することはできないので、特にこのようなデカルト哲学との重なりとずれを中心に、いくつかのポイントを指摘しておくに止めよう。

第一省察は、「超越論的な我への道」と題されている。デカルトの「明晰判明」という真理探究の基準が、「明証」の問題として論じられ、さまざまな「明証」のうちで、「世界がある」ことの明証と区別されて、「我思う」のもつ明証が示される。『イデーンI』では、もっぱら「純粋自我」という語だけが使われ、これはあくまで諸体験の「極」としてのみ認められていたが、ここでは「我《エゴ》」という語が積極的に使われる。しかし、デカルトが「超越論的な転換に失敗した」のは、この「我」を「世界の一部」として「実体」化してしまったからであり、そこで、「心理学的な自我と超越論的な自我」の区別が強調される。

第二省察は、「超越論的な経験の場を、その普遍的構造にしたがって開示する」と題されている。『危機』のフッサールは、「デカルト的な道」の「大きな欠陥」として、「その道はなるほど一躍にしてすぐ超越論的我へ達しはするが、それに先立つ説明がすべて欠けているために、この超越論的我を、一見したところ無内容なままに明るみに出すことになってしまった」と述べているが、この「超越論的な経験の場」という「広大な領土を遍歴」しながら開示することは、その欠陥を補うべく構想されていると言えよう。ここで、「超越論的な我への還元」は一見すると「独我論的」にとどまるような印象をもっているが、それは、一貫して遂行されると「超越論的な間主観性の現象学に導かれる」と、第五省察への道が予告されている。さらにここで、デカルト的な「コギト」は実は「志向的な生」が持っている「顕在性」の側面しか表しておらず、その「潜在性」の側面を覆っていないことが指摘される。これは、すでに『イデーンI』で発見されていた「地平志向性」という思想を語るものである。

第三省察は、「構成に関わる問題圏。真理と現実」と題されている。それは、「コギトとコギタートゥム」の問題の延長で「理性と現実」という問題圏を捉えようとするもので、その時キーワードとなるのが「構成」という概念である。デカルトが結局は「神の誠実」を頼りに、永遠真理と呼ばれる数学や論理学の真理を基礎づけ、外界の存在を証明しようとしたのに対して、「神の誠実」に頼ることなくそれらを行おうとしたフッサールの試みと言うこともできよう。それは同時に、形式的存在論と質料的存在論から超越論的現象学へ至る、「存在論を越える道」に関わるものでもあった。

第四省察は、「超越論的な我《エゴ》自身の構成という問題の展開」と題されている。それは、第一省察で触れた「我」の問題、したがって、デカルトが失敗した地点に立ち帰り、その「構成」の問題を詳論するものである。それは、「我の構成」について、形相的心理学(純粋心理学)とも重なる形相的(静態的)分析を手がかりにしながら、さらに、発生的分析へと進んでいく(それは「心理学を越える道」とも重なる)。そのなかで、もはや単に「極としての我」ではなく、具体的な姿である「モナドとしての我」という、デカルトから発する自我論《エゴロギー》ではなくむしろライプニッツの単子論《モナドロギー》に繋がる思想が展開される。そして、この発生的現象学も含めて初めて、現象学が「超越論的観念論」という性格をもつことの意義が明らかにされる。しかし、それとともに再び浮上してくるのが、独我論とその克服としての間主観性の問題圏である。

第五省察は、「超越論的な存在の場をモナドの間主観性としてあらわにする」と題されている。ここにおいてフッサールは、デカルト的な自我論《エゴロギー》とはまったく異なる次元の問題に取り組むことになる。「独我論という非難に対抗して、他者経験の問題を呈示する」ところから始まるが、自然的な他者経験の分析そのものが目標ではなく、あくまでもそれを手がかりにしながら、客観的世界の超越論的問題を解明する、すなわち世界の間主観的な存立構造を明らかにすることが目標である。その際フッサールは、「自分固有《アイゲン》の領分」―「原 初 的《プリモルディアル》世界」への「一種の還元」を行い、そこに「異なるもの《フレムト》」「他我」がどのように現れるかを分析しようとする。その分析は詳細なものであり、また、さまざまな批判によって議論されている箇所でもあるので、読者自らその迷路のようなフッサールの議論を辿ってみることをお勧めする。「共現前」、「身体」、「受動的綜合」としての「対《ペア》になること」など、さまざまな批判の後にも捨てがたい、興味深い論点があるが、ここでは立ち入ることはできない。さらに、「高次の段階の構成」として「異文化」の問題から、形而上学の問題にまで連なる超越論的現象学の道が描かれる。

最後に結語として、デカルトの意義を再度振り返り、それを古代ギリシアのデルポイの神殿の「汝自身を知れ」という言葉と、さらに、アウグスティヌスの「汝自身のうちに帰れ。真理は人の内部に宿っている」という言葉に繋げて、締めくくっている。

五　本書の位置づけ

本書『デカルト的省察』は、『フッサール全集』版が一九五〇年に出版されて以来、前述のように、とりわけ第五省察に含まれた他者論・間主観性論によって、さまざまに議論されてきた。しかし、その後、一九七三年に、同全集第十三―十五巻として『間主観性の現象学』第一―三巻がイゾ・ケルンの編集によって出版された。それは、早い時期では一九〇五年のものから晩年の一九三五年まで三十年間にわたりフッサールが書き続けてきた草稿から、「間主観性の現象学」というテーマに関わるものを集めて、整理したものである。それを見ると、フッサールがこのテーマに取り組んだのは、『デカルト的省察』の時期になってから、「独我論という非難に応える」ためにというだけではなく、現象学の構想が誕生しつつある早い時期からであり、また、『デカルト的省察』の書き直しに関連しても、このテーマに関わる多くの草稿を残し、死の直前の最晩年に至るまで、繰り返しこのテーマに戻ってきていることが分かり、また、いかにさまざまの切り口から、さまざまな問題との絡みにおいて、フッサールがこの問題に取り組んでいたかが分かるだろう。したがって、この問題を論ずるには、現在ではこの浩瀚な『間主観性の現象学』三巻本に収められた膨大な草稿群との対決が必要になっている。

なかには、本人が出版したものだけに限定して、その哲学の評価をしようとする人もいる。しかし、他の哲学者はともかく、フッサールについては、そのような研究姿勢では、多くの貴重な遺産を捨ててしまうことになりかねない。フッサールは、早い時期からガーベルスベルガーという速記法を使って、ほとんど考えるのと同じスピードで草稿を書いていた。ああでもないこうでもない、と迷路のような思索を続けて、それをすべて速記によって残していたわけだ。しかも、それを毎日毎日書きつづけて、四万頁を超える草稿を書き残した。著作になったのは、そのほんの一部である。しかも、いずれも、計画された著作のうちの序論あるいは第一巻のみが出版されたものだったり、試行錯誤をしている講義の草稿をとりあえずまとめたものだったり、雑誌に掲載するために慌ただしく書き下ろしたものだったり、どれを取っても未完の「トルソ」という印象を拭いえない。活字となって出版される頃にはフッサールはもうそこに書かれたことに不満をもち、それをすでに乗り越えられた過去のものと見なしていた。

このようなフッサールの思索の活動とその成果としての著作との関係を考えるとき、上のように生前出版物だけに限定してフッサールの現象学を語ることはできない。だからこそ、『デカルト的省察』を第一巻として刊行が始まった『フッサール全集』が、その後も、フッサールの死後に研究者達によって解読・編集された講義草稿や作業草稿の刊行を続けていることに意味はあるわけだ。もちろん、生前に刊行されたテキストに比べると、これら死後に編集された草稿はあくまで副次的なものと言わざるをえず、これを過大評価するわけにはいかない。まがりなりにも著者自身によって体系的にまとめられたテキストに対する評価を、思いつくがままに断片的に書き散らされた草稿によって覆すというわけにはいかない。しかし、にもかかわらず、特にフッサールの場合、水面に顔を出しているテキストの下に、膨大な草稿群が隠れていることを無視することはできない。その意味で、『デカルト的省察』の「第五省察」は『間主観性の現象学』三巻本によって補われねばならないだろう。「第五省察」は、『間主観性の現象学』に収録された、初期から晩年に至る、間主観性の現象学をめぐるさまざまな思索の一側面を圧縮して出したものにほかならず、それは、膨大な草稿を背景にして初めて浮かび上がって来る前景なのである。

このように、フッサールの他者論・間主観性論を真剣に論じようとする者は、『デカルト的省察』だけでなく『間主観性の現象学』三巻本(残念ながら、邦訳は未だまったくない)に取り組むことを避けられない。しかし、それは中上級者向けの話であって、初心者はまずは、この『デカルト的省察』をじっくり読んでいただきたい。

六　翻訳に使った版と翻訳について

ドイツ語の原書としては、現在、大きく分けて、次の二種類の版が出版されている。

『フッサール全集』版　"Cartesianische Meditationen. Eine Einleitung in die Phänomenologie", in: *Husserliana* Bd. I, *Cartesianische Meditationen und Pariser Vorträge*, Herausgegeben und eingeleitet von S. Strasser, Martinus Nijhoff, 1950.

（これは、その後、一九六三年のルドルフ・ベーム編集の第二版になっているが、誤植の訂正が行われたのみで基本的には初版と変わっていない。）

「哲学文庫」版　Philosophische Bibliothek Bd. 291, Edmund Husserl, *Cartesianische Meditationen. Eine Einleitung in die Phänomenologie*, Herausgegeben, eingeleitet, und mit Registern versehen von Elisabeth Ströker, Felix Meiner, 1977.

また、翻訳の際に参照した、仏語訳と英語訳も挙げておく。

仏語訳　*Méditations Cartésienne, Introduction à la Phénoménologie*, Traduit par Gabrielle Peiffer et Emmanuel Lévinas, A. Colin, 1931; J. Vrin, 1947.

英語訳　*Cartesian Meditations, An Introduction to Phenomenology*, Translated by Dorion Cairns, Martinus Nijhoff, 1950; Kluwer Academic Publishers, 1988.

仏語訳は、前述のように一九三一年に最初に出版された版であり、英語訳は、フッサールが一九三二年にニューヨークのドリアン・ケアンズに「デカルト的省察／一九二九年のオリジナル原稿／ドリアン・ケアンズのために　フッサール」と手書きの献呈文を付けて送ったタイプ草稿をケアンズ自身が翻訳したものである。

また、我が国では、『デカルト的省察』の翻訳として次の二種類のものがすでに出版されており、今回新たな翻訳を試みるにあたっても、絶えず参照することによって学ぶことが多かった。ここに記して謝意を表したい。

山本万二郎訳『現象学叙説――デカルト的省察録』(創文社、一九五四年)(なお、翻訳にあたってこの版を参照することができたのは、貴重な蔵書を貸与してくださった恩師・山崎庸佑教授のお蔭である。記して感謝したい。)

船橋弘訳「デカルト的省察」『世界の名著51　ブレンターノ、フッサール』(中央公論社、一九七〇年)

『フッサール全集』版は、フッサールの遺稿のうち、彼自身が「印刷のための完成稿」

と目印をつけたタイプ原稿を底本にしている。しかし、これは、フッサールが一九二九年五月にフランス語への翻訳のためにストラスブールに送ったオリジナル原稿と同一のものではなく、彼が後の書き直しに使った作業用草稿であることが分かっている。「仏語訳のために完成させたオリジナル原稿」は、今日に至るまで発見されておらず、おそらく失われたものと思われる。「哲学文庫」版は、この「印刷のための完成稿」と、前述のケアンズに献呈された「一九二九年のオリジナル原稿」とを校合したものである。『フッサール全集』版と比べ、字句としてはいくつかのわずかな箇所で変更があっただけだが、表記の上で違いが見られる。

特に、『フッサール全集』版では「印刷のための完成稿」にあった下線をイタリック体で再現していたが、それが「哲学文庫」版では放棄されている。フッサールは、関心をもった同僚や学生に自分の草稿をいつも気軽に見せており、これらの下線のすべてが彼自身によるものではなく、そのなかから彼自身の手による下線を選り分けることは難しい。そのうえ、彼が付けたものといえども、強調する意図で付けられたものではなく、むしろ、繰り返し読む時に付けた「符号」と解される。同様に、『フッサール全集』版では、「完成稿」において引用符で囲まれた語句も引用符なしのイタリック体で印刷されているが、「哲学文庫」版では、そうした引用符を印刷に取り上げないか、そのまま引用符とするかしている。

この点、分かりやすい例を一つ挙げておこう。本訳書では「感情移入」と訳したEinfühlungという語は、『デカルト的省察』のなかでは五カ所しか使われていないが、そのうちの一つを、(a)『フッサール全集』版、(b)「哲学文庫」版、(c)仏語訳、(d)英語訳、で比べてみると次のようになる。

(a)　die Theorie der Fremderfahrung, der sogenannten *Einfühlung*
　他者経験、いわゆる感情移入の理論

(b)　die Theorie der Fremderfahrung, der sogenannten "Einfühlung"
　他者経験、いわゆる「感情移入」の理論

(c)　la théorie de l'expérience de《l'autre》(c'est ce qu'on appelle:《Einfühlung》)
　「他者」の経験(すなわち、ひとが「感情移入」と呼んでいるもの)についての理論

(d)　the theory of experiencing someone else, the theory of so-called "empathy"
　他者を経験することの理論、いわゆる「感情移入〔共感〕」の理論

つまり、『フッサール全集』版ではイタリック体(強調)となっているが、「哲学文庫」版では(そして仏語訳・英語訳でも)括弧つきで(誰かの言葉の引用として)使われている。上記五カ所のうち二カ所では、「いわゆる」という語が付されていることも、それが誰

かの言葉の引用であることを裏付けている。実際、『間主観性の現象学』第一巻を見れば、それがTh・リップスが使っていた言葉であり、フッサールはリップスの「感情移入」論を検討し、さまざまな批判を加えながらも、この言葉そのものは捨てることなく、使い続けていった過程を追うことができる。

また、「感情移入」という語が使われる五カ所のうち三カ所で、それは「他者経験(Fremderfahrung)」の言い換えとして使われている。しかも、「感情移入」には「いわゆる」という語が付されるのに対して「他者経験」にはそれが付されることはない。つまり、「他者経験」は自分の用語だが、「感情移入」は巷に普及した用語として使われているわけだ。したがって、「フッサールの他者経験論は感情移入論だ」とする議論をときおり見かけるが、それは、『フッサール全集』版に頼ったことから生じた早計と言わねばならない。こうしたことから、本訳書では、「哲学文庫」版の編集を妥当なものと考え、これを底本として使うことにした。

最後に、翻訳について一言付け加えておきたい。岩波文庫はさまざまな読まれ方がされているであろうが、基本的には、古典の重みをもったものを、にもかかわらず軽く読んでみたい、という読者を想定していると、訳者は理解している。したがって、ここでも、フッサールの著作（翻訳であれ）に親しんでいる研究者よりも、初めてフッサールの書いたものを読んでみようとする初心者のための企画であることを念頭に置いた翻訳を試みた。それゆえ、できるだけ、原書や原語を参照することなく、この翻訳だけで読める日本語にすることを心がけた。フッサール現象学の訳語には、伝統的に定着してきているとはいえ、現象学になじみのない一般読者には分かりにくい専門用語となった訳語（言わば「業界用語」）が多いが、これらをそのまま使うことはできるだけ避け、これなら一般読者にもそれだけでとりあえず趣旨は伝わるという訳語を使うことに努めた。専門用語の方に慣れている研究者のなかには、違和感を持つ方がおられるかも知れないが、さまざまな冒険的試みの一つと寛容に受け取っていただければ幸いである。「フッサール現象学は難解だ」と言われてきたが、そう言われてきたことの一端は、これら一般読者にはなじみのない専門用語に原因があるのではなかろうか。ここでの試みによって、「難解」という印象が少しでも薄れ、フッサール現象学が近づきやすいものになることを願っているが、その成否は読者の判断を仰ぎたい。

七　おわりに

ソルボンヌとストラスブールでの講演を終えてフライブルクに戻り、『デカルト的省察』のための原稿に取り組んでいたさなか、一九二九年四月八日にフッサールはちょうど七十歳の誕生日を迎えた。『年報』に結集していた仲間達は、フッサールのために『古希記念論文集』を編集して、祝賀会の席でハイデガーの祝辞のあと、彼からフッサールに贈呈された。この日の祝賀会には、O・ベッカー、J・エラン(ヘリング)、R・インガルデン、A・コイレ、K・レーヴィット、H・ポス、E・シュタインらが参列した。この祝賀会でフッサールは、彼を讃える人たちに応えて朴訥に次のように語った。

「私は一つのことを拒絶しなければなりません。それは、功績についてのお話です。私には功績など何もありません。哲学は私の使命であったのです。私は哲学しなければならなかったのです。そうしなければ私はこの世界で生きることができなかったのです。」

『デカルト的省察』は、まさにそのようなフッサールの「哲学する」営みから生まれたものであった。

岩波文庫編集部の山腰和子さんから、『デカルト的省察』の翻訳の仕事をお誘いいただいてから、早や三年が経とうとしている。訳業が予想外に長引き、フッサールの『論理学研究』と同様、世紀を越える仕事になってしまったことをお詫びしたい。編集者という立場からの多くの貴重な提言をいただいたばかりでなく、一つ一つに心の行き届いた丁寧なお仕事をしていただいたことに、感謝の気持ちを捧げたい。

二〇〇一年一月

浜　渦　辰　二

索　引

あ　行

アウグスティヌス　280, 343
アプリオリ　42, 60, 96, 127, 128, 131, 132, 135-137, 147, 148, 150, 154, 185, 186, 197, 235, 237, 243, 244-248, 250, 251, 257, 261, 268, 274-278, 289, 290, 295, 296, 304, 335, 339, 342
生き生きした現在　52, 184, 207, 239, 324
意識の生　48, 49, 58, 66, 75, 78, 85, 86, 89, 90, 94, 95, 97, 101, 108, 111, 115, 116, 126, 149, 150, 152, 165, 294, 300
意識の場　109, 150, 152, 267
異常　224, 225, 331
一面性　38, 114, 263, 286
異文化　240, 320, 321, 335
因果性　118, 137, 259, 311, 338
疑いの余地がない/疑いの余地なく　38-45, 50-54, 60, 61, 63, 66, 73, 130, 133, 183, 185, 188, 242, 248, 251, 265, 266, 270, 271
運動感覚　174, 209, 298, 322
延長物　93, 303, 338
同じものとして捉える　83, 111, 117, 181, 186, 202, 217, 226, 227
思うこと　20, 31, 49, 50, 53, 61, 66, 68-70, 74, 76, 79, 81-83, 85, 91, 97, 105, 106, 117, 122, 150, 164, 286, 298
思われたもの/こと　66, 68, 69, 74-77, 79, 81, 83, 85, 87, 89, 93, 94, 97, 101, 105, 111, 122, 150, 286, 298

か　行

懐疑　20, 283, 291, 299, 338
外的(な)経験　114, 115, 121, 196, 265
過去把持　60, 61, 74, 93, 98, 128, 296, 324
仮象　40, 43, 46, 48, 95, 150, 185, 188, 206, 266, 268, 316
合致　31, 32, 34, 112, 289

かのように　60, 103, 109, 110, 129, 133, 194, 296, 305, 326, 330
感覚主義　78, 294
感覚与件　58, 79, 156, 187, 294, 299, 300, 313
間主観性　64, 65, 142, 154, 161, 193, 194, 233, 243, 250, 267, 274, 276, 278, 297, 315, 325, 333, 336, 337, 340
　事実的(な)――　153, 315
　超越論的(な)――　64, 65, 142, 153, 193, 233, 243, 267, 274, 276, 278, 315, 332
感情移入　166, 187, 214, 240, 261, 319, 320, 327
関心　18, 72, 76, 132, 291
カント　156, 261, 282, 285, 289, 290, 295, 300, 303, 304, 307, 308, 312, 316, 317, 327, 337-341
観念的　84, 193, 332
観念論　151, 155-158, 194, 208, 267, 268, 316, 317, 340
幾何学　27, 54, 286, 288, 342
起源　95, 98, 106, 109, 111, 139, 167, 225, 241, 252, 255, 256, 259-261, 275, 276, 303, 306, 311, 331, 337
　現象学的――　106, 306
　心理学的――　139, 252, 255, 256, 258, 260, 261, 306, 311, 337
基礎づけ　18, 19, 21, 26-28, 31-33, 37, 39, 43-45, 49, 54, 58-60, 73, 99, 114, 132, 150, 159, 162, 202, 211, 263, 272-274, 276, 277, 279, 297, 319, 334, 341, 342
基盤　21, 44, 45, 50-52, 68, 70, 95, 107, 127, 133, 141, 144, 149, 157, 163, 166, 184, 193, 197, 235, 247, 254, 270, 324
客観的(な)世界　48, 56, 57, 59, 100, 101, 114, 118, 147, 153, 161, 166, 167, 169, 170, 173, 178-180, 188-195, 208, 222-225, 228, 231, 233-236, 238-240, 245, 246, 249-251, 254, 255, 261, 262, 268, 291, 320, 321, 325, 332, 333
共現前　195-197, 201, 204-208, 210, 212-224, 229, 230, 236, 265-267, 328
共存可能　136-139, 251, 252, 336
共同性　100, 215, 216, 218, 219, 229-231, 233, 235, 236, 248, 250, 284

共同体　118, 167, 192-194, 232, 236-238, 241, 249, 250, 275, 278, 336
空間性　231, 259, 260
経験(の)世界　44, 46, 51, 55, 167, 194, 243, 249, 258, 324, 334
形式(的)存在論　→存在論
形而上学　20, 163, 194, 248, 249, 257, 264, 268, 278, 285, 310, 318, 319, 325, 329, 335, 336
形相　130-134, 296, 308
——的還元　308, 309
——的(な)現象学　132, 135, 140
——的(な)直観　133, 246, 247, 309
形態質　78, 91
原現象　107, 223, 331
言語　37, 300
現在させる　197, 326, 328
顕在性　87, 91, 136, 162, 181, 184, 186, 266
顕在的　87-89, 91, 94, 131, 145, 163, 168, 179, 200, 249, 269, 302
現実　36, 46, 52, 60, 61, 63, 68, 83, 89, 92, 95, 101, 103, 105, 109-113, 115-117, 120, 122, 126, 129, 136, 150, 157, 159, 164, 166, 167, 173, 177, 183, 189, 191, 196, 201, 205, 211, 213, 218, 221, 222, 231, 233, 234, 251, 253, 255, 264, 266, 275, 299, 330
現象学的還元　50, 67, 75, 76, 101, 128, 133, 152, 157, 264, 266, 274, 285, 286, 297, 299, 302, 308-310, 314, 323, 325, 338, 342, 343
現象学的起源　→起源
現象学的心理学　→心理学
現象学的(な)発生　→発生
原初性　231
原初的還元　255, 259, 277
原初的(な)世界　186, 192, 196, 198, 206, 210, 211, 231, 255, 258, 261, 338
原初的超越　189, 190
原初的(な)領分　195, 196, 199-201, 203, 204, 207-209, 216, 217, 219-221, 223, 229, 254, 266
現前　32, 36, 89, 91, 196, 197, 201, 205, 206, 214, 218, 219, 222, 223, 287, 328
原創設　145, 199, 201, 202, 229, 266, 312
原本　201, 227

——的/として 46, 184-188, 195, 196, 204-206, 217, 221, 222, 224, 226, 229, 258, 265, 267, 287
——的(な)性格 222, 224, 258, 265, 287
——的(な)領分 188, 196, 217, 221, 226
厳密な/に 67, 74, 96, 103, 132, 155, 159, 274, 283, 287, 297, 309, 313, 317, 335
コイレ 54, 292
構築 143, 194, 246, 247, 268, 326
異なる主観(性) 167, 168, 174, 216, 264, 321
異なる世界 190, 238, 240
異なるもの 168-173, 176, 177, 179-181, 187, 189, 190, 192, 206, 208, 214, 221, 230, 244, 257, 258, 260, 266, 328, 329
子供 136, 142, 200, 253
コペルニクス的転回 257, 262, 263, 337, 338
コミュニケーション 45, 236
固有(の)領分 167, 168, 170, 193, 197, 198, 210, 322
根源性 143, 203, 238, 247, 275
根源的 19, 37, 46, 52, 119, 125, 141, 142, 146, 175, 182-185, 189, 195, 198, 200-202, 210, 221, 231, 248, 254, 262, 268, 270, 273, 275, 324, 326-328, 331
根本から始める 24, 29, 45, 55, 78

さ 行

作業 23, 35, 36, 63, 76, 79, 132, 156-159, 163, 247, 254, 262, 317
シェーラー 262, 307, 340
自我(の)極 125, 176, 187
自我分裂 72, 299
自我論 64, 73, 78, 101, 137, 148, 156, 185, 234, 244, 277, 296, 308, 337, 340
時間性 83, 86, 101, 119, 137, 147, 183, 228, 229, 239, 249, 259, 260, 294, 332
時間的(な)発生 →発生
志向性 69, 82, 87, 88, 90, 92, 94, 95, 97, 98, 106, 118, 120, 121, 146, 149, 155, 156, 163, 164, 166-169, 176, 189, 193, 195, 196, 198, 204, 207, 210, 218, 222, 223, 233, 234, 258, 264, 295, 297, 298, 300-302,

305, 313, 315, 318, 343
志向的(な)心理学　→心理学
志向的(な)体験　71, 82, 86, 102, 128, 137, 234, 256, 286, 302
志向的(な)対象　74, 82, 83, 92, 97, 98, 102, 105, 108, 121, 150, 186, 212, 227, 302, 325
志向的変様　206, 207, 225, 328, 329, 331
自己客観化　235, 253, 333
自己経験　52, 56, 57, 61, 62, 183, 184, 189, 217, 270
自己構成　125, 126, 244, 259
自然　20, 45, 96, 100, 104, 118, 139, 140, 146, 156, 162, 165-167, 173-176, 187, 192, 196, 198, 205, 209, 215, 216, 220-224, 226, 229, 233, 237, 239-241, 245, 246, 250, 255, 258, 260, 261, 275, 311, 313, 322, 324, 325, 340
——科学　27, 54, 63, 253, 279, 286, 291, 302, 309, 311, 313, 322, 334, 340
——主義　146, 286, 293, 311, 313
——的/な　20, 44, 45, 47, 49, 50, 56, 57, 63, 68-70, 75, 76, 78, 90, 95, 104, 127, 149, 151, 157, 166, 168, 174, 176, 190, 220, 235, 247, 260, 298, 320
——的(な)態度　→態度
自体的　162, 165, 294
実在的　95, 98, 100, 113, 114, 118, 231, 245, 287, 294, 301, 332, 333
実在論　55, 156, 162, 316
実質的　58, 84, 112, 138, 227, 230, 231, 294, 301, 302, 325, 331, 333
実証性　95, 134, 247, 262, 265, 272
実証的　21, 56, 133, 257, 262, 263, 265, 273, 276, 279, 310, 337
質料(的)存在論　→存在論
自分固有の　56, 123, 145, 167-170, 173-191, 206, 207, 216, 221, 225, 255, 257, 267, 321, 322, 328, 329
自明性/自明な　27, 35, 42, 44, 54, 78, 141, 163, 265, 318
社会(性)　45, 100, 139, 141, 232, 236, 245, 275
周囲世界　45, 125, 126, 172, 211, 212, 235-237, 241, 243, 246, 250, 251, 290, 292, 321,

334
習慣　52, 61, 112, 122-127, 134, 137, 139, 142, 145, 176, 179, 187, 191, 242
十全な/に　39, 41, 51, 52, 72, 112, 115, 117, 121
自由な(/に)変更　129-131, 141, 154, 209, 251, 252, 257, 269, 299, 308, 332
受動性　85, 143, 144, 202, 312
受動的(な)綜合　98, 143-145, 202, 298, 300, 312, 328, 330
受動的(な)発生　→発生
準現在させる/された　197, 207, 218, 222, 223, 226-228, 326, 328
純粋(な)心理学　→心理学
純粋な我　20, 21, 49, 50, 54, 132, 147, 151, 152
ジルソン　54, 291
人格　124, 140, 173, 175, 176, 179, 198, 236, 240, 242, 267, 307, 311, 313
真正な(/の)学問　26, 27, 30, 33, 35, 36, 41, 288
身体　45, 80, 165, 174-176, 187, 195, 196, 198, 199, 201, 204-206, 208-217, 219-223, 231, 232, 237, 239, 241, 253, 259, 275, 301, 322-324, 328-330
身体物体　201, 203, 219-221, 223, 229
心的現象　57, 82, 256, 301
心的生活/心的な生　56, 57, 67, 78, 146, 149, 177, 215, 234, 241, 253
信念　30, 45-47, 49, 71, 111, 115
真理　31, 33, 34, 95, 105, 111-113, 117, 150, 280, 287-289
心理学　55-57, 66-68, 70, 76-78, 82, 95, 96, 121, 127, 133, 134, 137, 139, 144, 146, 148, 149, 156, 157, 201, 235, 252, 253, 255-258, 260-263, 287, 293, 297, 300, 301, 306, 308-311, 313, 314, 318, 320, 322, 333, 334, 337, 341
　現象学的――　297, 308, 310
　志向的(な)――　95, 134, 146, 156, 157, 201, 257, 262, 263
　純粋(な)――　67, 77, 137, 297
　――主義　67, 68, 157, 257, 287, 297, 314
　――的起源　→起源

──的な自我　55, 57
──的な発生　144
内部──　78, 95, 127, 133, 235, 333
心理物理的　57, 66, 78, 100, 144, 165, 175-178, 193, 203, 215, 216, 220, 222, 231, 232, 234, 237, 239, 255, 257, 258, 336
数学　27, 54, 288, 304, 318, 340, 342
生活　34, 42, 45, 56, 70, 77, 143, 172, 177, 215, 234, 241, 242, 258, 272, 298, 340
生活世界　237, 241, 242, 290, 292, 315, 324, 334, 335, 339, 340
『省察』　17, 18, 281-284, 287, 290, 297
省察する自我　57, 76, 161
省察する者　20, 48, 55, 59, 66, 128, 158, 169, 178, 267
省察する我　132, 144, 157, 158, 233
正常　224, 225, 331
精神物理学　253, 293
静態的　140, 148, 191, 242, 254, 256, 308, 311, 313, 314, 328
生理学　253, 255, 256, 323, 337
世界が現にあること　42, 44
世界(の)経験　43, 44, 47, 73, 172, 176, 180, 234
世界信憑　73, 298, 314
世界の存在　20, 44, 46, 55, 56, 59, 115, 150, 167, 255, 291, 298, 335
責任　19, 23, 24, 279, 342
絶対的なここ　80, 210, 220, 221, 301, 330
潜在性　87-89, 91, 110, 114, 121, 130, 136, 162, 181, 184, 186, 188, 191, 208, 266
潜在的　94, 97, 112-115, 126, 155, 163, 166, 168, 179, 205, 234, 249, 302
前述定的　33, 37, 288
先入観　27, 54, 73, 78, 101, 137
相関関係　58, 118, 142, 159, 275-277, 295, 298
相関者　34, 57, 75-77, 86, 93, 101, 106, 111, 121, 125, 130, 164, 171, 172, 179, 194, 207, 228, 237, 244, 258, 322, 325
想起　46, 49, 51, 60, 61, 69, 74, 81, 84, 88, 92, 113, 128, 142, 184, 185, 207, 211, 228, 271, 296, 326, 330

綜合　32, 39, 79, 80, 82-86, 90, 92, 93, 96-99, 101-103, 106, 108, 110-117, 119, 122, 126, 130, 139, 141-145, 147, 157, 162-166, 168, 169, 179, 181-183, 188, 190, 191, 202, 205, 207, 211, 215, 216, 221, 223, 224, 226-229, 258, 259, 264, 266, 298, 300, 311, 328
想像　60, 69, 109, 110, 121, 129, 154, 188, 194, 231, 291, 293, 308, 330
相対的　34, 38, 124, 237, 245, 288, 340
素朴　22, 44, 62, 70, 72, 92, 107, 118, 155, 171, 235, 262, 263, 265, 271-274, 277, 278, 286, 303, 314
それ自身　32, 34, 39, 41, 44, 46, 47, 52, 53, 67, 68, 71, 74, 80, 81, 84, 86, 93, 103, 107-110, 114-117, 124, 126, 130, 134, 137-139, 143, 155, 164, 168, 169, 173, 181-183, 185, 196, 197, 200, 204, 206, 209, 210, 218, 224, 230, 241, 256, 260, 264, 268, 275-278, 287, 314
それ自体　33, 35, 37-39, 41, 42, 44, 50, 52, 78, 113, 133, 182, 190, 192, 223, 224, 227, 228, 262, 277, 278, 289, 300, 316
存在(の)基盤　44, 50
存在的　164, 189, 245, 247, 335
存在の効力　49, 50, 56-58, 66
存在の信念　45, 47, 115
存在の定立　70-72, 126
存在論　98, 111, 116, 118, 140, 141, 147, 159, 243, 245-247, 276, 277, 284, 303-305, 310, 335, 342
　形式(的)——　98, 111, 116, 118, 276, 304, 310, 342
　質料(的)——　98, 116, 304, 310, 342
　——的　98, 111, 118, 140, 141, 147, 159, 243, 245, 247, 305, 318, 335
　普遍的——　276, 342

た　行

体験流/体験の流れ　61, 124, 162, 181, 183, 184, 186, 188, 228, 238, 239
態度　28, 30, 47, 48, 61, 64, 68, 71-73, 76, 81, 93, 108, 125, 149, 157, 168, 169, 171, 173, 178, 235, 243, 254, 260,

264, 266, 290, 298, 299, 307, 311, 313, 322
自然的(な)—— 68, 76, 148, 149, 168, 257, 290, 292, 293, 298, 299, 303
——決定 48, 125, 291
超越論的(な)—— 68, 79, 169, 171, 235, 254, 257, 260, 264
他我 163, 169, 170, 180, 198, 200, 201, 203, 210, 212, 264, 320, 329
他者 45, 133, 155, 158, 162-168, 170-172, 181, 187, 190, 192, 195-198, 201-206, 208-211, 213-224, 226, 228-235, 237, 240, 248, 254, 261-265, 267, 270, 297, 307, 315, 319-321, 327, 329, 330, 332
——経験 161, 164, 170, 187, 192, 195, 196, 201, 202, 205, 208, 210, 215, 217-219, 223, 228, 229, 236, 248, 254, 263, 265, 267, 270, 319, 320, 329-331, 333, 340
——性 258, 262
他の我 45, 64, 153, 162-164, 213, 214, 217, 219, 222
知覚 46, 49, 52, 60, 61, 66, 68-72, 74, 79-81, 83, 84, 87-89, 91-94, 98, 99, 101, 128-130, 143, 144, 150, 174, 175, 182-186, 197-199, 201, 203, 207, 209, 213, 218-223, 232, 293, 294, 326-328, 338
地平 35, 52, 62, 64, 86-90, 94, 95, 97, 99, 100, 103, 113, 115, 116, 118, 120, 121, 126, 130, 131, 134, 155, 171, 182-184, 199, 200, 205, 208, 232, 234, 238, 239, 247, 251, 265, 266, 269, 273-275, 291, 296, 298, 302, 312, 324
抽象 29, 56, 67, 168-174, 176, 275, 321, 322
超越性 55, 58, 116, 294
超越的 57, 58, 60, 115, 138, 152, 163, 187, 188, 218, 290, 294, 306, 332
超越論的(な)還元 51, 61, 64, 67, 108, 132, 156, 162, 178, 182, 243, 265, 268, 309, 310
超越論的感性論 261, 338, 340, 341
超越論的(な)観念論 148, 151, 155, 156, 194, 316
超越論的(な)経験 52, 59, 60, 62, 63, 65, 70, 73, 127, 135, 163, 167, 171, 180, 268,

270, 295
超越論的(な)現象学　17, 18, 25, 57, 58, 63, 67, 70, 71, 103, 127, 133-135, 146, 154, 157, 161, 235, 242, 257, 260, 262, 271, 272, 276, 277, 281, 288, 297, 304, 305, 309, 314, 333, 334, 340-342
超越論的(な)構成　99, 105, 117, 142, 153, 235, 275, 304
超越論的(な)自我　53, 55, 57, 76, 114, 132, 243, 244, 293, 299
超越論的(な)主観性　45, 50, 51, 55, 59, 63, 102, 107, 112, 116, 152, 153, 245, 276, 295, 298, 303, 305, 315, 316, 318, 324, 333, 336
超越論的(な)態度　→ 態度
超越論的(な)発生　→ 発生
超越論的な我　26, 53, 59, 60, 64, 77, 100, 102, 103, 106, 117, 120, 121, 126, 128, 129, 131, 132, 134, 135, 137, 153, 161, 163, 169, 178-180, 242-244, 265, 266, 274
超越論的分析論　261, 339
超越論哲学　17, 55, 64, 82, 157, 161, 253, 257, 262, 263, 271, 341
超時間性　228, 332
調和　39, 62, 63, 115, 116, 121, 164, 166, 171, 172, 189, 193, 194, 205, 207, 225, 244, 264, 325, 326, 332, 333
直進的　49, 69-71, 81, 92, 93, 97, 164, 247, 303
対になる　201-203, 206, 211, 212, 215, 220, 232, 261, 328-330
デカルト　17-19, 21, 23-28, 33, 36, 40, 42, 45, 49, 50, 53-56, 59, 60, 62, 65, 66, 73, 79, 128, 132, 151, 159, 272, 277, 279, 281-288, 290, 292, 293, 295, 297, 299, 300, 302, 303, 310, 314, 318, 322, 323, 338, 339
哲学する自我　19, 47, 48, 54
哲学する者　19, 56, 64
哲学を始める者　19, 23, 25, 26, 33, 36
手引き　21, 97-101, 103, 164, 247, 256, 304, 308, 313, 319, 321, 342
展開　145, 166, 181-184, 191, 257, 276, 293, 303, 308, 312
転換　22, 45, 53, 55, 290
転覆　19, 24, 26, 27, 36, 42, 43
統覚　195, 199, 200, 203, 204,

208, 210-213, 219, 224, 225, 253, 327, 328
動機づけ　28, 62, 137, 138, 145, 150, 164, 192, 197, 199, 205, 207, 218, 219, 241, 243, 244, 311, 319, 330
動物　45, 63, 78, 98, 104, 136, 172, 225, 232, 233, 241, 245, 249, 251, 253, 254, 275, 307, 311
独我論　20, 64, 65, 161, 162, 264, 268, 277, 296, 308
匿名的　92, 93, 273, 298, 303

な　行

内在的　21, 61, 84, 86, 100-102, 113, 119, 121, 124, 138, 146, 152, 162, 183, 186, 190, 193, 198, 239, 255, 266, 324, 325
——(な)超越　186, 190, 198, 255, 266, 324, 325
内的(な)経験　56, 57, 66, 78, 134
内的時間意識　83, 86, 87, 100, 254, 301, 324
内的知覚　207, 293
内部心理学　→心理学
流れ　46, 47, 49, 61, 63, 66, 71, 80, 81, 83, 84, 87, 88, 95, 96, 99, 112, 119, 121-125, 138, 162, 181, 183, 184, 186, 188, 191, 304, 311
何かについての意識　69, 82, 90, 298
二元論　20, 293, 312
日常生活　34, 70, 272, 288, 340
人間　22, 45, 55-57, 67, 100, 104, 118, 124, 136, 139, 149, 151, 172, 175, 179, 193, 195, 198, 199, 223-225, 228, 231-234, 236-238, 240-242, 244, 245, 253, 255, 258, 267, 275, 278, 283, 292, 303, 307, 310, 311, 313, 330, 343
——学　56, 67, 339
——存在　241, 246, 249
——としての自我　134, 169, 175, 177, 178, 235, 258, 293, 295
——としての我　56, 293, 295
認識　20, 31, 32, 34, 35, 37, 38, 40, 41, 50, 52, 59, 60, 62, 63, 71, 86, 91, 96, 111, 112, 149, 152, 154, 156, 163, 193, 208, 219, 247, 248, 252, 256, 262-265, 268, 270, 271, 273, 279, 288, 290, 299, 318, 337,

339, 341
——批判　271, 273, 342
——論　148, 154, 157, 256, 293, 296, 306, 314-316, 318, 337
能動的(な)発生　→ 発生
能力　52, 61, 96, 107, 264, 306
ノエシス　74, 75, 81, 82, 90, 95, 96, 98, 102, 128, 138, 247, 256, 286, 295, 298
ノエマ　29, 74, 75, 81, 82, 92, 95, 98, 128, 138, 164, 165, 208, 218, 221, 223, 247, 256, 261, 286, 295, 298, 335, 339

は　行

パースペクティヴ　80, 81, 93, 220, 259, 301, 335
働き　30, 31, 40, 49, 62, 85, 92, 122, 128, 138, 141, 143, 145-147, 153, 154, 157, 164, 168, 169, 171, 173, 181-183, 186, 187, 197, 199, 203, 207, 208, 210, 219, 264, 267, 271, 273-275, 299, 300, 312, 313, 323, 324, 326-328
発生　85, 124, 127, 137-141, 144-148, 190, 191, 194, 200, 202, 217, 241, 242, 253, 254, 256, 308, 314, 328, 336, 337
現象学的(な)——　127, 144
時間的(な)——　217, 241
受動的(な)——　143, 146, 328
超越論的(な)——　122, 307, 308
能動的(な)——　124, 141
——的現象学　127, 306, 308, 312, 313, 328, 331
普遍的(な)——　138-140, 147, 242
汎時間性　228, 332
反省　17, 35, 36, 40, 46, 47, 66, 69-72, 74, 77, 80, 81, 86, 93, 97, 127, 151, 182, 263, 271, 284, 291
判断　30-33, 36, 44, 45, 47-50, 56, 57, 69, 95, 96, 99, 123, 287, 291
——停止　48, 55-57, 60, 65, 68, 70, 75, 83, 100, 105, 151, 152, 161, 168, 170, 171, 264, 280, 291, 322
範疇　95, 98, 99, 103, 106, 118, 139, 303, 305
——的直観　142, 303, 310
批判(的吟味)　20, 23, 25, 27, 28, 34, 40, 43, 44, 46, 53, 59, 62, 63, 73, 261, 270, 271,

273, 282, 284, 285, 287, 292, 297, 298, 300, 310, 320, 327, 329, 334, 335, 339, 342
ヒューム　146, 313
表現　33, 37, 42, 52, 55, 66, 79, 86, 99, 110, 128, 137, 169, 209, 230, 288, 289
表象　47, 58, 66, 89, 102, 139, 162, 253, 255, 256, 258, 260, 288, 326
開け　90, 194
不可疑性　38, 50, 51
復興　24, 282, 285, 340
物体　174-176, 196, 198, 199, 201, 204, 205, 208-213, 216, 217, 219-222, 229, 232, 322, 323, 325, 328-330
物体的身体　176, 209, 219, 220, 222, 323
普遍学　27, 33, 132, 286, 288
普遍的存在論　→ 存在論
普遍的な学/普遍的学問　18, 26, 27, 35, 73, 272, 277
普遍的(な)発生　→ 発生
ブレンターノ　82, 95, 149, 256, 293, 299, 301, 311, 318, 337
文化　22, 29, 45, 100, 104, 118, 140, 142, 146, 156, 167, 172, 173, 224, 236, 238, 240, 243, 245, 275, 287, 321, 335
——(的)世界　139, 236, 238, 240, 334
分析　90, 91, 94-96, 111, 120, 127, 130, 191, 202, 208, 235, 243, 256, 257, 263, 302, 314, 319, 320, 325, 328, 339
ヘラクレイトス　96, 304, 311
弁証論　156, 163, 316, 317, 339
方位づけ　81, 209, 212, 220, 221, 232, 238-240, 249, 334
方法　18-20, 30, 36, 37, 42, 48, 50, 60, 65, 67, 74, 79, 95, 96, 107, 120, 127-129, 131, 133-135, 154, 156, 158, 159, 168, 169, 246, 256, 261, 263, 272, 274, 278, 283, 284, 286, 299, 309, 320, 338, 340
本質(的)必然性　114, 128, 130, 158, 235, 243, 245, 269, 274

ま　行

道　19, 20, 25, 26, 59, 67, 110, 134, 162, 185, 279, 299, 303, 310, 334, 339-341, 343
未来予持　88, 296, 324
明証　20, 24, 31-34, 36-44, 50, 51, 53, 55, 58, 60-63, 65,

66, 71, 74, 86, 91, 92, 94, 95, 99, 103, 106-119, 121, 126, 130, 150-152, 155, 157-159, 177, 185, 191, 208, 219, 227, 228, 265, 268, 270, 273, 287, 288, 293, 314
明晰判明　30, 150, 276
基づけ　65, 72, 85, 166, 173, 191, 200, 206, 287, 302, 319
モナド　125, 126, 128, 139, 161, 169, 186, 188, 193, 194, 206, 210, 213, 215, 226, 229-231, 233, 235, 247-253, 268, 278, 279, 319, 325, 332, 333, 336
物自体　154, 156, 278, 295, 316, 318

や　行

有効性　30, 36, 152, 153, 155, 204, 205, 268
要素主義　78, 300, 313
予期　81, 84, 87, 98, 107, 214, 296, 326, 330
予測　103, 115, 117, 125, 126, 139, 182, 200, 205

ら　行

ライプニッツ　125, 251, 264, 268, 281, 307, 308, 318, 325, 327, 332, 336
理性　18, 105-107, 136, 141, 142, 292, 310, 342
理念　18, 26, 28-35, 37-39, 59, 60, 73, 95, 96, 100, 101, 103, 112-114, 116, 117, 130, 132, 135, 138, 142, 158, 159, 178, 186, 191, 193, 194, 227, 228, 268, 272, 275, 279, 286, 287, 289, 340
——化　261, 340
——的　32, 38, 95, 100, 112, 113, 117, 130, 135, 138, 141, 142, 154, 158, 159, 178, 191, 194, 227, 228, 268, 278, 287, 301, 309, 312, 332
領域　80, 94, 98, 99, 116, 118, 214, 275, 276, 305
類型　97-103, 106, 128, 130, 131, 136, 137, 139, 140, 156, 198, 199, 207, 214, 215, 218, 236, 312
類似物　170, 206, 219, 222, 329
類推　199, 320, 327
歴史　18, 22, 138, 144, 238, 248, 268, 274, 278, 335
連合　146, 147, 201-203, 208-215, 218-220, 223, 232, 254, 313, 328, 330

論理学　27, 35, 36, 98, 109, 111, 118, 246, 274, 277, 287, 304, 316, 318, 338, 339

わ　行

私の我　133, 137, 153, 156, 162, 170, 179, 187, 207, 222, 252, 254, 257, 264
私はできる　88, 108, 174, 213, 323
我あり　50-53, 56, 61, 65, 183, 185, 188, 251, 283, 292, 297, 314
我思う　21, 24, 45, 49, 52, 54-56, 60, 65, 66, 68, 77, 78, 87, 89, 93, 151, 279, 283, 297, 306, 323
我—汝　236, 329, 333

デカルト的省察《てきせいさつ》　フッサール著

2001年2月16日　第1刷発行
2025年10月6日　第15刷発行

訳　者　浜渦辰二《はまうずしんじ》

発行者　坂本政謙

発行所　株式会社 岩波書店
〒101-8002 東京都千代田区一ツ橋2-5-5

案内 03-5210-4000　営業部 03-5210-4111
文庫編集部 03-5210-4051
https://www.iwanami.co.jp/

印刷・三秀舎　カバー・精興社　製本・中永製本

ISBN 978-4-00-336433-8　Printed in Japan

読書子に寄す

――岩波文庫発刊に際して――

岩波茂雄

真理は万人によって求められることを自ら欲し、芸術は万人によって愛されることを自ら望む。かつては民を愚昧ならしめるために学芸が最も狭き堂宇に閉鎖されたことがあった。今や知識と美とを特権階級の独占より奪い返すことはつねに進取的なる民衆の切実なる要求である。岩波文庫はこの要求に応じそれに励まされて生まれた。それは生命ある不朽の書を少数者の書斎と研究室とより解放して街頭にくまなく立たしめ民衆に伍せしめるであろう。近時大量生産予約出版の流行を見る。その広告宣伝の狂態はしばらくおくも、後代にのこすと誇称する全集がその編集に万全の用意をなしたるか。千古の典籍の翻訳企図に敬虔の態度を欠かざりしか。さらに分売を許さず読者を繋縛して数十冊を強うるがごとき、はたしてその揚言する学芸解放のゆえんなりや。吾人は天下の名士の声に和してこれを推挙するに躊躇するものである。このときにあたって、岩波書店は自己の責務のいよいよ重大なるを思い、従来の方針の徹底を期するため、すでに十数年以前より志して来た計画を慎重審議この際断然実行することにした。吾人は範をかのレクラム文庫にとり、古今東西にわたって文芸・哲学・社会科学・自然科学等種類のいかんを問わず、いやしくも万人の必読すべき真に古典的価値ある書をきわめて簡易なる形式において逐次刊行し、あらゆる人間に須要なる生活向上の資料、生活批判の原理を提供せんと欲する。この文庫は予約出版の方法を排したるがゆえに、読者は自己の欲する時に自己の欲する書物を各個に自由に選択することができる。携帯に便にして価格の低きを最主とするがゆえに、外観を顧みざるも内容に至っては厳選最も力を尽くし、従来の岩波出版物の特色をますます発揮せしめようとする。この計画たるや世間の一時の投機的なるものと異なり、永遠の事業として吾人は微力を傾倒し、あらゆる犠牲を忍んで今後永久に継続発展せしめ、もって文庫の使命を遺憾なく果たさしめることを期する。芸術を愛し知識を求むる士の自ら進んでこの挙に参加し、希望と忠言とを寄せられることは吾人の熱望するところである。その性質上経済的には最も困難多きこの事業にあえて当たらんとする吾人の志を諒として、その達成のため世の読書子とのうるわしき共同を期待する。

昭和二年七月

《哲学・教育・宗教》〔青〕

- ソクラテスの弁明・クリトン　プラトン　久保勉訳
- ゴルギアス　プラトン　加来彰俊訳
- 饗宴　プラトン　久保勉訳
- テアイテトス　プラトン　田中美知太郎訳
- パイドロス　プラトン　藤沢令夫訳
- メノン　プラトン　藤沢令夫訳
- 国家　全二冊　プラトン　藤沢令夫訳
- プロタゴラス　—ソフィストたち　プラトン　藤沢令夫訳
- アナバシス　—敵中横断六〇〇〇キロ　クセノポン　松平千秋訳
- アリストテレス　ニコマコス倫理学　全二冊　高田三郎訳
- アリストテレス　形而上学　全二冊　出隆訳
- アリストテレス　弁論術　戸塚七郎訳
- アリストテレース　詩学　ホラーティウス　詩論　松本仁助・岡道男訳
- 物の本質について　ルクレーティウス　樋口勝彦訳
- エピクロス　—教説と手紙　出隆・岩崎允胤訳
- 生の短さについて　他二篇　セネカ　大西英文訳
- 怒りについて　他二篇　セネカ　兼利琢也訳
- エピクテトス　人生談義　全二冊　國方栄二訳
- 人さまざま　テオプラストス　森進一訳
- マルクス・アウレーリウス　自省録　神谷美恵子訳
- 老年について　キケロー　中務哲郎訳
- 友情について　キケロー　中務哲郎訳
- 弁論家について　全二冊　キケロー　大西英文訳
- 平和の訴え　エラスムス　箕輪三郎訳
- エラスムス＝トマス・モア往復書簡　沓掛良彦・高田康成訳
- 方法序説　デカルト　谷川多佳子訳
- 哲学原理　デカルト　桂寿一訳
- 精神指導の規則　デカルト　野田又夫訳
- 情念論　デカルト　谷川多佳子訳
- パンセ　全三冊　パスカル　塩川徹也訳
- パスカル　小品と手紙　塩川徹也・望月ゆか訳
- スピノザ　神学・政治論　全二冊　畠中尚志訳
- 知性改善論　スピノザ　畠中尚志訳
- スピノザ　エチカ（倫理学）　全二冊　畠中尚志訳
- スピノザ　国家論　畠中尚志訳
- スピノザ往復書簡集　畠中尚志訳
- デカルトの哲学原理　—附　形而上学的思想　スピノザ　畠中尚志訳
- スピノザ　神・人間及び人間の幸福に関する短論文　畠中尚志訳
- モナドロジー　他二篇　ライプニッツ　谷川多佳子・岡部英男訳
- 形而上学叙説　他五篇　ライプニッツ　佐々木能章訳
- ノヴム・オルガヌム（新機関）　ベーコン　桂寿一訳
- 市民の国について　全二冊　ヒューム　小松茂夫訳
- 自然宗教をめぐる対話　ヒューム　犬塚元訳
- 君主の統治について　—謹んでキプロス王に捧げる　トマス・アクィナス　柴田平三郎訳
- 精選　神学大全　全四冊　トマス・アクィナス　山本芳久編／稲垣良典訳
- エミール　全三冊　ルソー　今野一雄訳
- 人間不平等起原論　ルソー　本田喜代治・平岡昇訳
- ルソー　社会契約論　桑原武夫・前川貞次郎訳
- 言語起源論　—旋律と音楽的模倣について　ルソー　増田真訳
- 道徳形而上学の基礎づけ　カント　大橋容一郎訳

啓蒙とは何か 他四篇 カント 篠田英雄訳
純粋理性批判 全三冊 カント 篠田英雄訳
判断力批判 全二冊 カント 篠田英雄訳
永遠平和のために カント 宇都宮芳明訳
人倫の形而上学 全二冊 カント 熊野純彦・宮村悠介訳
シュライエルマッハー 独白 木場深定訳
ヘーゲル 政治論文集 全二冊 金子武蔵訳
哲学史序論 ―哲学と哲学史 ヘーゲル 武市健人訳
歴史哲学講義 全二冊 ヘーゲル 長谷川宏訳
法の哲学 ―自然法と国家学の要綱 ヘーゲル 上妻精・佐藤康邦・山田忠彰訳
学問論 シェリング 西川富雄・藤田正勝監訳
自殺について 他四篇 ショーペンハウアー 藤野寛訳
読書について 他二篇 ショウペンハウエル 斎藤忍随訳
不安の概念 キェルケゴール 斎藤信治訳
死に至る病 キェルケゴール 斎藤信治訳
体験と創作 全二冊 ディルタイ 柴田治三郎・小牧健夫訳
眠られぬ夜のために 全二冊 ヒルティ 草間平作・大和邦太郎訳

幸福論 全三冊 ヒルティ 草間平作・大和邦太郎訳
悲劇の誕生 ニーチェ 秋山英夫訳
ツァラトゥストラはこう言った 全二冊 ニーチェ 氷上英廣訳
道徳の系譜 ニーチェ 木場深定訳
善悪の彼岸 ニーチェ 木場深定訳
この人を見よ ニーチェ 手塚富雄訳
プラグマティズム W・ジェイムズ 桝田啓三郎訳
宗教的経験の諸相 全二冊 W・ジェイムズ 桝田啓三郎訳
日常生活の精神病理 フロイト 高田珠樹訳
精神分析入門講義 全二冊 フロイト 高田珠樹・新宮一成・須藤訓任・道籏泰三訳
純粋現象学及現象学的哲学考案 全二冊 フッセル 池上鎌三訳
デカルト的省察 フッサール 浜渦辰二訳
愛の断想・日々の断想 ジンメル 清水幾太郎訳
ジンメル宗教論集 深澤英隆編訳
笑い ベルクソン 林達夫訳
道徳と宗教の二源泉 ベルクソン 平山高次訳
物質と記憶 ベルクソン 熊野純彦訳

時間と自由 ベルクソン 中村文郎訳
ラッセル教育論 安藤貞雄訳
ラッセル幸福論 安藤貞雄訳
存在と時間 全四冊 ハイデガー 熊野純彦訳
学校と社会 デューイ 宮原誠一訳
民主主義と教育 全二冊 デューイ 松野安男訳
我と汝・対話 マルティン・ブーバー 植田重雄訳
アラン 幸福論 神谷幹夫訳
アラン 定義集 神谷幹夫訳
天才の心理学 E・クレッチュマー 内村祐之訳
英語発達小史 H・ブラッドリ 寺澤芳雄訳
日本の弓術 オイゲン・ヘリゲル述 柴田治三郎訳
ギリシア哲学者列伝 全三冊 ディオゲネス・ラエルティオス 加来彰俊訳
似て非なる友について 他三篇 プルタルコス 柳沼重剛訳
エジプト神イシスとオシリスの伝説について プルタルコス 柳沼重剛訳
ことばのロマンス ―英語の語源 ウィークリー 寺澤芳雄・出淵博訳
ヴィーコ 学問の方法 上村忠男・佐々木力訳

- 国家と神話 全二冊 — カッシーラー 熊野純彦訳
- 天才・悪 — ブレンターノ 篠田英雄訳
- 人間の頭脳活動の本質 他一篇 — ディーツゲン 小松摂郎訳
- 反啓蒙思想 他二篇 — バーリン 松本礼二編
- マキアヴェッリの独創性 他三篇 — バーリン 川出良枝編
- ロシア・インテリゲンツィヤの誕生 他五篇 — バーリン 桑野隆編
- 論理哲学論考 — ウィトゲンシュタイン 野矢茂樹訳
- 自由と社会的抑圧 — シモーヌ・ヴェイユ 冨原眞弓訳
- 根をもつこと 全二冊 — シモーヌ・ヴェイユ 冨原眞弓訳
- 重力と恩寵 — シモーヌ・ヴェイユ 冨原眞弓訳
- 全体性と無限 全二冊 — レヴィナス 熊野純彦訳
- 啓蒙の弁証法 —哲学的断想 — M・ホルクハイマー T・W・アドルノ 徳永恂訳
- ヘーゲルからニーチェへ 十九世紀思想における革命的断絶 全二冊 — レーヴィット 三島憲一訳
- 統辞構造論 付『言語理論の論理構造』序論 — チョムスキー 福井直樹 辻子美保子訳
- 統辞理論の諸相 方法論序説 — チョムスキー 福井直樹 辻子美保子訳
- 快楽について — ロレンツォ・ヴァッラ 近藤恒一訳
- ニーチェ みずからの時代と闘う者 — ルドルフ・シュタイナー 高橋巖訳

- フランス革命期の公教育論 — コンドルセ他 阪上孝編訳
- 人間の教育 全二冊 — フレーベル 荒井武訳
- 旧約聖書 創世記 — 関根正雄訳
- 旧約聖書 出エジプト記 — 関根正雄訳
- 旧約聖書 ヨブ記 — 関根正雄訳
- 旧約聖書 詩篇 — 関根正雄訳
- 新約聖書 福音書 — 塚本虎二訳
- 文語訳 新約聖書 詩篇付
- 文語訳 旧約聖書 全四冊
- キリストにならいて — トマス・ア・ケンピス 大沢章 呉茂一訳
- 聖アウグスティヌス 告白 全二冊 — 服部英次郎訳
- アウグスティヌス 神の国 全五冊 — 服部英次郎 藤本雄三訳
- 新訳 キリスト者の自由・聖書への序言 — マルティン・ルター 石原謙訳
- キリスト教と世界宗教 — シュヴァイツェル 鈴木俊郎訳
- カルヴァン小論集 — 波木居斉二編訳
- 聖なるもの — オットー 久松英二訳
- キリスト教と世界宗教 — シュヴァイツェル 鈴木俊郎訳

- コーラン 全三冊 — 井筒俊彦訳
- エックハルト説教集 — 田島照久編訳
- ムハンマドのことば ハディース — 小杉泰編訳
- 新約聖書外典 ナグ・ハマディ文書抄 — 荒井献 大貫隆 小林稔 筒井賢治 編訳
- 後期資本主義における正統化の問題 — ハーバーマス 山田正行・金慧訳
- シンボルの哲学 —理性、祭礼、芸術のシンボル試論 — S・K・ランガー 塚本明子訳
- ジャック・ラカン 精神分析の四基本概念 全二冊 — ジャック＝アラン・ミレール編 小出浩之 新宮一成 鈴木國文 小川豊昭 訳
- 精神と自然 生きた世界の認識論 — グレゴリー・ベイトソン 佐藤良明訳
- 精神の生態学へ 全三冊 — グレゴリー・ベイトソン 佐藤良明訳
- 他者の単一言語使用 —あるいは起源の補綴 — デリダ 守中高明訳
- アデュー —エマニュエル・レヴィナスへ — デリダ 藤本一勇訳
- 人間の知的能力に関する試論 全二冊 — トマス・リード 戸田剛文訳
- 開かれた社会とその敵 全四冊 — カール・ポパー 小河原誠訳
- 人類歴史哲学考 全五冊 — ヘルダー 嶋田洋一郎訳
- 道徳的人間と非道徳的社会 — ラインホールド・ニーバー 千葉眞訳
- ロシアの革命思想 —その歴史的展開 — ゲルツェン 長縄光男訳

過去と思索　全七冊

ゲルツェン
金子幸彦
長縄光男　訳

2025. 2　F-4

《東洋思想》〔青〕

- 易経 全二冊 — 高田真治・後藤基巳 訳
- 論語 — 金谷治 訳注
- 孔子家語 — 藤原正 校訳
- 孟子 全二冊 — 小林勝人 訳注
- 老子 — 蜂屋邦夫 訳注
- 荘子 全四冊 — 金谷治 訳注
- 新訂 孫子 — 金谷治 訳注
- 荀子 全二冊 — 金谷治 訳注
- 韓非子 全四冊 — 金谷治 訳注
- 孝経・曾子 — 末永高康 訳注
- 史記列伝 全五冊 — 司馬遷／小川環樹・今鷹真・福島吉彦 訳
- 春秋左氏伝 全三冊 — 小倉芳彦 訳
- 塩鉄論 — 曾我部静雄 訳註
- 千字文 — 小川環樹・木田章義 注解
- 大学・中庸 — 金谷治 訳注
- 仁学 —清末の社会変革論 — 譚嗣同／西順蔵・坂元ひろ子 訳注
- 章炳麟集 —清末の民族革命思想 — 西順蔵・近藤邦康 編訳
- 梁啓超文集 — 岡本隆司・石川禎浩・高嶋航 編訳
- 厳復 天演論 — 坂元ひろ子・高柳信夫 監訳
- ガンディー 獄中からの手紙 — 森本達雄 訳
- 真の独立への道 (ヒンド・スワラージ) — M.K.ガーンディー／田中敏雄 訳
- 随園食単 — 袁枚／青木正児 訳註
- カウティリヤ 実利論 —古代インドの帝王学 全二冊 — 上村勝彦 訳
- ウパデーシャ・サーハスリー —真実の自己の探求 — シャンカラ／前田専学 訳

《仏教》〔青〕

- ブッダのことば —スッタニパータ — 中村元 訳
- ブッダの真理のことば 感興のことば — 中村元 訳
- 般若心経・金剛般若経 — 中村元・紀野一義 訳註
- 法華経 全三冊 — 坂本幸男・岩本裕 訳注
- 日蓮文集 — 兜木正亨 校注
- 浄土三部経 全二冊 — 中村元・早島鏡正・紀野一義 訳註
- 大乗起信論 — 宇井伯寿・高崎直道 訳注
- 臨済録 — 入矢義高 訳注
- 碧巌録 全三冊 — 入矢義高・溝口雄三・末木文美士・伊藤文生 訳注
- 無門関 — 西村恵信 訳注
- 法華義疏 全二冊 — 聖徳太子／花山信勝 校訳
- 往生要集 全二冊 — 源信／石田瑞麿 訳注
- 教行信証 — 親鸞／金子大栄 校訂
- 歎異抄 — 金子大栄 校注
- 正法眼蔵 全四冊 — 道元／水野弥穂子 校注
- 正法眼蔵随聞記 — 懐奘 編／和辻哲郎 校訂
- 道元禅師清規 — 大久保道舟 訳注
- 一遍上人語録 —付 播州法語集 — 大橋俊雄 校注
- 一遍聖絵 — 聖戒 編／大橋俊雄 校注
- 南無阿弥陀仏 —付 心偈 — 柳宗悦
- 蓮如上人御一代聞書 — 稲葉昌丸 校訂
- 日本的霊性 — 鈴木大拙／篠田英雄 校訂
- 新編 東洋的な見方 — 鈴木大拙／上田閑照 編
- 大乗仏教概論 — 鈴木大拙／佐々木閑 訳
- 浄土系思想論 — 鈴木大拙

神秘主義 キリスト教と仏教　鈴木大拙／坂東性純・清水守拙 訳
禅の思想　鈴木大拙
ブッダ最後の旅 —大パリニッバーナ経—　中村元訳
仏弟子の告白 —テーラガーター—　中村元訳
尼僧の告白 —テーリーガーター—　中村元訳
ブッダ 神々との対話 —サンユッタ・ニカーヤⅠ—　中村元訳
ブッダ 悪魔との対話 —サンユッタ・ニカーヤⅡ—　中村元訳
禅林句集　足立大進校注
ブッダが説いたこと　ワールポラ・ラーフラ　今枝由郎訳
ブータンの瘋狂聖 ドゥクパ・クンレー伝　ゲンドゥン・リンチェン編　今枝由郎訳
梵文和訳 華厳経入法界品　梶山雄一・丹治昭義・津田真一・田村智淳・桂紹隆 訳注

《音楽・美術》〔青〕

ベートーヴェンの生涯　ロマン・ロラン　片山敏彦訳
音楽と音楽家　シューマン　吉田秀和訳
レオナルド・ダ・ヴィンチの手記 全二冊　杉浦明平訳
ゴッホの手紙 全三冊　硲伊之助訳
視覚的人間 —映画のドラマツルギー—　ベラ・バラージュ　佐々木基一・高村宏 訳

『パンチ』素描集 —十九世紀のロンドン—　松村昌家編
ヨーロッパのキリスト教美術 —十二世紀から十八世紀まで— 全二冊　エミール・マール　柳宗玄・荒木成子 訳
近代日本漫画百選　清水勲編
河鍋暁斎　ジョサイア・コンドル　山口静一訳
伽藍が白かったとき　ル・コルビュジエ　生田勉・樋口清 訳
ミレー　ロマン・ロラン　蛯原徳夫訳
日本の近代美術　土方定一
映画とは何か 全二冊　アンドレ・バザン　野崎歓・大原宣久・谷本道昭 訳
漫画 坊っちゃん　近藤浩一路
漫画 吾輩は猫である　近藤浩一路
ロバート・キャパ写真集　ICPロバート・キャパ・アーカイブ編
北斎 富嶽三十六景　日野原健司編
日本漫画史 —鳥獣戯画から岡本一平まで—　細木原青起
世紀末ウィーン文化評論集　ヘルマン・バール　西村雅樹編訳
ゴヤの手紙 全二冊　大高保二郎・松原典子 編訳
丹下健三都市論集　豊川斎赫編
ギリシア芸術模倣論　ヴィンケルマン　田邊玲子訳

堀口捨己建築論集　藤岡洋保編
チェンニーノ・チェンニーニ 絵画術の書　辻茂編訳　石原靖夫・望月一史 訳

岩波文庫の最新刊

ラフカディオ・ハーン作／平井呈一訳
骨董——さまざまの蜘蛛の巣のかかった日本の奇事珍談
日本各地の伝説や怪談を再話した九篇を集めた「古い物語」と、十一篇の随筆による小品集。純化渾一された密度の高い名作。（解説＝円城塔）
〔赤二四四-三〕 定価七九二円

木村学編
20世紀科学論文集 プレート・テクトニクス革命
一九七〇年代初め、伝統的な地質学理論はプレート・テクトニクスの確立により覆された。地球科学のパラダイムシフトを原著論文でたどる。
〔青九五七-一〕 定価一一五五円

永井荷風著／中島国彦・多田蔵人校注
断腸亭日乗(四) 昭和八—十年
永井荷風は、死の前日まで四十一年間、日記『断腸亭日乗』を書き続けた。(四)は、昭和八年から十年まで。（注解・解説＝中島国彦）（全九冊）
〔緑四二-一七〕 定価一二六五円

バルガス＝リョサ作／旦敬介訳
世界終末戦争(下)
「権力構造の地図と、個人の抵抗と反抗、そしてその敗北を痛烈なイメージで描いた」、現代ラテンアメリカ文学最後の巨人バルガス＝リョサの代表作。（全二冊）
〔赤七九六-七〕 定価一五七三円

……今月の重版再開……

次田香澄校訂
玉葉和歌集
定価一七一六円
〔黄一三七-一〕

ラフカディオ・ハーン著／平井呈一訳
心——日本の内面生活の暗示と影響
定価一〇〇一円
〔赤二四四-一〕

岩波文庫の最新刊

ラフカディオ・ハーン著／平井呈一訳

東の国から
—新しい日本における幻想と研究—

旅の途上、夢のあわいに浦島伝説の世界へと入りこんだような「夏の日の夢」他、〈詩人の直観と哲人の思索〉により近代日本の肖像を描く十一篇。（解説＝西成彦）　〔赤二四四-八〕　定価一二七六円

泉鏡花作

夜叉ヶ池・天守物語

時代を越えて「今」もなお甦り続ける鏡花の傑作戯曲二篇を収録。文字を読みやすくし、新たな解説を加えた。（解説＝澁澤龍彦・吉田昌志）　〔緑二七-三〕　定価五七二円

プラトン著／岩田靖夫訳

パイドン
—魂の不死について—

刑死の当日、ソクラテスは弟子たちと「魂の不死」の探究に挑む。イデア論の可能性を切り開くプラトン哲学の代表的対話篇。改版。（解説＝岩田靖夫・篠澤和久）　〔青六〇二-二〕　定価九三五円

今月の重版再開

飯島虚心著／鈴木重三校注

葛飾北斎伝
定価一四三〇円　〔青五六二-一〕

A・ハミルトン、J・ジェイ、J・マディソン著／斎藤眞、中野勝郎訳

ザ・フェデラリスト
定価一二七六円　〔白二四-一〕

定価は消費税10％込です　2025.9